"中观经济学"系列教材

陈云贤　主编

ZIYUAN SHENGCHENG LILUN

资源生成理论

陈云贤　王顺龙　编著

中山大学出版社

·广州·

版权所有　翻印必究

图书在版编目（CIP）数据

资源生成理论/陈云贤，王顺龙编著. —广州：中山大学出版社，2022.7
"中观经济学"系列教材/陈云贤主编
ISBN 978-7-306-07551-2

Ⅰ.①资… Ⅱ.①陈… ②王… Ⅲ.①经济资源—教材
Ⅳ.①F062.1

中国版本图书馆 CIP 数据核字（2022）第 094329 号

出 版 人：	王天琪
策划编辑：	嵇春霞
责任编辑：	井思源
封面设计：	曾　斌
责任校对：	卢思敏
责任技编：	靳晓虹
出版发行：	中山大学出版社
电　　话：	编辑部 020-84110283，84113349，84111997，84110779，84110776
	发行部 020-84111998，84111981，84111160
地　　址：	广州市新港西路 135 号
邮　　编：	510275　　传　真：020-84036565
网　　址：	http://www.zsup.com.cn　E-mail：zdcbs@mail.sysu.edu.cn
印 刷 者：	佛山市浩文彩色印刷有限公司
规　　格：	787mm×1092mm　1/16　16 印张　270 千字
版次印次：	2022 年 7 月第 1 版　2022 年 7 月第 1 次印刷
定　　价：	66.00 元

如发现本书因印装质量影响阅读，请与出版社发行部联系调换

"中观经济学"系列教材
编委会

主　编　陈云贤

副主编　李善民　徐现祥　鲁晓东

编　委（按姓氏笔画排序）

　　　　　才国伟　王贤彬　王顺龙　刘　楼

　　　　　李建平　李粤麟　陈思含　顾文静

　　　　　顾浩东　徐　雷　徐现祥　黄秋诗

"中观经济学"系列教材

总　序

　　1955年，威廉·阿瑟·刘易斯（William Arthur Lewis）面对世界各国的经济发展情况，指出了一个矛盾的现象，即著名的"刘易斯悖论"——"政府的失败既可能是由于它们做得太少，也可能是由于它们做得太多"[①]。如今，面对中国经济改革开放的成功，新制度经济学者运用产权理论、交易费用理论、制度变迁理论和县际竞争理论等进行了解释；新古典经济学者做出了政府有针对性地选择新古典的"药方"，并采取渐进的实施方式等的解释；发展经济学者做出了对外开放论、后发优势论、"二元经济"发展论和经济发展阶段论等的解释；转轨经济学者做出了由易到难推进、通过利益补偿化解改革阻力、通过"价格双轨制"演绎市场关系、通过分权转移改革成本和由局部制度创新带动全局制度创新等的解释。[②] 笔者认为，关于政府与市场的关系，或政府在中国经济改革开放进程中的作用，经济学同人做出了积极的探讨和贡献，但不管是刘易斯还是各主流经济学者，他们的研究仍然存在碎片化和外在性问题。[③] 纵观经济学说发展的历程，不难发现以下三点：第一，19世纪及以前的经济学基本上把市场作为配置资源的唯一力量，认为政府只是维护市场自由竞争的政府，是在经济生活中无所作为的政府；第二，20世纪以来的经济学对市场配置资源的唯一性提出了质疑，并开始探讨政府在市场失灵时的相关作用，以及应当采取的措施和策略；第三，在世界各国经济得到发展尤其

---

　　① Lewis W A. "Reflections on Unlimited Labour". in Marco L E（ed.）. *International Economics and Development*. New York：Academic Press，1972，p.75.

　　② 黄剑辉：《主要经济学流派如何阐释中国改革开放》，载《中国经济时报》2018年6月14日第A05版。

　　③ 陈云贤：《市场竞争双重主体论——兼谈中观经济学的创立与发展》，北京大学出版社2020年版，第16～31页。

是在中国经济改革开放取得显著成效的今天，经济学理论的研究仍然远远滞后于或外在于经济实践的发展。现实经济运行中反馈出来的多种问题，并没有完全表明"市场失灵"或"政府失灵"，而是更多地反映了传统经济学体系或传统市场理论的缺陷。当然，也可以这样认为，深化探讨政府与市场的关系，将开启现代经济学体系的构建或拓展现代市场理论的空间。中观经济学学科也由此产生。

中国经济改革开放的全过程，始终贯穿着如何处理好政府与市场的关系问题。20世纪50年代，中国实施高度集中的计划经济体制，把政府作为配置资源的唯一主体。1978年开始，中国实施从农村到城市的经济体制改革：一方面，扩大企业自主权，承接发达国家和新兴工业化国家及地区的产业转移，开展"三来一补"外资企业投资，等等；另一方面，开始建立股份制企业和现代企业制度，它既厘清了政府与（国有）企业的产权关系，又界定了政府与企业在资源调配中各自的作用。中国经济在继20世纪80年代劳动密集型轻纺工业迅速发展，以及90年代资本密集型的原材料、能源等基础工业和交通、市政、水利等基础设施建设迅速发展之后，21世纪开始，中国东部地区地方政府作为市场竞争主体的现象屡屡出现。战略性新兴产业在前10年也得以起步腾飞。中国经济改革开放的实践进程存在四个方面的现象。第一，其焦点集聚在使市场在资源配置中起决定性作用和更好地发挥政府作用的问题上。第二，中国经济的发展，企业是市场竞争主体，但区域政府作为市场竞争主体的现象也屡见不鲜。第三，区域政府在经济领域发挥着扶植产业发展、参与城市建设、保障社会民生的重要作用。第四，区域政府承担了三大经济角色：一是通过掌控资本，以国有企业的股东方式参与项目和市场竞争；二是通过财政政策、货币政策和法律等政策手段，调控产业发展、城市建设和社会民生；三是监督管理市场，维护市场秩序。因此，中国在实践中逐渐成长的市场经济呈现出有为政府与有效市场相融合的效果。作为有为政府，其不仅在有效保障社会民生方面促成了社会稳定、优化了经济发展环境，而且在引领、扶持和监管产业发展方面推进了市场"三公"（公开、公平、公正）原则的落实、提高了社会整体生产效率，还通过直接参与城市建设推动了经济社会的全面可持续发展。有为政府结合有效市场体现出的市场充分竞争、法制监管有序、社会信用健全的客观要求，表现出中国政府在尊重市场规律、维护经济秩序、参与市场竞争的进程中，正逐步沿着中国特色社会主义市场经济方向演进。因此，深化认识现代市场理论、破解政府与市场关系的难题以及探讨经济学体系改革，应该更加注重对系统性和内在性问题的研究。

一、现代市场经济具有纵横之分

（一）现代市场经济横向体系

传统的市场理论主要聚焦于产业经济。亚当·斯密（Adam Smith）在批判了重商主义和重农学派之后，其《国富论》[①]重点着笔于产业经济来研究商品、价格、供求、竞争与市场。约翰·梅纳德·凯恩斯（John Maynard Keynes），试图通过政府撬动城市基础设施投资建设来解决工人失业和有效需求的问题，但又囿于用产业经济的市场理论去解释城市化进程中的政府行为作用而难以自圆其说。[②] 对此，有关理论提出，应重视对生成性资源领域的研究。在世界各国城镇化进程中，城市经济的形成与发展就是一个例子。它可以解释作为公共物品提供者的政府为什么既是市场规则的维护者，又可以成为城市基础设施投资的参与者和项目的竞争者；也可以解释作为城市基础设施的公共物品，为什么有一部分能够转化为市场体系中的可经营性项目而不断地助推区域经济发展等一系列问题。[③]

生成性资源领域不仅涉及城市经济资源，而且涉及国际经济资源（如深海资源、太空资源、极地资源和深地资源等）的投资开发事宜。在这个高投资可能带来高回报率的领域，大国之间已经展开竞争。针对这种情况，"航天经济学"应该如何立意？如何发展？预估成效几何？可以说，在城镇化进程中以基础设施为主体的城市经济投资开发，以及深海经济、太空经济、极地经济和深地经济等的投资开发，同样面临此类问题。生成性资源具有动态性、经济性、生产性和高风险性四大特征，其投资开发受到前期投资额大、建设周期长、成本高、市场窄小以及可能面临失败或遭遇突发性事件等的影响。因此，在投资开发生成性资源的过程中，一方面需要不断地拓展市场领域，另一方面亟须有与产业经济不同的投资主体和

---

① ［英］亚当·斯密：《国富论》，郭大力、王亚南译，商务印书馆1972年版。
② ［英］凯恩斯：《就业、利息和货币通论：倡导减税、扩大政府财政支出》，房树人、黄海明编译，北京出版社2008年版。
③ 陈云贤：《市场竞争双重主体论——兼谈中观经济学的创立与发展》，北京大学出版社2020年版，第211～229页。

游戏规则用以解读。在现代市场经济横向体系（包括产业经济、城市经济、国际经济）中，不仅有产业经济中的市场主体——企业，而且有城市经济中的市场主体——区域政府，还有在国际经济中提供准公共物品的市场主体、在太空资源和深海资源等领域的投资开发者——政府或企业。这就是说，第一，市场不仅仅存在于产业经济中，而且存在于其他经济形态中；第二，在现代市场经济横向体系中，存在企业和区域政府双重竞争主体；第三，企业作为竞争主体，主要集中在产业经济领域，区域政府作为竞争主体主要集中在城市经济等领域；第四，产业经济是市场经济中的基础性领域，城市经济和国际经济等是市场经济中的生成性领域，二者既相互独立又相互联系，分属于现代市场经济中不同区间的竞争体系。由此可见，多区间的市场竞争体系构成了现代市场经济横向体系的内在性。

（二）现代市场经济纵向体系

与传统市场体系相比，现代市场经济纵向体系强调市场功能结构的系统性，其至少包括六个方面的内容。第一，市场要素体系。它既由各类市场（包括商品市场、要素市场和金融市场等）构成，又由各类市场的最基本元素，即价格、供求和竞争等构成。第二，市场组织体系。它由市场要素与市场活动的主体或管理机构构成，包括各种类型的市场主体、各类市场中介机构和市场管理组织。第三，市场法制体系。规范市场价值导向、交易行为、契约行为和产权行为等法律法规的整体构成了市场法制体系，它包括与市场相关的立法、执法、司法和法制教育等。第四，市场监管体系。它是建立在市场法制体系基础上的、符合市场经济需要的政策执行体系，包括对机构、业务、市场、政策法规执行等的监管。第五，市场环境体系。它主要包括实体经济基础、现代产权制度和社会信用体系三大方面。对这一体系而言，最重要的是建立健全市场信用体系和以完善市场信用保障机制为目标的社会信用治理机制。第六，市场基础设施。它是包含各类软硬件的完整的市场设施系统。其中，市场服务网络、配套设备及技术、各类市场支付清算体系、科技信息系统等都是成熟市场经济必备的基础设施。

现代市场经济纵向体系及其六个子体系具有五大特点。其一，现代市场经济纵向体系的形成是一个渐进的历史过程。其二，现代市场经济纵向体系的六个子体系是有机统一的。其三，现代市场经济纵向体系的六个子体系是有序的。其四，现代市场经济纵向体系的六个子体系的功能是脆弱的。其原因在于：首先是认识上的不完整，其次是政策上的不及时，最后是经济全球化的冲击。其五，现代市场经济纵向体系六个子体系的功能将全面作用于现代市场横向体系的各个领域。这就是说，在历史进程中逐渐完整的现代市场体系，不仅会在世界各国的产业经济中发挥作用，而且伴随着各类生成性资源的开发和利用也会逐渐在城市经济、国际经济（包括深海经济和太空经济等）中发挥作用。区域政府作为城市经济的参与主体，在资源生成领域的投资、开发、建设中首先成为第一投资主体，同企业作为产业经济的参与主体一样，必须同时受到现代市场经济纵向体系六个子体系功能的约束，并在现代市场经济不断提升与完善的过程中逐渐发挥作用。

二、成熟的有为政府需要超前引领

成熟的有为政府应该做好超前引领，即企业做企业该做的事，政府则做企业做不了、做不好的事。二者都不能缺位、虚位。政府的超前引领，就是遵循市场规则，依靠市场力量，做好产业经济的引导、调节、预警工作，做好城市经济的调配、参与、维序和民生经济的保障、托底、提升工作。这需要政府运用规划、投资、消费、价格、税收、利率、汇率、法律等政策手段，进行理念、制度、组织、技术等创新，有效推动供给侧或需求侧结构性改革，形成经济增长的领先优势，推动企业科学可持续发展。

在理论上，政府超前引领与凯恩斯主义的政府干预有着本质性区别：一是行为节点不同，二是调节侧重点和政策手段不同，三是政府的职能角色不同，四是运行模式不同，等等。

现实中，世界各国多数区域正处于经济转轨、社会转型或探索跨越"中等收入陷阱"的关键时期，中国政府通过超前引领促进产业转型、城市升级，已为世界各国区域发展探索出一条成功的路径。

每个国家或区域都存在非经营性、可经营性、准经营性三类资源，而如何配置这三类资源则界定了有为政府的类型。对于非经营性资源（民生经济），政府的配套政策应遵循"公平公正、基本托底、有效提升"原则；对于可经营性资源（产业经济），政府的配套政策应体现"规划、引导、扶持、调节、监督、管理"原则；对于准经营性资源（城市经济乃至太空经济、深海经济等），政府的配套政策应遵循"既是竞争参与者，又是调配、监督者"的原则。也就是说，国家或区域政府在配置上述三类资源的过程中，应根据各类资源的不同特点，配制与之相匹配的政策，以促进社会经济的均衡、高质量发展,而这类政策即政府行为就是有为政府的应有之义。中国改革开放 40 多年来,围绕着区域三类资源的有效配置,促进区域经济增添活力、环境优化、科学可持续发展,区域政府之间竞争与合作、超前引领、有所作为的事例比比皆是。

首先,它表现为区域政府之间开展项目竞争、产业链配套竞争和进出口竞争。这直接决定区域经济的发展水平。

第一,区域政府之间开展项目竞争。这主要包括三类:一是国家重大项目,包括国家科技重大专项、国家科技支撑计划重大项目、国家重大科技基础设施建设项目、国家财政资助的重大工程项目和产业化项目;二是社会投资项目,比如高技术产业、新兴产业、装备制造业、原材料产业以及金融、物流等服务业;三是外资引进项目,比如智能制造、云计算与大数据、物联网、智能城市建设等。区域政府之间展开项目的竞争,一则可以直接引进资金、人才和产业;二则可以凭借项目政策的合法性、公共服务的合理性来有效解决区域内筹资、融资和征地等问题;三则可以通过项目落地,引导开发区域土地、建设城市设施、扩大招商引资、带动产业发展、优化资源配置、提升政策能力,最终促进区域社会经济的可持续发展。因此,项目竞争成为我国区域政府的竞争重点和发展导向,项目意识、发展意识、效率意识、优势意识、条件意识、政策意识和风险意识成为我国区域政府竞争市场化的必然要求。

第二,区域政府之间开展产业链配套竞争。一般来说,每个区域都有自己的产业基础和特色——多数取决于本区域内的自然资源禀赋。如何保持和优化区域内的资源禀赋并汇聚区域外的高端资源,产业结构优化、产业链有效配置是其关键,向产业高端发展、形成产业集聚、引领产业集群是其突破点。我国区域政府的产业链配套竞争主要从两个方面展开:一是在生产要素方面。低端或初级生产要素无法形成稳定持久的竞争力,只有引进并投资于高端生产要素,如工业技术、现代信息技术、网络资源、交通设施、专业人才、研发智库等,才能建立起强大且具有竞争优势的产业。二是在产业集群、产业配套方面。区域竞争力理论告诉我们,以辖区内现有产业基础为主导的产业有效配套,能减少企业交易成本、提高企业盈利水平。产业微笑曲线告诉我们,价值最丰厚的地方集中在产业价值链的两端——研发和市场。培植优势产业,构建配套完整的产业链条,按照产业结构有的放矢地招商引资,是我国各区域可持续发展的重要路径。

第三,区域政府之间开展进出口竞争。在开放型的国际经济体系中,一个国家的区域进出口竞争成为影响各区域竞争力的重要环节之一。这主要体现在四个层面:一是在加工贸易与一般贸易的发展中,各个区域政府力图减少加工贸易占比、提高一般贸易比重,以增强区域商品和服务贸易的原动力;二是在对外投资上,各个区域政府力图推动企业布局海外,竞争海外项目,以促使本区域的利益布局和市场价值链条延伸至海外;三是在资本输出上,各个区域政府力图推进资本项目可兑换,即在国际经常项目投资便利化的情况下,采取各项措施以促进货币资本流通、货币自由兑换便利化等;四是在进口方面,尤其是对高科技产品、项目、产业的引进,各个区域政府全面采取优惠政策措施,予以吸引、扶持,甚至不惜重金辅助对其投入、布点和生产。进出口竞争的成效成为影响我国各个区域经济增长的重要因素之一。

其次,它表现为区域政府之间开展基础设施建设竞争,如人才、科技竞争和财政、金融竞争等。这由区域政府推动的经济政策措施决定。

第一,区域政府之间开展基础设施建设竞争。它包括城市基础设施的软硬件乃至现代化智能城市的开发运用等一系列项目建设。硬件基础设施包括高速公路、铁路、港口、航空等交通设施,电力、天然气等能源设施,光缆、网络等信息化平台设施,以及科技园区、工业园区、创业孵化园区、创意产业园区等工程性基础设施;软件基础设施包括教育、科技、医疗卫生、体育、文化、社会福利等社会性基础设施;现代化智能城市包括大数据、云计算、物联网等智能科技平台。一个区域的基础设施体系支撑着该区域社会经济的发展,其主要包括超前型、适应型和滞后型三种类型。区域基础设施的供给如能适度超前,将不仅增加区域自身的直接利益,而且会增强区域竞争力,创造优质的城市结构、设施规模、空间布局,提供优质服务,从而减少企业在市场竞争中的成本,提高其生产效益,进而促进产业发展。也就是说,我国各个区域基础设施的完善程度将直接影响该区域经济发展的现状和未来。

第二,区域政府之间开展人才、科技竞争。这一领域的竞争,最根本的是要树立人才资源是第一资源、科学技术是第一生产力的理念;最基础的是要完善本土人才培养体系,加大本土人才培养投入和科技创新投入;最关键的是要创造条件吸引人才,引进人才,培养人才,应用人才。衡量科技人才竞争力的主要指标包括该区域科技人才资源指数、每万人中从事科技活动的人数、每万人中科学家和工程师人数、每万人中普通高校在校学生人数、科技活动经营支出总额、科技经费支出占区域生产总值比重、人均科研经费、科技拨款占地方财政支出百分比、人均财政性教育经费支出、地方财政性教育支出总额、高校专任教师人数等。我国各个区域政府通过努力改善、提升相关指标来提高本土的人才和科技竞争力。

第三，区域政府之间开展财政、金融竞争。区域政府之间的财政竞争包括财政收入竞争和财政支出竞争。区域政府财政收入的增长主要依靠经济增长、税收和收费收入等的增加。财政支出是竞争的关键，包括社会消费性支出、转移性支出和投资性支出。其中，财政投资性支出是经济增长的重要驱动力。财政支出竞争发生在投资性支出领域，包括区域政府的基础设施投资、科技研发投资、政策性金融投资（支持亟须发展的产业）等。在财政收支总体规模有限的条件下，我国各个区域政府积极搭建各类投融资平台，最大限度地动员和吸引区域、国内乃至国际各类金融机构的资金、人才、信息等金融资源，为本区域的产业发展、城市建设、社会民生服务。各个区域政府在各种优惠政策上也积极开展竞争，如财政支出的侧重、吸纳资金的金融手段等。

最后，它表现为区域政府之间开展政策体系竞争、环境体系竞争和管理效率竞争。这由区域政府表现出来的经济管理效率所决定。

第一，区域政府之间开展政策体系竞争。它分为两个层次：一是各个区域政府对外的政策体系；二是各个区域政府对内出台的系列政策。由于政策本身是公共物品，具有非排他性和易效仿性的特点，因此，有竞争力的政策体系一般包含五大特征：一是求实性，即符合实际的，符合经济、社会发展要求的；二是先进性，即有预见性的、超前的、创新性的；三是可操作性，即政策是清晰的、有针对性的和可实施的；四是组织性，即由专门机构和人员负责与执行的；五是效果导向性，即有检查、监督、考核、评价机制的，包括发挥第三方作用，有效实现政策的目标。我国各个区域政府政策体系的完善程度对该区域的竞争力具有极大的影响。

第二，区域政府之间开展环境体系竞争。此处的环境主要指生态环境、人文环境、政策环境和社会信用体系等。发展投资与保护生态相和谐、吸引投资与政策服务相配套、追逐财富与回报社会相契合、法制监督与社会信用相支撑等，均是各个区域政府竞争所必需、必备的发展环境。良好的环境体系建设成为各个区域政府招商引资、开发项目、促进经济持续发展的成功秘诀,这已被我国一些区域的成功经验所证明。

第三,区域政府之间开展管理效率竞争。我国各个区域政府的管理效率是其行政管理活动、速度、质量、效能的总体反映。它包括宏观效率、微观效率、组织效率、个人效率四类。就行政的合规性而言,各个区域政府在管理效率竞争中应遵循合法性标准、利益标准和质量标准;就行政的效率性而言,各个区域政府应符合数量标准、时间标准、速度标准和预算标准。各个区域政府的管理效率竞争,本质上是组织制度、主体责任、服务意识、工作技能和技术平台的竞争。我国经济发达区域的政府运用"并联式""一体化"的服务模式,在实践中开创了管理效率竞争之先河。

在此,决定我国各个区域政府竞争的目标函数是各个区域的财政收入决定机制,决定我国各个区域政府竞争的指标函数是各个区域的竞争力决定机制。而影响各个区域政府竞争目标函数和指标函数的核心因素则是各个区域的经济发展水平,其包含三个要素——项目投资、产业链配套和进出口贸易;关键支持条件是各个区域的经济政策措施和经济管理效率,前者包括基础设施投资政策,人才、科技扶持政策和财政、金融支持政策,后者包括政策体系效率、环境体系效率和管理体系效率。笔者将其称为区域政府的"三类九要素竞争理论"①,如图1所示。

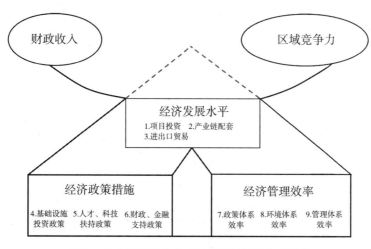

图1 各个区域政府的"三类九要素竞争理论"

---

① 陈云贤:《市场竞争双重主体论——兼谈中观经济学的创立与发展》,北京大学出版社2020年版,第108~115页。

从图1中可知，中国经济改革开放40多年的实践表明，区域政府也是现代市场经济的主体。一方面，它通过项目投资、产业链配套和进出口贸易等竞争提升区域经济发展水平，通过基础设施投资、人才科技争夺和财政金融扶持等政策措施提升区域竞争力，通过政策体系、环境体系和管理体系配套改善区域营商环境，从而推动区域的产业发展、城市建设和社会民生投入持续增长。另一方面，随着区域经济社会的发展，需要有为政府超前引领。政府超前引领是区域竞争与发展的关键。竞争需要创新，创新就是竞争力，持续的创新就是持续的竞争力，而政府超前引领则是中国乃至世界各国区域政府竞争的核心。其中，"理念超前引领"是区域经济发展处于要素驱动阶段时的重要竞争力，"管理超前引领"是区域经济发展处于投资驱动阶段时的竞争关键，"制度与技术超前引领"是区域经济发展处于创新驱动阶段时的竞争制胜点，"全面超前引领"是区域经济发展处于财富驱动阶段时的竞争必然选择。

三、市场经济存在双重主体

综上分析可知：第一，区域政府与企业都是资源调配的主体。如罗纳德·哈里·科斯（Ronald Harry Coase）所述，企业是一种可以和市场资源配置方式相互替代的资源配置机制，其对拥有的资源按照利润最大化原则进行调配。[1] 相应的，区域政府也拥有一定的公共资源，其运用规划引导、财政预算支出、组织管理和政策配套，形成区域资源调配的主体。第二，区域政府与企业都以利益最大化为初始目标。其中，区域政府作为独立的竞争主体，其主要行为目标是财政收入的最大化。区域政府通过开展理念、技术、管理和制度创新，并通过一系列政策和措施对项目投资、产业链配套和进出口贸易进行引导与调节，促使区域的投资、消费、出口等增长来发展地区生产总值和增加税收等，以达到提高区域内财政收入水平的目的。第三，区域政府竞争与企业竞争成为区域经济发展的双驱动力。企业竞争是产业经济发展的原动力，区域政府竞争则是区域经济发展的原动力。如前所述，区域政府通过项目投资、产业链配套、进出口贸易三要素的竞争来提升区域经济发展水平，通过对基础设施投资、人才科技争夺、财政金融扶持三措施的竞争来提升区域经济政策水平，通过政策、环境、

---

[1] Coase R H. "The Nature of the Firm". *Economica*, 1937, 4 (16), pp. 386–405.

管理三体系的配套竞争来提升区域经济管理效率,从而形成区域间"三类九要素"的竞争与合作,推动区域经济的可持续增长。第四,区域政府行为与企业行为都必须遵循市场规则。企业通过对市场规律的不断探索和对市场形势的准确判断来调配企业资源。区域政府对产业经济实施产业政策,在城市经济发展中充当投资者角色和对民生条件不断改善与提升的过程中,也要遵循市场规则,只有如此,才能促使该区域的经济社会不断发展,走在区域间的前沿。

为此,市场竞争"双重主体"的关系表现在三个方面。

(一)企业竞争主要在产业经济领域展开,区域政府竞争主要在以城市经济为主的资源生成领域展开

企业竞争在产业经济领域展开的过程中,任何政府都只能是企业竞争环境的营造者、协调者和监管者,从政策、制度和环境上维护企业开展公开、公平、公正的竞争,而没有权力对企业的微观经济事务进行直接干预。区域政府间"三类九要素"的竞争,是围绕着企业竞争生存的条件、环境、政策和效率等配套服务展开的。区域政府间的竞争以尊重企业竞争为前提,但不会将企业竞争纳入区域政府竞争层面。因此,在现代市场经济体系中,区域政府竞争源于现代市场体系的健全和完善过程中,政府对区域内重大项目落地、产业链完善、进出口便利和人才、科技、资金、政策、环境、效率等的配套所产生的功能。企业与区域政府共同构成市场经济双重竞争主体。企业竞争是基础,区域政府竞争以企业竞争为依托,并对企业竞争产生引导、促进、协调和监管作用,它们是两个不同层面既各自独立又相互联系的双环运作体系,如图2所示。

图2 市场竞争"双重主体"的关系

图2表明了区域政府竞争与企业竞争之间互不交叉,但二者相互支撑、紧密连接,是两个无缝衔接的独立竞争体系。区域政府竞争与企业竞

争的有效"边界划分",是我们处理好这两个竞争体系关系问题的关键。

(二)企业竞争的核心是在资源稀缺条件下的资源优化配置问题,区域政府竞争的核心是在资源生成基础上的资源优化配置问题

笔者认为,企业竞争行为及其效用研究是在微观经济运行中对资源稀缺条件下的资源优化配置的研究,其研究焦点是企业竞争中的主要经济变量即价格决定和价格形成机制问题,其研究的内容及其展开形成了供给、需求、均衡价格理论,消费者选择理论,完全竞争与不完全竞争市场理论,以及一般均衡、福利经济学、博弈、市场失灵和微观经济政策论,等等。而区域政府竞争行为及其效用研究是在中观经济运行中对资源生成基础上的资源优化配置的研究,其研究焦点是影响区域政府竞争的主要经济变量即区域财政收入决定与财政支出结构机制问题,其研究的内容及其展开形成了资源生成理论、政府双重属性理论、区域政府竞争理论、竞争型经济增长理论、政府超前引领理论、经济发展新引擎理论以及市场竞争双重主体理论和成熟市场经济"双强机制"理论等。它们与宏观经济主体——国家共同构筑成现代市场体系竞争的双重主体脉络图,如图3所示。①

现代市场经济的驱动力不仅有来自微观经济领域的企业竞争,而且有来自中观经济领域的区域政府竞争。它们是现代市场经济体系中的双重竞争体系,共同构成现代市场经济发展的双驱动力,推动着区域经济或一国经济的可持续发展。

(三)企业竞争与区域政府竞争的结果,都出现了"二八定律"现象

美国哈佛大学迈克尔·波特(Michael E. Porter)教授在其《国家竞争优势》一书中描绘了企业竞争发展的四阶段论,即要素驱动阶段、投资驱动阶段、创新驱动阶段和财富驱动阶段②;有关理论清晰地阐述了区域政府竞争的递进同样存在四阶段论,即产业经济竞争导向的增长阶段、城市经济竞争导向的增长阶段、创新经济竞争导向的增长阶段和竞争与合作经

---

① 陈云贤:《市场竞争双重主体论——兼谈中观经济学的创立与发展》,北京大学出版社2020年版,前言第Ⅳ页。

② [美]迈克尔·波特:《国家竞争优势》,李明轩、邱如美译,中信出版社2007年版,第63~68页。

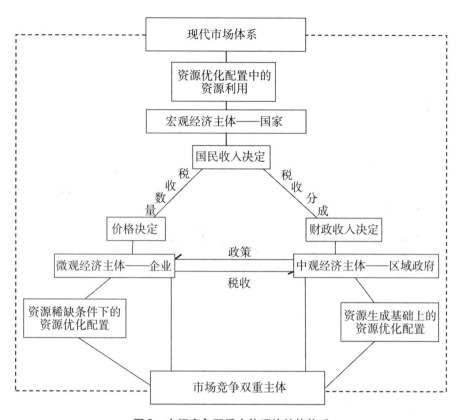

图3 市场竞争双重主体理论结构体系

济导向的增长阶段。① 从经济学理论的分析和中国乃至世界各国经济发展实践的进程看,不管是企业竞争还是区域政府竞争,其实际结果都呈现梯度推移状态,并最终表现出"二八定律"现象。即两类竞争主体在其竞争进程中围绕目标函数,只有采取各种超前引领措施,以有效地推动企业或区域在理念、技术、管理和制度创新上发展并实现可持续增长,最终才能脱颖而出,成为此行业或此区域的"领头羊",而那些滞于超前引领和改革创新的企业或区域将会处于落后状态。此时,在经济发展的梯度结构中,处于领先地位的20%的企业或区域将占有80%的市场和获得80%的盈利,而处于产业链发展中的80%的中下游企业和经济发展中的80%的

---

① 陈云贤:《市场竞争双重主体论——兼谈中观经济学的创立与发展》,北京大学出版社2020年版,第128~152页。

滞后区域将可能只占有20%的市场或获得20%的收益。"二八定律"现象会呈现在企业竞争或区域政府竞争的结果上，如图4所示。

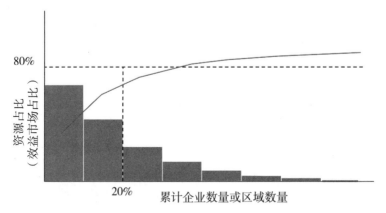

图4 "二八定律"现象

注：图中黑色方块表示资源占比份额，弯实线表示企业（区域）数量（这是一个动态的增长过程）。

当然，在现实经济发展中，随着企业竞争和区域政府竞争的双轮驱动，将在客观上历史地形成世界各国经济社会日益丰富的思想性公共产品、物质性公共产品、组织性公共产品和制度性公共产品，它们将为落后企业或区域带来更多的发展机会，并使企业或区域经济增长成果更多地体现出普惠性、共享性，即企业间发展或区域间发展都将从非均衡逐步走向均衡。但经济学理论和经济实践的发展清晰地告诉我们，此时的均衡应该是经济发展梯度结构的均衡，而非经济发展平面结构的均衡。

四、区域竞争呈现三大定律

在中国乃至世界各国，现代市场经济的双重竞争体系——企业竞争与区域政府竞争，成为一国推动产业发展、城市建设和社会民生的双驱动力。它们在实际经济运行中呈现出三大定律。

一是二八效应集聚律。二八效应集聚律是"二八定律"在区域政府竞争过程中的一个翻版。此定律表现出三大特征：第一，企业竞争与区域政府竞争同生共长。也就是说，微观经济在研究资源稀缺条件下的资源优化配置问题时企业是资源调配的主体，中观经济在研究资源生成基础上的资源优化配置问题时区域政府是资源调配的主体（宏观经济在研究资源优化配置前提下的资源利用问题时国家是资源利用的主体）；二者在现代市场经济纵横体系中，各自在产业经济和城市经济领域发挥着不同作用，在现代市场经济的竞争体系中同生共长。第二，企业竞争与区域政府竞争的发展轨迹不同。企业竞争在经济发展的要素驱动阶段、投资驱动阶段、创新驱动阶段和财富驱动阶段的运行轨迹，主要体现为企业完全竞争、垄断竞争、寡头垄断竞争和完全垄断竞争的演变与争夺过程，企业完全竞争的轨迹在区域经济发展各个阶段的递进过程中呈现出"由强渐弱"的迹象；而区域政府竞争从一开始就表现在产业经济竞争导向的增长阶段，而后逐渐进入城市经济竞争导向的增长阶段、创新经济竞争导向的增长阶段和竞争与合作经济导向的增长阶段，因此区域政府竞争的范围及其"三类九要素"竞争作用在区域经济发展各个阶段的递进过程中呈现的是"由弱渐强"的轨迹。第三，企业竞争与区域政府竞争最终形成"二八定律"现象。也就是说，在中国乃至世界各国区域经济的发展过程中，或者说在市场经济条件下，区域经济发展首先表现的是竞争型的经济增长，区域经济增长呈现出梯度发展趋势，产业链集聚、城市群集聚、民生福利提升等都主要集中在先行发展的区域中。二八效应集聚律表现为随着不同经济发展阶段的历史进程，中国和世界各国区域经济的发展在企业竞争和区域政府竞争的双轮驱动下，正逐渐出现先行发展区域或先行发达国家的产业集群、城市集群和民生福利越来越集中的现象，中国乃至世界经济发展的结果呈现出梯度格局。

二是梯度变格均衡律。此定律的作用表现在三个阶段：第一阶段，区域的资源配置领域出现资源稀缺与资源生成相配对阶段。资源稀缺是企业竞争的前提条件，资源生成是区域政府竞争的前提条件，当经济发展从企业竞争延伸到区域政府竞争、从微观经济延伸到中观经济、从产业资源延伸到城市资源，甚至逐步涉及太空资源、深海资源、极地资源的时候，世界各国区域经济均衡发展将迈出实质性的步伐。第二阶段，区域的资源生成领域出现正向性资源（原生性资源和次生性资源）与负向性资源（逆生性资源）相掣肘阶段。正向性资源领域的开发将为企业竞争和区域政府竞争提供新的平台，并助推区域经济发展和不断创造出新的区域经济增长点；而负向性资源领域的产生则给区域经济增长或人类社会的和谐带来诸多弊端。二者相互掣肘，促使区域经济均衡化发展。第三阶段，区域的经济增长目标由单一转向多元的阶段。此阶段也是实际经济运行中从要素驱动阶段、投资驱动阶段向创新驱动阶段和财富驱动阶段演进的过程。此时，经济增长的目标不仅仅是追求投资、消费和出口的均衡，而是更多地追求产业、生态、民生事业的均衡。产业发展、城市建设、社会进步的均衡和一国各区域宜居、宜业、宜游的全面均衡，对经济增长多元化目标的追求与有效配套相关政策措施的实施，将促进区域经济均衡化发展。梯度变格均衡律既表现为某一区域产业发展、城市建设和社会民生进步的均衡性趋势，又表现为区域间产业发展、城市建设和社会民生进步的均衡性趋势。区域间产业发展、城市建设和社会民生进步的均衡性趋势，在实践中表现出来的是梯度结构的均衡性，我们称之为梯度均衡，它是我们需要在经济学领域认真思考并采取有效分析方法去深化研究的课题。

　　三是竞争合作协同律。既然区域间（国家之间）经济发展的均衡性趋势呈现梯度结构的均衡状态，竞争合作协同律作为客观的必然性就将主要集中在区域间经济发展的三大协同上。第一，政策协同性。企业竞争对产业资源起调节作用；区域政府竞争对城市资源和其他生成性资源起调节作用；政府参与某一具体项目的竞争将由其载体——国有企业或国有合资企业或国有股份制企业介入其中。因此，企业竞争中的产业政策适度和竞争中性原则运用问题，区域政府竞争中的系列政策配套与措施推动问题，以及区域间（国家之间）新型工业化、新型城镇化、智能城市开发、科技项目投入、基础设施现代化和农业现代化等推进过程中的政策协同性问题，就显得特别重要。企业竞争和区域政府竞争的结果要求各竞争主体政策的协同性，是一种客观必然现象。第二，创新协同性。它表现在三个方面：一是科技重大项目的突破带来资金投入大、周期长、失败可能性高和风险大等一系列问题，需要各竞争主体的创新协同；二是科技新成果的突破需要综合运用人类智慧，需要各竞争主体的创新协同；三是跨区域、跨领域、跨国域的思想性、物质性、组织性和制度性公共产品不断出现和形成，需要各竞争主体的创新协同。在中国乃至世界各国区域经济发展模式转换和社会转型的深化阶段，区域间的创新协同性也是客观趋势所在。第三，规则协同性。区域间经济竞争规则（公平与效率）、区域间共同治理规则（合作与共赢）、区域间安全秩序规则（和平与稳定）等，也将随着区域经济发展阶段的深化而客观地出现在各竞争主体的议事日程中。竞争合作协同律，实质上就是在区域经济发展的不同阶段，各竞争主体为了共同的发展目标，依靠各种不同产业、投资、创新平台，汇聚人才、资本、信息、技术等要素，实现竞争政策的协同、创新驱动的协同和竞争规则的协同，从而突破竞争壁垒、有效合作、共同发展。该定律促进了中国和其他各国区域间的经济同生共长，发展合作共赢，并且这将成为一种客观必然趋势。

五、成熟市场经济是有为政府与有效市场相融合的经济

政府与市场的关系一直以来都是传统经济领域争论的核心问题之一，其焦点便是政府在市场经济资源配置中的作用及其对产业发展、城市建设、社会民生的影响。

当我们回到现代市场体系的市场要素、市场组织、市场法制、市场监管、市场环境、市场基础设施六大功能结构中，当我们直面当代世界各国必须要面对的可经营性资源、非经营性资源、准经营性资源的有效配置时，就会发现，政府与市场的关系并不是简单的一对一的矛盾双方的关系。"弱式有效市场""半强式有效市场"和"强式有效市场"的划分，既是可量化的范畴，更是历史的真实进程；"弱式有为政府""半强式有为政府"和"强式有为政府"的界定，既是世界各国在现实市场经济中的真实反映，又可解决迎面而来的政府与市场关系的一系列疑难杂症。有为政府与有效市场的组合在理论上至少存在九种模式，具体内容如图5所示。

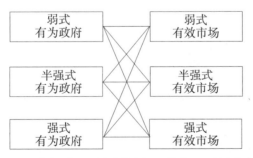

注 模式1："弱式有为政府"与"弱式有效市场"；模式2："弱式有为政府"与"半强式有效市场"；模式3："弱式有为政府"与"强式有效市场"；模式4："半强式有为政府"与"弱式有效市场"；模式5："半强式有为政府"与"半强式有效市场"；模式6："半强式有为政府"与"强式有效市场"；模式7："强式有为政府"与"弱式有效市场"；模式8："强式有为政府"与"半强式有效市场"；模式9："强式有为政府"与"强式有效市场"。

图5　有为政府与有效市场的九种组合模式

模式1中，政府对经济基本没能发挥调控作用，市场发育也不完善，市场竞争机制常被隔断，法制欠缺，秩序混乱，这类主体通常为中低收入国家。模式2在现实经济中难以存在，因为"半强式有效市场"必定存在市场法制体系和市场监管体系，它不可能由"弱式有为政府"去推动。模式3纯属理论上的一种假定，现实中世界各国并没有实际案例加以支持。模式4表明政府在非经营性资源调配上可以较好地履行职责，提供基本公共产品；同时，政府也开始具备对可经营性资源的调配和相应扶持能力，但对市场发展趋势把握不好，市场运行中出现的问题还有待成熟的市场去解决。这种模式类似于中国改革开放的1978—1984年期间，属于市场经济初期的运行调控模式。模式5属于半成熟市场经济模式，其一方面表明政府规划、引导产业布局以及扶持、调节生产经营与"三公"监管市场运行的机制和力度在加强，另一方面表明市场监管机制、法律保障机制、环境健全机制等在推进。此状况出现在市场经济发展处于中期阶段的国家。中国在加入世界贸易组织（WTO）之前就类似这一模式。模式6与现在的美国很对应。美国政府依靠市场配置资源的决定性力量来获取高效市场收益，在非经营性资源的调配中发挥着重要作用，碍于制度和理念的限制，对可经营性资源的调配和准经营性资源的开发或者界定模糊，或者言行不一，或者难以突破，整体经济增长、城市提升弱于其规划，缺乏系统性与前瞻性。模式7在目前的现实中还难以存在。"强式有为政府"的功能作用起码也是与"半强式有效市场"相对应的。计划经济国家不属于此模式类型。模式8与现阶段的中国相类似，其发展方式通常被世人看作政府主导型的逐渐成熟的市场经济，其经济成就也是世界瞩目的，但又面临着市场竞争、市场秩序、市场信用以及市场基础设施进一步提升与完善的更大挑战。模式9是政府与市场组合的最高级模式，也是最佳模式。它是世界各国经济运行中实践探索和理论突破的目标，也是真正成熟的市场经济所应体现的目标模式。

综上可见，"政府有为"是指：①能对非经营性资源有效调配并制定配套政策，促使社会和谐稳定，提升和优化经济发展环境；②能对可经营性资源有效调配并制定配套政策，促使市场公开、公平、公正，有效提高社会整体生产效率；③能对准经营性资源有效调配并参与竞争，推动城市建设和经济社会全面可持续发展。政府有为，是对上述三类资源功能作用系统的有为，是对资源调配、政策配套、目标实现三者合一的有为。"有为政府"的标准有三个：标准一，尊重市场规律，遵循市场规则；标准二，维护经济秩序，稳定经济发展；标准三，有效调配资源，参与区域竞争。"市场有效"是指：①市场基本功能（包括市场要素体系和市场组织体系）健全；②市场基本秩序（包括市场法制体系和市场监管体系）健全；③市场环境基础（包括市场环境体系和市场基础设施）健全。市场有效，是对现代市场体系六大功能整体发挥作用的表现，是对生产竞争、市场公平、营商有序三者合一的反映。"有效市场"的标准有三个：标准一，市场充分竞争；标准二，法制监管有序；标准三，社会信用健全。

现实中，世界各国的有为政府至少需要具备三个条件：①与时俱进。这里主要强调的是政府有为亟须"跑赢"新科技。科技发展日新月异，其衍生出来的新业态、新产业、新资源、新工具将对原有的政府管理系统产生冲击。新科技带来了生产生活的新需求和高效率，同时也带来了政府治理应接不暇的问题。因此，政府如果要在产业发展、城市建设、社会民生三大职能中，或在非经营性资源、可经营性资源、准经营性资源等三类资源调配中有所作为，其理念、政策、措施应与时俱进。②全方位竞争。即有为政府需要超前引领，运用理念创新、制度创新、组织创新和技术创新等，在社会民生事业（完善优化公共产品配置，有效提升经济发展环境）、产业发展过程（引领、扶持、调节、监管市场主体，有效提升生产效率）和城市建设发展（遵循市场规则，参与项目建设）中，必须全要素、全过程、全方位、系统性地参与竞争。它以商品生产企业竞争为基础，但不仅仅局限于传统概念层面上的商品生产竞争，而是涵盖实现一国经济社会全面可持续发展的目标规划、政策措施、方法路径和最终成果的全过程。③政务公开。包括决策公开、执行公开、管理公开、服务公开、结果公开和重点事项（领域）信息公开等。政务公开透明有利于推动和发挥社会各方的知情权、参与权、表达权和监督权，优化与提升产业发展、城市建设、社会民生等重要领域的资源调配效果。透明、法制、创新、服务型和廉洁型的有为政府将有利于激发市场活力和社会创造力，造福各国，造福人类。

至此，可以说，政府和市场的关系堪称经济学上的"哥德巴赫猜想"。而有为政府和有效市场的有机结合造就了中国改革开放40多年来在产业发展、城市建设、社会民生方面的巨大成效，中国经济改革开放的成功，以及在实践中摸索出来的中国特色现代市场经济具有纵横体系、成熟有为政府需要超前引领、市场竞争存在双重主体、区域竞争呈现三大定律、成熟市场经济是有为政府与有效市场相融合的经济等有关理论，不仅为中国特色社会主义市场经济探索了方向，也为世界各国有效解决政府与市场关系的难题提供了借鉴。

自2019年以来，北京大学、复旦大学、中山大学等十多所高校先后开设了"中观经济学"课程。中山大学等高校已在理论经济学一级学科下设置"中观经济学"作为二级学科，形成相对独立的专业，划分和确定研究方向，招收硕博研究生，建设相关且独特的必修课程体系，从学科体系建设层面系统阐释和研教中观经济学原理。此外，中山大学还专门设立了中观经济学研究院。"中观经济学"系列教材的出版，必将进一步推动并完善该学科的建设和发展。

中山大学对此套教材的出版高度重视，中山大学中观经济学研究院组织编写，成立了以陈云贤为主编，李善民、徐现祥、鲁晓东为副主编的"中观经济学"系列教材编委会。本系列教材共10本。10本教材的撰写分工如下：陈云贤、王顺龙负责《资源生成理论》，陈云贤、顾浩东负责《区域三类资源》，刘楼负责《产业经济概说》，陈思含负责《城市经济概说》，顾文静负责《民生经济概说》，徐雷负责《竞争优势理论》，徐现祥、王贤彬负责《政府超前引领》，李粤麟负责《市场双重主体》，才国伟负责《有为政府与有效市场》，李建平负责《经济增长新引擎》。陈云贤负责系列教材的总体框架设计、书目定编排序、内容编纂定稿等工作。

"中观经济学"系列教材是中山大学21世纪经济学科重点教材，是中山大学文科重点建设成果之一。它作为一套面向高年级本科生和研究生的系列教科书，力求在主流经济学体系下围绕"中观经济学"的创设与发展，在研究起点——资源生成理论、研究细分——区域三类资源（产业经济概说、城市经济概说、民生经济概说）的基础上，探索区域政府竞争、政府超前引领、市场双重主体、有为政府与有效市场相融合的成熟市场经济以及经济增长新引擎等理论，以破解世界各国理论与实践中难以解答的关于"政府与市场"关系的难题。本系列教材参阅、借鉴了国内外大量专著、论文和相关资料，谨此特向有关作者表示诚挚的谢意。

祝愿"中观经济学"系列教材的出版以及"中观经济学"学科建设与理论的发展，既立足中国，又走向世界！

2022 年 3 月

目 录

序言 …………………………………………………………… 1

第一章 资源生成三大领域 …………………………………… 1
第一节 "资源稀缺"与"资源生成"是资源配置中的一对
"孪生儿" ………………………………………… 1
第二节 资源生成与经济增长 ……………………………… 8
第三节 准经营性资源与资源生成三大领域 ……………… 21
第四节 资源生成的特征 …………………………………… 36
本章小结 ……………………………………………………… 42
思考讨论题 …………………………………………………… 43

第二章 政府成为资源生成领域第一投资人 ………………… 44
第一节 生成性资源投资的高风险性与投资不足 ………… 44
第二节 政府是生成性资源第一投资人的原因 …………… 49
第三节 政府必须按照市场规则办事 ……………………… 59
本章小结 ……………………………………………………… 63
思考讨论题 …………………………………………………… 63

第三章 政府在资源生成领域大有作为 ……………………… 64
第一节 原生性资源的开发与利用 ………………………… 64
第二节 次生性资源的开发与利用 ………………………… 75
第三节 逆生性资源的开发与利用 ………………………… 119
第四节 资源生成三大领域密切相关且互相促进 ………… 160
本章小结 ……………………………………………………… 161

思考讨论题 …………………………………………………… 162

第四章　为什么经济学界没能提出"资源生成法则"？ ……… 163
　　第一节　亚当·斯密《国富论》的历史背景 ………………… 163
　　第二节　凯恩斯经济学的贡献与缺陷 ………………………… 170
　　第三节　传统经济学理论与体系的不足 ……………………… 179
　　本章小结 ………………………………………………………… 186
　　思考讨论题 ……………………………………………………… 186

第五章　中国政府在资源生成领域超前引领是成功密码之一 … 187
　　第一节　经济发展四阶段 ……………………………………… 187
　　第二节　"政府推动、企业参与、市场运作"机制的形成 …… 211
　　第三节　中国特色社会主义市场经济的显现 ………………… 216
　　本章小结 ………………………………………………………… 218
　　思考讨论题 ……………………………………………………… 218

参考文献 …………………………………………………………… 220

后记 ………………………………………………………………… 223

序　言

中国自改革开放以来，取得了举世瞩目的经济成就。在40多年间，中国国内生产总值保持了年均9%以上的高增长速度，由1978年的3678.7亿元增长至2020年的101.6万亿元，占世界经济的比重由1978年的1.8%增长至2020年的17%，经济总量排名也由1978年的第9位跃升至仅次于美国的第2位，对世界经济增长的贡献率更是连续14年位居第一。在这样的历史大背景下，"深圳奇迹""浦东奇迹"等一系列地区发展典型事例更是中国经济从无到有、从弱到强的微观缩影和真实写照。

近年来，在国际经济环境持续低迷的背景下，中国经济持续增长的密码成为热门话题，国内外的经济学家都希望在中国身上找到启动经济增长引擎的钥匙。但是传统经济学由于其本身的缺陷，无法给出有力的回答。陈云贤教授作为中国改革开放伟大实践的亲历者与参与者，基于自己在高等院校、金融企业和地方政府数十年的一线经验与深刻思考，阐释了"中观经济学"理论，以区域政府竞争理论、市场竞争双重主体理论和成熟市场经济"双强机制"理论来解析中国经济飞速增长的原因，既在经济学理论上取得了重大突破，也为我们增强道路自信和理论自信增添了依据。

《资源生成理论》作为"中观经济学"系列教材的第一册书，是对陈云贤教授"中观经济学"理论体系在资源生成领域相关理论的深入探讨与详细阐述。资源生成理论是中观经济学重要的基础理论之一，主要体现在资源生成是区域政府竞争的重要领域，是区域政府履行其双重角色职能的必然要求，也是强式有为政府的重要标准。同时，资源生成是对传统经济学资源稀缺基本假设的一个补充与完善，具有较高的学术和理论价值。

本书的内容分为四个部分：一是从传统经济学资源稀缺的假设出发，引出资源生成的概念及其与资源稀缺的关系，讨论资源生成在经济发展中的重要作用，并提出资源生成的三大领域与四大特点；二是从资源生成的特点出发，明确资源生成的投资主体并确立资源生成应遵循的原则；三是从资源生成的三个领域出发，阐明原生性资源、次生性资源和逆生性资源各自的内容、特点和意义，并在此基础上就其开发手段提出建议；四是从历史发展进程的角度出发，论述为何传统经济学理论未能提出资源生成法则，并分析资源生成在中国经济腾飞中的重要作用。

笔者的工作经历与专业知识的结合，使得本书具有以下三个特色。

（1）批判性与继承性结合。在内容上，资源生成理论是对传统经济学"资源稀缺"基本假设的突破，但是并不完全否认传统经济学在一定范畴内的正确性，如产业经济领域内资源配置理论的成就与贡献。因此，本书的基本思想虽然建立在弥补传统经济学的不足与缺陷上，但更多的是对传统经济学的扬弃与发展。在研究形式上，本书吸收了传统经济学部分研究范式与研究方法，因此也具有一定的继承性。

（2）理论性与实践性并重。《资源生成理论》既是一本学术著作，也可作为教材用书，其内容是对传统经济学的突破与完善，具有相当的理论价值。同时，经济学是一门经世致用之学，资源生成理论的思想自实践中而来，笔者也希望它到实践中去。因此，除了专业术语与数学模型外，本书也增加了许多通俗解释与实际案例，兼具深刻性与可读性，以便初学者与非专业人士理解，笔者也希望本书提供的方法论能为市场经济的主体——区域政府和企业的决策提供参考。

（3）经济逻辑与数学逻辑并举。数学模型作为经济学的一种分析工具与手段，在恰当的假设下，可以更清晰地探析经济问题，研究表象背后的传导机制，即以数学逻辑描述和分析经济逻辑。因此，本书在资源生成如何促进经济增长、生成性资源收益—风险不匹配、次生性资源开发主体边界和逆生性资源外部性成本化问题的分析中构建了数学模型，希望起到"投石问路""抛砖引玉"的作用，以期为其他研究者参与中观经济学的研究做些许铺垫，吸引更多研究者前来为中观经济学的发展和完善共同努力。

本书适用于经济和管理专业的高年级本科生与研究生，也可以成为研究本领域的同行的参考书，同时也可用于政府人员和企业高级管理者的经济学培训。资源生成理论正处于不断完善和发展之中，书中错误与疏漏在所难免，在此恳请各位读者批评指正。最后欢迎更多的研究者参与到中观经济学的研究中来，向世界展示"中国模式"，为经济学提供"中国理论"，为世界经济开出"中国药方"。

陈云贤　王顺龙
2022 年 2 月

第一章 资源生成三大领域

当前，国内外经济学界对政府与市场的认识，大多囿于亚当·斯密（Adam Smith）在240多年前发表的著作《国富论》的定调，仅强调资源稀缺与资源优化配置，而忽视资源生成的重要性。在本章中，笔者将结合世界经济发展尤其是中国改革开放40多年来的成功经验，论述资源生成的重要性及其与资源稀缺的关系，并在此基础上阐述资源生成在经济增长中所起的作用，再探究政府应在资源生成领域采取何种政策以促进经济发展，最后对资源生成的领域与特征逐一进行介绍。

第一节 "资源稀缺"与"资源生成"是资源配置中的一对"孪生儿"

一、亚当·斯密与"资源稀缺"

1776年，时年53岁的亚当·斯密发表了著作《国富论》，成为古典经济学和市场价值理论的开山鼻祖。《国富论》所蕴含的基本思想和分析方法的影响十分深远，后世几代经济学大师在其基础上大胆创新，提出了一系列新的范畴与概念，推动经济学研究迈上了一个新的台阶。尤其是阿尔弗雷德·马歇尔（Alfred Marshall）教授，他的著作《经济学原理》被认为是新古典经济学派的开山之作。

他们的理论的共同之处是，都从资源稀缺这个基本的概念出发，认为所有个体的行为准则在于利用有限的资源获取最大的收益，并由此来考察个体取得最大收益的条件。正如1970年诺贝尔经济学奖获得者保罗·A.萨缪尔森（Paul A. Samuelson）所说的："经济学研究的是一个社会如何利用稀缺的资源生产有价值的商品，并将它们在个体之间进行分配。"在

此基础上,加上"理性人"(经济活动的利己性)、完全信息等假设继续深入分析,便构成了"微观经济学"的主线。

微观经济学的研究始于18世纪中后期,但该名词出现于20世纪30年代——从总量分析经济活动的凯恩斯主义兴起后,这种研究个体经济行为的传统理论,就被称为微观经济学。资源稀缺这个概念在微观经济学中占据重要地位,其基本分析工具——供给和需求分析都是从"资源是稀缺的"这个概念出发的:消费者在预算约束线下进行选择,根据其偏好最终会选择预算约束线上的某一点,当价格变动时,便可得到需求曲线;厂商在生产可能性边界中选择生产数量,根据利润最大化或者成本最小化的原则得到最优产量,可以进一步推导出供给曲线。所以说,"资源稀缺"是微观经济学"大厦"的"基石",若抽去这块"石头",比如设想一个拥有无限财富的、可以买下世界上所有商品的消费者或者可以生产无限商品的厂商,对他们来说,微观经济学的分析将会毫无用处。

在给出供给曲线和需求曲线的前提下,生产者和消费者将以价格为信息媒介,最终达到市场出清——在某个价格下需求与供给相等。单个市场的出清被称为局部均衡,多个市场的出清被称为一般均衡。假如仅存在商品市场和要素市场,在商品市场上厂商生产并出售商品,消费者购买并消费商品;在要素市场上消费者提供劳动、资本等生产要素,厂商购买这些要素。若这两个市场同时实现需求与供给相等,整个市场就达到了一般均衡。在这个例子中,一般均衡的条件看上去很容易达到,消费者不停地用劳动、资本换取报酬去消费并创造需求,厂商购买要素生产商品并卖出以赚取利润,听上去是非常美妙的循环。

不仅如此,这种美妙的循环还带来了一个意想不到的好处——资源的优化配置。由阿瑟·塞西尔·庇古(Arthur Cecil Pigou)和维尔弗雷多·帕累托(Vilfredo Pareto)建立与发展的微观经济学分支——福利经济学提出并证明了这样一个观点:一般均衡符合帕累托最优状态,即社会资源得到了最优的配置,消费者获得了最大的效用,生产者获取了最多的利润,生产要素的提供者得到了应得的报酬;更为重要的是,这样的状态是可以通过市场机制达到的。更为通俗易懂地,回到亚当·斯密的表述方式:商品经济的"主观为己,客观为人"利己性与利他性的有机融合,成为一只"看不见的手",指挥资源优化配置并使市场良性发展。

我们可以看到,上面的论述并没有提到政府的角色,因为在市场无所

不能的情况下，很容易得出一个推论——政府是不重要的。因此，亚当·斯密及其追随者都是"小政府"的坚定支持者，认为政府应充当"守夜人"的角色，如亚当·斯密在《国富论》中认为政府的三大职能是保护国家、维护公正与秩序、提供公共物品。

二、约翰·梅纳德·凯恩斯——增加稀缺资源的供给

可惜的是，上面所说的那种美妙的循环并没有在现实世界中出现，而是走上了其反面：主要资本主义国家几乎每隔十年便会发生一次经济危机，其中有些危机甚至需要通过发起世界范围内的战争来转嫁。举一个经常出现且可以打破上面那种平衡的例子：工厂主为了获取更多的利润，倾向于让工人承担更多的工作并且支付更少的工资；长此以往，整个社会上数量占比很大的工人阶层只掌握了少量的可支配收入，消费能力大大下降，导致商品滞销；为了节省成本，工厂主不得不开除部分工人，致使工人阶层的收入变得更少。在这样的恶性循环下，市场中出现大量过剩的商品，大批企业倒闭，大量工人失业。尤其是地理大发现以来，世界各国间的联系加强，经济危机经常在一国发生并迅速波及至世界主要国家。这些问题都是古典经济学派和新古典经济学派无法解释和解决的，他们甚至认为这是政府过多干预所导致的，要求政府停止扰乱市场的行为而让市场自行回归到正轨。

【案例1-1】

第一次世界性经济危机

虽然1637年荷兰就出现了"郁金香泡沫"，1825年英国也爆发了人类历史上第一次普遍性的工业生产过剩危机，但是人们一般认为第一次世界性经济危机是1857年经济危机。

随着第一次工业革命在英国的发展，制造技术不断进步，机器性能及其性能成本比大大提高，中大型工厂彻底驱逐手工工场，英国工业品相对于法、德、美各国工业品的优势进一步加强。同时，自由贸易思潮的兴起促使各国关税降低，电报的普及和蒸汽机在海运行业的应用促使世界的联系更加紧密。以上因素促使英国在1850年首先摆脱了上一轮经济危机，并带动其他主要资本主义国家开始了长达7年的繁荣期。19世纪50年代，美国铁路建设迎来新的高潮，建成长约33000千米的铁路。由于当时美国

冶金、制造等行业并不发达,这个庞大的机车和铁轨市场基本上为英国所占领。1850年到1857年,美国工业和运输业的资本额也迅速增长,其中近一半是来自英国的债券和股票。更值得注意的是,这一轮英国商品出口扩大还伴随着价格上涨,价格上涨减轻了对技术相对落后的法、德两国的压力,法、德两国的重工业也迅速发展。

同时,在丰厚利润的刺激下,信用高度膨胀,投机行为猖獗。从1850年到1857年,伦敦9家股份银行的存款增加了约1.5倍,从1800万英镑增加到4300万英镑;美国的银行数目从824家增加到1416家,放款业务从44500万美元增加到68400万美元;德国的银行数目从9家增加到29家,货币发行额增加了1倍;法兰西银行的放款业务增加了2倍多,从18亿法郎增加到56亿法郎。出口信贷和空头期票制度广泛发展,银行凭空头期票大量放款给自有资本额很小的公司,这一方面助长了经济繁荣,另一方面却增加了风险。此外,滥设企业骗取小额投资者信任和钱财之风盛行,许多银行参与制造泡沫,造成股票价格暴涨与暴跌。

但是,由于工人工资过低,有效需求不高,市场容量很快饱和。典型的例子是,从1847年到1857年,英国棉织品的出口额从2330万英镑增加到3910万英镑,而国内消费量却从2150万英镑减少到1710万英镑。1857年秋,美国靠空头支票、出口信贷生存的进出口商首先大批破产,紧接着为其提供信用的银行纷纷倒闭。一度同纽约争夺全国金融中心地位的费城,几乎全部银行都停止支付;随后,纽约63家银行中有62家遭到挤兑而停止支付,贴现率上升到60%~100%,铁路公司的股票价格下跌85%~87%。危机迅速蔓延至英国,英格兰银行将贴现率提高到前所未有的10%;破产银行和有价证券共损失8000万英镑,危机造成的全部损失则高达25000万~30000万英镑。在德国的贸易中心汉堡,曾因信贷贸易而异常繁荣的交易所一片混乱,数以百计的银行和工商企业倒闭,贴现率被提高到12%。法国的情况稍为缓和,从1856年到1858年间发生的破产事件有12030起,动产信用公司股票价格下跌64%,达姆斯塔特信用银行股票价格下跌一半,法兰西东方铁路公司股价下跌三分之一。欧洲破产公司的债务总额高达7亿美元。危机使工人饥寒交迫。1857年11月,曼彻斯特45000名工厂工人中有1万多人失业,18000人半失业,此外,家庭工业中还有成千上万的失业工人。同期,金属加工中心谢菲尔德的工人的工资总额同比减少三分之二。

由于英国技术和设备先进、竞争力强,并且具有利用其在全球的势力与地位向外低价倾销商品的能力,英国工业最先从危机中恢复过来。1858年年中,印度士兵的起义被镇压,英国委派了第一任印度总督,印度完全成为英国的殖民地;同期,第二次鸦片战争结束,中英两国签订《天津条约》,中国的大门进一步向英国商品打开。到1858年下半年,英国出口额已经有了显著增长。其中,英国棉纺织品的出口额在1857年至1859年间,从3900万英镑增至4800万英镑,其中出口印度的数量占比近90%。

(资料来源:由作者根据相关材料整理)

关于如何解决经济危机的争论一直在持续,转机出现在20世纪30年代,亦政亦学的经济学大师约翰·梅纳德·凯恩斯(John Maynard Keynes)提出了不同的观点。1929—1933年,美国爆发了资本主义历史上最大的一次经济危机,受美国农业的拖累,经济不景气的影响波及至各经济部门,并迅速在整个资本主义世界里蔓延:在经济危机期间,整个资本主义世界的工业生产值下降了44%,倒退至1908年到1909年的水平;失业人数达到5000万人;贸易总额下降了66%,倒退至1913年的水平。在这样的情况下,凯恩斯不顾自由放任派的反对,多次前往美国,与罗斯福总统共同讨论推动"罗斯福新政"。

罗斯福新政除了整顿银行和金融业、复兴工业、调整农业政策、建立社会保障体系、建立紧急救济署之外,还推行"以工代赈",即大力兴建公共工程,以达到增加就业、刺激生产和消费的目的。罗斯福新政期间,全美设有各种名目繁多的工赈机关,综合起来可分为两大系统:一是以着眼长期目标工程为主的公共工程署,政府先后对其拨款40多亿美元;二是民用工程署,政府对其投资近10亿美元。以民用工程为例,全美兴建了18万个小型项目,包括校舍、桥梁、堤坝、下水道系统、邮局和行政机关大楼等公共建筑,先后吸引了400万人工作。这样的方式不仅有效解决了失业问题,也提升了雇佣工人的购买力,增加了社会总需求。

在上述措施的助推下,美国很快从经济危机中走出。在实践中取得胜利之后,凯恩斯乘胜追击,于1936年发表著作《就业、利息和货币通论》,在理论上对他的反对者进行反击。他旗帜鲜明地指出,借助市场力量的自动调节达到充分就业的均衡状态是不可能实现的,并提出:由于一国的总供给在短期内不会发生变化,因此一国的就业水平是由其有效需求

决定的；有效需求或总需求是消费需求和投资需求的总和；为解决需求不足的问题，政府应通过政策刺激消费和通过投资干预经济；其中，增加投资具有乘数效应，可以使得收入成倍增加，因此更具有有效性。

但是，由凯恩斯以及他的追随者的观点形成的凯恩斯主义，无法在传统的经济学研究框架中表述，因此这些观点被纳入宏观经济学的范畴，而相对应地，之前以研究个体经济行为为主要内容的传统经济学则被称为微观经济学。宏观经济学拓展了关于如何看待"资源稀缺"的视角：个人和单个厂商在有限资源的假设下会形成各自的供给和需求，在技术和自然资源有限的情况下，这个道理对一个地区或国家也是成立的，国家会形成总需求和总供给，并达到一个均衡状态，形成一定的收入水平。但是，这个均衡的状态往往无法令人满意，周期性的高失业率和经济低增长困扰着各个国家的监管者。同时，当人们看到这种状态主要是由总需求的萎缩造成时，自然会产生一个想法——需求不足，那就去创造需求。但是需求如何去创造，又由谁去创造呢？凯恩斯给出了答案——政府，即由政府这个本是超然于市场之外的主体，通过增加支出等一系列手段提升总需求，从而使得市场更加良性地运转。

很显然，凯恩斯的想法和实践并没有打破微观经济学关于"资源稀缺"的假设，但是却从实用主义角度说明，"稀缺资源"的供给是可以增加的，对于市场来说是外生条件的稀缺资源，可以由政府来拓展其边界，以"生成"更多的资源，从而使得市场更加良性地发展。

三、"资源稀缺""资源配置"与"资源生成"

时代的发展进程限制了人们对"资源稀缺"的认识和实践。首先，亚当·斯密在1776年发表《国富论》时，英国的工业革命才刚刚开始，此时亚当·斯密所说的资源配置，仅指与商品生产、交换、消费相联系的产业资源中人、财、物的配置。其次，在1776年前后，英国的城市基础设施还相当落后，仅仅局限于简单的道路、桥梁、运河和港口等，根本无法像一百年后的凯恩斯时代一样，对其的建设可以承担起缓解国家大量失业和经济萧条的重要作用。最后，现代社会的现代化基础设施建设，不仅包括一系列硬件投资项目，还包括软件投资项目，乃至于进一步的智能城市开发与建设过程中的系列工程。这些现代化基础设施构成了促进一国经济增长的新的领域、新的资源，由此产生了"资源生成"问题。

生成性资源不是计划设定的产物，而是原已存在或随着时代进程的客观需要而存在的，由静态进入动态、由非生产性进入生产性，并在其中形成经济效应的产物。"稀缺法则"是经济学研究的起点，中观经济学也不例外，但中观经济学并不仅仅是在"资源稀缺"的假定下搭建的理论框架，而是指区域政府所掌握的"稀缺资源"如何创造性地在政府投资下形成一种新型的可供市场配置的资源，即兼顾"资源稀缺"和"资源生成"两个方面。因此，在中观经济学的理论框架下，资源生成与资源稀缺是资源配置中不可分割的两个方面：资源稀缺表现在"存量"，资源生成表现在"增量"；市场作用表现在"二级市场"，政府作用表现在"一级市场"；市场行为侧重在"需求侧"，政府行为侧重在"供给侧"。

存量资源的稀缺主要针对市场主体而言，在典型的市场主体——企业的视角下，其可获取的资源也即产业经济资源是有限的，因此必须在资源有限的约束下做出经营决策，以获得最大的经济利益。而对于整个区域经济而言，尤其是在区域所有主体的代理人——区域政府的视角下，区域内的资源是可以生成的，可以通过一定的手段将其他资源转化为产业经济资源，从而使得资源的边界扩大，使区域经济获得一部分增量资源。如果将区域经济发展理解为市场主体对区域内资源的不断开发、利用的过程，那么资源生成对于经济发展无疑起到了"加速器"的作用，经济的增长速度一方面表现为市场主体对区域资源开发程度和利用效率的提升，另一方面表现为区域内可开发利用资源的增加。

我们也可以按照资本市场的分类方法，将在资源稀缺与资源生成中的政府作用和市场作用看作一级市场和二级市场。政府的作用类似于一级市场，主要是提供合格的投资品，在资源生成中表现为提供高质量的增量资源。市场的作用类似于二级市场，实现价格发现、调剂余缺、资源配置等功能。

在资源生成中，政府行为和市场行为分别在生产要素的供需两侧，只有二者互相配合、互相促进，才能够实现区域经济更好、更快地发展。市场行为通过消费市场的反馈，决定对生产要素的种类、结构、数量的需求；政府也应该在符合经济发展规律的前提下，通过要素供给对市场行为进行引导。

以上分析意味着区域经济的发展不仅要优化配置存量资源，也要积极生成增量资源；不仅需要高效的二级市场，也需要稳定的一级市场；不仅需要在需求侧上不断增长，也需要在供给侧上不断调配。

第二节 资源生成与经济增长

一、可经营性资源、非经营性资源与准经营性资源

本书所提到的资源，都是指"经济资源"。为了便于后续的论述，这里首先给出经济资源的定义：经济资源是指在一定的知识、技术和经济条件下，具有稀缺性且能带来效用的财富，是人类社会经济体系中各种经济物品的总称。由于客观世界可以被划分为物质、能量、信息三种形态，因而也可以将经济资源定义为"在一定技术条件下，能为人类所利用的一切物质、能量与信息"。经济资源必然具备有用性和稀缺性，有用性是资源之所以为资源的依据，稀缺性是经济资源之所以为经济资源的前提，而能否利用这种稀缺的有用性则依赖于一定的知识、技术和经济条件。

经济资源可以从多个维度进行分类，在本书的研究框架下，主要从政府在资源开发中应扮演的不同角色出发，将经济资源分为可经营性资源、非经营性资源和准经营性资源。区分或辨别可经营性资源和非经营性资源的基本标准（实质就是区分或辨别私人产品和公共物品的基本标准）通常有两个：一是排他性和非排他性；二是竞争性和非竞争性。排他性是指个人或企业可以被排除在开发某种可经营性资源（商品或服务）的利益之外，在个人或企业对某种可经营性资源付款投资后，他人就不能享用此种可经营性资源所带来的利益。竞争性是指可经营性资源的拓展将引起生产成本的增加，每多生产一件或一种私人产品，都要增加生产成本。可经营性资源或私人产品具有排他性和竞争性，排他性是第一个特征，竞争性是第二个特征。非排他性则是非经营性资源或公共物品的第一个特征，即一些个体开发非经营性资源或享用公共物品带来的利益的同时，不能排除其他一些个体也从开发非经营性资源或享用公共物品中获得利益，如每个适龄儿童都有权利和义务接受政府提供的义务教育，每个公民都可以享受一国国防所提供的安全保障一样。非竞争性是非经营性资源或公共物品的第二个特征，即增加非经营性资源或公共物品的开发不会引起生产成本的增加，其边际成本为零。根据以上标准，下文将对三类资源进行区分与

介绍。

第一类是与产业发展相对应的资源,在市场经济中被称为"可经营性资源",以各国区域经济中的产业资源为主。传统经济学中对应此类资源配置的机构,或者说在产业经济发展中发挥主要作用的机构,主要是企业。为了方便后续的分析,我们给出可经营性资源的数学公式:

$$M = \sum_{j=1}^{m} \sum_{i=1}^{n} x_{i,j} \qquad (1-1)$$

其中,$x_{i,j}$ 表示某个区域内第 i 个个人或企业拥有的第 j 种可经营性资源的数量,则 $\sum_{i=1}^{n} x_{i,j}$ 表示第 j 种可经营性资源的总量,M 表示区域内所有可经营性资源的总量。该公式表明,可经营性资源的总量是指拥有资源的个体和资源种类两个维度的加总,且可经营性资源在个人或企业之间是可分的。这种可分的性质主要来自可经营性资源非常清晰的竞争性与排他性,也可以说,这类资源的产权是明确的。从另一个角度来看,产权明确的可经营性资源作为区域经济中生产要素的来源,是决定经济增长的重要力量。

第二类是与社会民生相对应的资源,在市场经济中被称为"非经营性资源"。它以各区域的社会公益产品、公共物品为主,包括经济(保障)、历史、地理、形象、精神、理念、应急、安全、救助,以及区域的其他社会需求。传统经济学中对应此类资源的机构,或者说在提供社会公益产品、公共物品的过程中发挥主体作用的机构,主要是政府和社会企业。非经营性资源可用以下公式来表示:

$$N = \sum_{k=1}^{l} x_{i,k} \qquad (1-2)$$

其中,$x_{i,k}$ 表示某个区域内第 i 个个人或企业拥有的第 k 种非经营性资源的数量,则 $N = \sum_{k=1}^{l} x_{i,k}$ 表示区域内非经营性资源的总量。该公式说明,任何个人或者企业都可以使用区域内所有的非经营性资源,因此,其总量仅需对某个个体所拥有的资源数量在种类上加总即可,且非经营性资源在个人或企业之间是不可分的。

可经营性资源与非经营性资源在国家或区域经济资源中是典型的两极。在现实中,随着世界各国经济的发展和时代的进步,一些原有的非经营性资源具备一定程度上转变为可经营性资源的潜质,从而兼备公共物品

与私人产品的特征,我们在研究中把这类资源称为准经营性资源,比如城市基础设施软硬件开发乃至智能城市项目建设等。举例来说,一座桥梁或一所学校,作为准经营性资源,均只具有不充分的非竞争性和不充分的非排他性,其在现实经济中是转变为可经营性资源,还是非经营性资源,是由世界各国或各区域的市场经济发展程度、政府财政收支状况和居民认知程度所决定的。

这类资源以各区域的城市资源为主,主要包括确保国家或区域的社会经济活动正常进行的公共服务系统和为社会生产、居民生活提供公共服务的基础设施,即上文谈到"资源生成"时所提及的城市基础设施,如交通、邮电、供电供水、园林绿化、环境保护、教育、科技、文化、卫生、体育事业等城市公共工程设施和公共生活服务设施等。这类基础设施的软硬件水平直接影响着一个国家或区域的形象、特征、品味、功能和作用。完善的软硬件基础设施将促进各国、各区域的社会、经济等各项事业的发展,推动城市空间分布形态和结构的优化。笔者之所以称这类资源为准经营性资源,是因为这一部分内容在传统经济学中属于"模糊板块",可被归类于政府和企业的"交叉领域"。也就是说,城市基础设施的投资建设,可由政府来完成,但它又可以转化为由企业来承担,这类在理论上原本被称为"公共产品"的资源由此转化成为被市场接受并可经营的物品,形成"生成性资源"。除了以基础设施投资开发为主题的城市经济,还有今后亟待开发的深海经济、太空经济、极地经济等,都需要政府先行介入,然后才可能形成繁荣的经济市场。

由于生成性资源是由非经营性资源转化而来的,其数学公式为:

$$\theta N = \theta \sum_{k=1}^{l} x_{i,k}, \theta \in [0,1] \qquad (1-3)$$

其中,θ 表示非经营性资源转化为可经营性资源的比例,也可称为资源生成系数。为了探讨上述公式可能的函数形式,我们先来讨论上述变量对 θ 的边际影响。

首先,是市场经济发展程度 y,y 是一个介于 0 到 1 之间的变量,代表着经济发展水平在高度发达和高度不发达之间的状态。市场经济发展程度会影响可支配收入水平,而可支配收入水平又会影响流入准经营性资源领域的资金量。如果经济发展水平程度较高,则居民可支配收入较高,此时私人部门将有能力与意愿投资准经营性资源,这部分资源转化为产业资源，即意味着 θ 变大；反之，若经济发展水平程度不高，私人部门并无足够资本对准经营性资源进行投资，这部分资源只能由政府部门进行投资，那么这部分资源进入非经营资源的领域，即意味着 θ 变小。如果原有的 θ 值较低，则意味着准经营性资源市场上原本的私人资金供给较少，在总需求不变的情况下，市场会给予新入场资金更高的收益率，从而加速私人部门的资金流入；反之，若 θ 值本身较高，则意味着准经营性资源领域本身充斥着大量的资本，会出现资本边际报酬递减，从而减缓私人部门资金流入甚至导致私人部门资金流出。因此，参考传统经济学理论，θ 的增长率与 y 正相关，用数学公式表示如下，其中 a 为正的常数：

$$\frac{\partial \theta}{\partial y} = a \qquad (1-4)$$

其次，非经营性资源向生成性资源转化还受到政府财政收支状况的影响。政府财政支出以 FE 表示，政府财政预算收入以 B 表示。由于区域政府财政预算收入取决于区域经济发展水平和中央及上级政府转移支付政策，处于较为稳定的状态，因此，政府财政支出 FE 是更为关键的指标。若政府财政支出 FE 高于政府财政预算收入 B，则此时政府资金不足，将推动准经营性资源向可经营性资源转换，以减少政府财政支出，也意味着资源生成系数 θ 将会提高；并且政府由于财政资金供给不足，愿意给予私人部门资本更高的报酬率，私人部门资金流入生成性资源领域的速度也会加快。若政府财政支出 FE 低于政府财政预算收入 B，则政府有充足的资金自行进行准经营性资源的投资建设，私人部门投资这部分资源的报酬率较低，将会流出资源生成领域，导致资源生成系数 θ 的下降。同时，政府财政支出 FE 也反映了政府的类型，高的财政支出与财政收入的比值（FE/B）意味着区域政府更加强势有为，将会推动资源的生成以加快区域经济发展。因此，资源生成系数 θ 与财政收支状况，即财政支出与财政预算收入的比值（FE/B）正相关，用数学公式表示如下，其中 b 为正的常数：

$$\frac{\partial \theta}{\partial (FE/B)} = b \qquad (1-5)$$

最后，资源生成系数 θ 不仅受到资金供求的影响，还受到居民认知程度 γ 的影响。居民认知程度分为：对基础设施投资带动经济发展的带动作用的认识、对基础设施投资和环境可持续发展负面影响的认识，在不同经济发展阶段呈现不同的形态。若经济发展处于落后阶段，即 $Y < Y^*$（Y^* 为经济成熟的临界值，根据各国标准而定），则居民认知程度越高，其越能认识到基础建设投资对经济发展的带动作用，从而越愿意将资金投入准经营性资源领域，此时，资源生成系数 θ 与居民认知程度 γ 正相关；若经济发展处于成熟阶段，即 $Y > Y^*$，则居民认知程度越高，其越能认识到基础设施投资对环境可持续发展具有负面影响，从而在同等收益率水平下，更倾向于投资其他资源而非准经营性资源，此时，资源生成系数 θ 与居民认知程度 γ 负相关。此外，居民认知程度还会通过社会舆论等方式影响政府决策，从而进一步影响资源生成系数。为此，我们加入 $\ln(Y/Y^*)$ 作为上述讨论的校正系数。因此，资源生成系数 θ 与居民认知程度 γ 之间的关系可用如下公式表示，其中 c 为正的常数：

$$\frac{\partial \theta}{\partial \left[\gamma \ln \left(\frac{y}{y^*} \right) \right]} = c \qquad (1-6)$$

基于上述分析，我们可以建立一个简单的公式来表达资源生成系数 θ 与其影响因素之间的关系：

$$\theta = ay + b\frac{FE}{B} + c\gamma \ln \left(\frac{y}{y^*} \right) \qquad (1-7)$$

二、资源生成如何促进经济增长？

（一）资源生成下的生产函数

为了考察资源生成对经济增长的影响，我们使用"柯布－道格拉斯（Cobb-Douglas）生产函数"来描述产出与投入要素之间的关系：

$$Y = AK^\alpha L^{1-\alpha} \qquad (1-8)$$

其中，Y 表示产量，A 表示技术水平，K 表示投入的资本，L 表示投入的劳动，α 与 $1-\alpha$ 分别表示资本与劳动的产出弹性，即资本与劳动增长 1%，产出分别增长 $\alpha\%$ 与 $(1-\alpha)\%$。

在这里，对资本做一个扩大化的理解，资本 K 表示除劳动和技术之外所有的生产要素，包括狭义的资本、土地等，即代表在经济活动中投入的有形的财富或者经济资源。这样，我们就可以将资本和之前分析中的生成性资源联系在一起。在资源生成理论框架下，资本包含两个部分：可经营

性资源 M 指被私人部门掌握的经济资源，其本身就是指生产要素；生成性资源是指非经营性资源中被转化为可经营性资源的部分，因此，其为资本的另一部分。从这个角度来看，区域内的资本要素可用以下公式表示：

$$K = M + \theta N \qquad (1-9)$$

根据上文所述，M 表示区域内的可经营性资源，N 表示区域内的非经营性资源，θ 为资源生成系数，即转化为可经营性资源的非经营性资源的比例。更进一步地，我们将可经营性资源的定义代入，可以得到整个区域内资本要素的来源：

$$K = \sum_{j=1}^{m}\sum_{i=1}^{n} x_{i,j} + \theta_k \sum_{k=1}^{l} x_{i,k} \qquad (1-10)$$

其中，$x_{i,j}$ 表示某个区域内第 i 个个人或企业拥有的第 j 种可经营性资源的数量；$x_{i,k}$ 表示某个区域内第 i 个个人或企业拥有的第 k 种非经营性资源的数量；θ_k 表示第 k 种非经营性资源的资源生成系数。由式（1-10）可知，区域内的资本要素，来自个人或企业拥有的可经营性资源的加总和经过转换的生成性资源。可以注意到，对于不同种类的非经营性资源，其转化为生成性资源的比例是不同的，这是因为不同的非经营性资源领域，其转换难度、转换条件均不相同。为了便于分析，我们不讨论每一类非经营性资源的转换比例，而是对非经营性资源整体赋予一个平均转换率 $\bar{\theta}$。因此，我们用于后续分析的资本 K 的公式如下：

$$K = M + \bar{\theta} N \qquad (1-11)$$

进一步，我们将资源生成理论框架下的资本定义代入式（1-8）所示的生产函数，使区域经济产出与资源生成系数联系起来，得出：

$$Y = A(M + \bar{\theta} N)^{\alpha} L^{1-\alpha} \qquad (1-12)$$

上式表示在某一阶段，区域经济产出是由可经营性资源、非经营性资源、资源生成系数、技术水平、劳动生产要素及资本、劳动的经济产出弹性共同决定的。其中，可经营性资源对应传统经济学中的资本，由可支配收入、储蓄率、折旧等因素决定；劳动力要素由人口基数和人口增长率决定；技术水平由教育水平、创新环境、知识产权制度等因素决定。以上因素对经济产出的影响在传统经济学中已经有非常充分的研究，在资源生成理论中，我们更加关注如何通过影响资源生成系数 $\bar{\theta}$ 来促进经济增长。

（二）资源生成对经济增长的边际影响

为进一步探究资源生成系数对经济产出的边际影响，我们可以求得经

济产出 Y 关于资源生成系数 $\bar{\theta}$ 的偏导数,可以得到如下公式:

$$\frac{\partial Y}{\partial \bar{\theta}} = \alpha A N \left(\frac{L}{M+\bar{\theta}N}\right)^{1-\alpha} \qquad (1-13)$$

根据假设,上式等号右边参数均大于0且 $\alpha \leqslant 1$,可得上式大于等于0,且仅在 $\alpha = 0$ 时,资本要素对经济增长的边际贡献为0;或 $L/(M+\bar{\theta}N) \to 0$,即劳动要素与资本要素之比无限小时,上式等于0。这意味着在其他因素保持不变的情况下,资源生成系数越大,经济产出越大。根据上式,可经营性资源数量、非经营性资源数量、技术水平、劳动生产要素及资本、劳动的经济产出弹性等因素对资源生成系数的边际经济产出也会产生影响,下文我们将逐一进行分析。

首先,我们考察资源生成系数本身对其边际产出的影响。对式(1-13)再次求导,可得:

$$\frac{\partial^2 Y}{\partial \bar{\theta}^2} = -\alpha(1-\alpha) A N^2 L^{1-\alpha} (M+\bar{\theta}N)^{\alpha-2} \leqslant 0 \qquad (1-14)$$

可以看到经济产出对资源生成系数的二阶偏导数为负,说明资源生成系数的边际产出是递减的。资源生成系数的边际产出递减来源于资本的边际产出递减,因为资源生成系数是通过增加资本要素的总量来提升经济产出的。在柯布-道格拉斯生产函数的表现形式中,暗含着生产要素边际产出递减的假设,我们对式(1-8)求关于资本 K 的一阶与二阶偏导数,可得 $\partial Y/\partial K = \alpha A L^{1-\alpha} K^{\alpha-1} \geqslant 0$,$\partial^2 Y/\partial K^2 = -\alpha(1-\alpha) A L^{1-\alpha} K^{\alpha-2} \leqslant 0$,即资本对经济产出的边际影响为正。但随着资本数量的不断增加,这种正的边际影响在不断变小。

其次,我们对资源生成系数的边际产出求关于技术水平 A 的偏导数,易得:

$$\frac{\partial}{\partial A}\left(\frac{\partial Y}{\partial \bar{\theta}}\right) = \alpha N \left(\frac{L}{M+\bar{\theta}N}\right)^{1-\alpha} \geqslant 0 \qquad (1-15)$$

因此,在其他因素保持不变的情况下,技术水平越高,资源生成对经济发展的促进作用越大。这是因为在柯布-道格拉斯生产函数的假设中,技术水平 A 是独立于资本和劳动对经济增长的贡献的系数,而资源生成是通过增加资本的供给促进经济增长的。因此,技术水平越高,通过资源生成增加相同生产要素或者资本带来的经济增长越大。

再次,我们讨论可经营性资源对资源生成系数的边际产出的影响。如前述处理，我们对资源生成系数的边际产出求关于 M 的偏导数，易得：

$$\frac{\partial}{\partial M}\left(\frac{\partial Y}{\partial \bar{\theta}}\right) = -\alpha(1-\alpha)AN(M+\bar{\theta}N)^{\alpha-2} \leq 0 \quad (1-16)$$

如上式，在其他因素保持不变的情况下，可经营性资源数量越大，资源生成对经济增长的促进作用越小。在资源生成理论框架下，可经营性资源数量越大，意味着原有资本的数量本身已经很大，资本的边际产出已经很小，通过提升资源生成系数得到的资本增加对产出的提升就会变小。

复次，我们讨论非经营性资源 N 对资源生成系数的边际产出的影响。对资源生成系数的边际产出求关于 N 的偏导数，可得到：

$$\frac{\partial}{\partial N}\left(\frac{\partial Y}{\partial \bar{\theta}}\right) = \alpha A\left(\frac{L}{M+\bar{\theta}N}\right)^{1-\alpha}\left[1-\frac{(1-\alpha)\bar{\theta}N}{M+\bar{\theta}N}\right]$$

$$= \alpha A\left(\frac{L}{M+\bar{\theta}N}\right)^{1-\alpha}\frac{M+\alpha\bar{\theta}N}{M+\bar{\theta}N} \geq 0 \quad (1-17)$$

非经营性资源数量对资源生成系数的边际产出的影响分为两方面：一方面，非经营性资源作为生成性资源的基数，其数量越大，那么相同程度的资源生成系数也随之提升，使得增加的资本要素更多，从而使得产出增加更多；另一方面，其数量越大，说明在原资源生成系数水平上资本总量已经很大，资本的边际产出已经递减到一定的程度，因此，由资源生成系数的提升带来的资本的增加，进而增加的产出数量会减小。非经营性资源对资源生成系数的边际产出的影响取决于以上两种效应之和。从数学上而言，这两种效应整体上是正的，即在其他因素保持不变的情况下，非经营性资源的数量越大，资源生成系数的增加将会带来更多的产出的增加。

又次，我们讨论资本的经济产出弹性 α 对资源生成系数的边际产出的影响。如前述处理，我们对资源生成系数的边际产出求关于 α 的偏导数，可得：

$$\frac{\partial}{\partial \alpha}\left(\frac{\partial Y}{\partial \bar{\theta}}\right) = \alpha AN\left(\frac{L}{M+\bar{\theta}N}\right)^{1-\alpha}\left[1+\alpha\ln\left(\frac{L}{M+\bar{\theta}N}\right)\right] \geq 0 \quad (1-18)$$

由此可知，α 对资源生成系数的边际产出的影响为正。α 为资本的经济产出弹性，α 越大，同比例的资本要素的增加对经济增长的促进作用越大。因此，在其他因素保持不变的情况下，α 越大，资源生成系数的增加带动的资本增加带来的经济增长幅度也越大。

最后，我们考察劳动要素总量 L 对资源生成系数的边际产出的影响。

对资源生成系数 α 的边际产出求关于 L 的偏导数，可得：

$$\frac{\partial}{\partial L}\left(\frac{\partial Y}{\partial \bar{\theta}}\right) = \alpha(1-\alpha)AN(M+\bar{\theta}N)^{\alpha-1}L^{-\alpha} \geq 0 \qquad (1-19)$$

劳动要素总量对资源生成系数的边际产出影响显然是正的。这种正的影响主要来自劳动要素对资本要素的边际产出的影响，求得柯布-道格拉斯生产函数关于资本要素的偏导数 $\partial Y/\partial K = \alpha A L^{1-\alpha}K^{\alpha-1} \geq 0$，可以看到劳动要素数量越大，投入一单位资本要素获得的边际产出越大。从另一个角度理解，柯布-道格拉斯生产函数中还暗含着要素投入的最优比例：若要素价格相同，则在资源总量的约束下，每一单位要素投入的边际产出应该相等，才能获得最大的经济产出。根据此规则，可得到最优投入的规则是 $L/K = (1-\alpha)/\alpha$，即要素投入数量之比等于其产出弹性之比。从这个角度来看，劳动要素数量越多，要达到最优比例需要的资本要素数量也越多，资本处于相对不足的状态，此时由提升资源生成系数带来的资本要素的增加，能带动更高的经济产出增长。

（三）资源生成下的经济增长政策

上文我们讨论了资源生成影响经济增长的传导路径，以及相关因素是如何影响资源生成对经济增长的作用的，以下将讨论资源生成理论框架下的政府政策，或者说促进经济增长的资源生成政策。根据前述讨论，资源生成在理论模型中主要表现为资源生成系数，而资源生成系数有其内在决定因素。我们将从这个角度出发，探讨政府可以采取的政策工具。

将资源生成系数的影响因素代入式（1-12），可得到如下公式：

$$Y = A\left[M + \left(ay + b\frac{FE}{B} + c\gamma\ln\left(\frac{y}{y^*}\right)\right)N\right]^{\alpha}L^{1-\alpha} \qquad (1-20)$$

以上公式说明了在资源生成理论框架下经济产出是如何被决定的。总体上分为技术水平、资本要素和劳动要素三部分，其中，资本要素由可经营性资源、非经营性资源和决定资源生成系数的因素构成。可以看到，以上公式是不带时间要素的，也就是说，其表示在某一时间点的某个经济体或者区域经济的截面情况。在实际经济运行中，某一时间点下技术水平、劳动要素数量、可经营资源数量、非经营性资源数量、市场经济发展程度、经济成熟临界值、居民认知程度、财政收入预算等因素都是客观存在的，即在模型中是给定的，没有任何力量可以使之改变。唯一可以人为改变的要素是政府支出（FE），因此，在资源生成理论框架下，政府可以通过调节政府支出来改变区域经济总产出。

显然，在此理论框架下，政府支出对经济增长的作用为正，即政府支出越多，区域经济产出总量就越大。按照这样的理论，政府可以不断增加政府支出，使得区域经济总产出无限增长。但是在实际经济运行中，政府支出会受到诸多限制，其中最主要的是财政赤字。过高的财政财政赤字会对经济发展带来危害，主要体现在以下三点：一是政府财政赤字的提高会提升政府债务，引发可能的政府财政危机或政府信用破产；二是政府财政赤字需要政府使用未来的收入来偿还，可能会危害到区域经济的可持续发展；三是造成通货膨胀，政府支出主要体现在消费端，带动需求增加，在供给不变的情况下使得价格普遍上涨，易造成通货膨胀。此外，政府可能通过超发货币来弥补赤字，释放的流动性也会提升通货膨胀水平。

所以，在资源生成理论框架下，要通过提升政府支出水平来增加经济产出，就不得不考虑政府支出可能带来的风险。为了探究在这种情况下政府是如何抉择的，我们可通过建立一个理论模型来进行分析。

我们先来构造政府的目标函数。政府的目标函数一方面体现了政府自身追求的目标，另一方面也体现了区域经济中其他主体对其的评价。根据上文分析，政府在追求经济增长的同时，要防范因过多的财政支出而带来的风险，因此政府的目标函数也应该包含这两方面的因素。

我们使用本期产出与上期产出之比来表示经济增长的指标，即 Y_t/Y_{t-1}。政府要保证本期经济产出不低于上期经济产出，也即 $Y_t/Y_{t-1} \geq 1$，否则将会得到负面的评价，因此，对这个指标取对数之后我们将其放入政府目标函数，即 $\ln(Y_t/Y_{t-1})$。再加入政府对经济增长的关注程度 e_1，可以得到经济增长在政府的目标函数中的影响：

$$e_1 \ln\left(\frac{Y_t}{Y_{t-1}}\right) \qquad (1-21)$$

在政府支出方面，我们可使用政府支出对预算收入的偏离度来衡量，即 $[(FE-B)/B]^2$。对于政府支出与预算收入的关系而言，支出等于收入即收支平衡是最完美的情况，而支出大于收入即财政赤字的情况所造成的影响上文已经讨论过了，即其会带来种种风险而使得风险降低；若支出小于收入，也就是出现了财政盈余，说明政府没有充分利用其所拥有的资源去推动社会整体进步，也会降低其评价。我们加入政府对财政状况的关

注程度 e_2，即可得到财政状况在政府的目标函数中的影响：

$$-e_2\left(\frac{FE_t - B_t}{B_t}\right)^2 \quad (1-22)$$

可以看到，只要政府支出偏离预算收入，都会得到负面的评价。

综合上述两部分因素，可以得到政府的目标函数，我们用 I 来表示，则第 t 期政府的目标函数如下所示：

$$I_t = e_1\ln\left(\frac{Y_t}{Y_{t-1}}\right) - e_2\left(\frac{FE_t - B_t}{B_t}\right)^2 \quad (1-23)$$

I_t 作为一个评价指标，我们并不关心其值的大小，而只关心它是否达到了最大值。因此，为了方便后续计算，我们可以对等号右边式子进行单调变换。具体做法是除以 e_1，并令 $e = 2e_2/e_1$，则可得到：

$$I_t = \ln\left(\frac{Y_t}{Y_{t-1}}\right) - \frac{e}{2}\left(\frac{FE_t - B_t}{B_t}\right)^2 \quad (1-24)$$

下面，我们将以此作为政府标准的目标函数进行分析。其中，e 表示政府对财政状况的相对关注程度。可以看到，在第 t 期，上一期的经济产出 Y_{t-1} 和本期财政预算收入 B_t 都是给定的，政府需要选择合适的政府财政支出水平 FE_t，使得其目标函数最大。而政府的约束为：

$$Y_t = A\left[M + \left(ay + b\frac{FE_t}{B_t} + c\gamma\ln\left(\frac{y}{y^*}\right)\right)N\right]^\alpha L^{1-\alpha} \quad (1-25)$$

此时，政府的选择取决于以下优化问题：

$$\begin{cases} \max\limits_{\{FE_t\}} I_t = \ln\left(\frac{Y_t}{Y_{t-1}}\right) - \frac{e}{2}\left(\frac{FE_t - B_t}{B_t}\right)^2 \\ \text{s.t. } Y_t = A\left[M + \left(ay + b\frac{FE_t}{B_t} + c\gamma\ln\left(\frac{y}{y^*}\right)\right)N\right]^\alpha \end{cases} \quad (1-26)$$

与前述分析相同，除 FE_t 与受 FE_t 影响的因素外，其他因素在第 t 期都可以看作给定的常量。或者说，此处我们先假设这些因素保持不变，后续再采用比较静态分析的方法探究这些因素的变化会如何影响最优决策。

根据一阶、二阶偏导条件，上述优化问题可以转化为二次函数求解，可得到最优的政府支出水平为：

$$FE_t^* = B\left\{\frac{1}{2} + \frac{1}{2}\left[\sqrt{\left(1 + \frac{\frac{M}{N} + ay + c\gamma\ln\left(\frac{y}{y^*}\right)}{b}\right)^2 + 4} - \frac{\frac{M}{N} + ay + c\gamma\ln\left(\frac{y}{y^*}\right)}{b}\right]\right\}$$

$$(1-27)$$

其中，$\dfrac{\frac{M}{N}+ay+c\gamma\ln\left(\frac{y}{y^*}\right)}{b}$ 中的元素都是与资源生成系数相关的因素，我们使用 T 来表示，即令 $T = \dfrac{\frac{M}{N}+ay+c\gamma\ln\left(\frac{y}{y^*}\right)}{b}$，根据假设，显然 $T \geq 0$。则式（1-27）可表示为：

$$FE_t^* = B\left\{\frac{1}{2}+\frac{1}{2}[\sqrt{(1+T)^2+4}-T]\right\} \qquad (1-28)$$

可以看到，最优的政府支出水平是在财政预算收入 B 的基础上乘以一个系数。由前述假设，有：

$$\frac{1}{2}+\frac{1}{2}[\sqrt{(1+T)^2+4}-T] \geq \frac{1}{2}+\frac{1}{2}[\sqrt{(1+T)^2}-T] = 1$$

即 $FE_t^* \geq B$，当且仅当 $\alpha = 0$ 时，$FE_t^* = B$。也就是说，除非资本要素的增加对经济产出没有影响，否则保持一定的赤字水平也可以是最优的。换言之，在一定程度下，由财政赤字所带动的经济增长和带来的财政风险这两种效应中，促进经济增长的效应是更为显著的。

接下来，我们分析各因素对最优的政府支出水平的影响。对于财政预算收入 B，显然有 $\dfrac{\partial(FE_t^*)}{\partial B} > 0$。前文已分析到，为了促进经济增长，政府应保持一定的赤字水平。因此，财政预算收入越高，政府越应扩大政府支出规模。再进一步来说，政府超支的风险，是以对财政预算收入的偏离程度的形式体现在政府的目标函数中的。财政预算收入越高，在相同的偏离程度下，政府也可选择更高的支出水平，也就是说越高的财政预算收入会给政府支出越大的选择空间。

对于资本要素的经济增长弹性 α，易得 $\dfrac{\partial(FE_t^*)}{\partial \alpha} > 0$，意味着资本要素的经济增长弹性越大，最优的政府支出水平越高。这是因为 α 越大，通过增加政府支出带来的资本要素的增加能够带来越多的经济增长，使得政府支出在目标函数中的正向效应相对更大，此时政府应该提升支出水平。

对于政府对财政状况的关注程度 e，易得 $\dfrac{\partial(FE_t^*)}{\partial e} < 0$，说明政府对财政收支状况的担忧程度越高，其选择的最优支出水平就越低。根据前述

分析，e 是一个相对指标，表示政府在经济增长与良好的财政状况之间的偏好。e 越大，表示政府相对于经济增长，对于财政赤字更为关注，因而这种类型的政府在支出方面更加保守。

对于函数 $T = \dfrac{\dfrac{M}{N} + ay + c\gamma \ln\left(\dfrac{y}{y^*}\right)}{b}$ 中所包含的元素，我们分三类来进行分析。第一类是影响已有的资本要素存量的因素，如可经营性资源数量 M、经济发展程度 y 与其对资源生成系数的影响 a、居民认知程度 γ 与其对资源生成系数的影响 $c\ln\left(\dfrac{y}{y^*}\right)$，这些因素对最优的政府支出水平的影响均为负。

由于资本要素总量是由 $K = M + \bar{\theta}N$ 决定的，上述这些因素的数值越大，资本要素的存量越大。而要素投入对经济产出的边际贡献是递减的，资本要素的存量越大，说明资本要素的边际产出已经降低到了一定程度。相应地，增加一单位的财政支出带来的经济增长会越低，而财政状况的恶化程度却没变化，因此，在其他条件不变的情况下，政府会减少财政支出。

第二类是影响资本要素生成的因素，这里主要是指政府支出对资源生成系数的影响 b，其对政府的最优支出水平的影响为正。因为 b 越大，增加相同政府支出带来的资源生成系数的值越大，增加的资本要素的数量也越多，由此带来的经济增长的效应也越大，此时政府会选择更高的支出水平。

第三类是既影响存量资本要素又影响资本要素生成的因素，这类因素主要是非经营性资源数量 N。由 $\dfrac{\partial(FE_t^*)}{\partial T} < 0$，$\dfrac{\partial T}{\partial N} < 0$，易得 $\dfrac{\partial(FE_t^*)}{\partial N} = \dfrac{\partial(FE_t^*)}{\partial T} \times \dfrac{\partial T}{\partial N} > 0$。非经营性资源数量对政府的最优支出水平存在两方面的效应：一方面，非经营性资源数量越大，在相同资源生成系数下，资本要素数量越大，会降低通过提升政府支出水平带来的边际经济增长的水平；另一方面，非经营性资源数量越大，通过增加政府支出提升相同数量的资源生成系数会带来更多的资本要素的增加，也就是说，相同政府支出的增加会带来更大的经济增长水平的提升。根据数学证明结果，后一种效应带来的影响更大，非经营性资源数量越大，政府越倾向于选择提升政府支出水平以促进非经营性资源向经营性资源转化，从而进一步带动经济增长。

（四）资源生成政策与财政政策

在本节构建的模型中，生成性资源政策是以政府财政支出为代理变量的，可能有些读者会将资源生成政策理解为一种财政政策。但是，传统财政政策基于凯恩斯主义，而资源生成政策基于中观经济学的视角，是具有本质的区别的。二者的不同之处在于以下四点。

（1）政策实施的节点不同。传统财政政策往往是市场经济出现困难时的补救措施，通常具有一定的事后性和时滞性；而资源生成政策则是一种尊重市场规律前提下的"超前引领"，通过提前规划和因势利导推动经济向好发展，具有事前性和先导性。

（2）政策手段不同。传统财政政策主要以税收、政府公共支出、政府转移支付等手段为主，侧重在要素市场和消费市场的需求侧对经济进行拉动，以求将市场运行推向正轨；资源生成政策则侧重在生产要素的供给侧做大增量，为市场经济运行注入动力和活力。

（3）政策效果不同。传统财政政策的事后性决定了其"头痛医头、脚痛医脚"的特点，只能对经济运转中出现的问题进行补救，无法系统地推动和规划经济可持续发展；资源生成政策则通过实现规划和顶层设计，引导市场经济持续发展、良性循环。

（4）对市场经济主体的影响不同。传统财政政策均具有一定的挤出效应，会出现抑制私人部门投资的情况；而资源生成政策则通过增加产业经济资源，为市场经济主体提供更大的舞台，有助于促进私人部门投资。

第三节　准经营性资源与资源生成三大领域

在上节的分析中提到，资源生成主要作用于准经营性资源领域。资源生成领域至少包括三个层面的资源：原生性资源、次生性资源和逆生性资源。由于资源生成是针对准经营性资源而言的，因此，三大生成性资源领域均属于准经营性资源的范畴。

一、原生性资源

原生性资源，是指在目前知识、技术和经济条件下尚待开发的自然资

源，比如太空资源、深海资源、极地资源以及地球深探资源等。它们是国际公共品，如果不去开发这类资源，它们就是静态的自然资源；如果对它们进行投资开发，就会形成资源生成领域的原生性资源。从另一个角度来看，原生性资源是指具备经济价值，但是限于目前技术、成本等因素，尚未被开发利用的自然资源。对这类资源的探索、研究直至其成为产业资源，需要极大的资金、技术、人才投入。

接下来，我们将以太空资源为例，深入了解原生性资源。对于太空的探索，随着政治因素的淡化，在1957年至1975年"太空竞赛"期间，这种不计成本的航天项目已经基本消失。如今，各国对太空探索与航天发展考虑更多的是经济与发展因素，基本已进入资源生成的轨道。

【案例1-2】
仰望星空与脚踏实地——太空资源的开发

航天是一个承载人类崇高理想的行业，不仅因为它是对宇宙的探索，从哲学层面上也直接影响着我们对自身生存意义的思索。在现实层面上，航天对人类生存空间和生存资源的获取，对物种的延续起着至关重要的作用。人类航天技术发展最为迅速的阶段是在冷战时期，当时航天领域成为美苏竞争的焦点，在政治因素的推动下，完成了载人航天、登陆月球等一系列壮举。然而，冷战结束后，航天不再是大国竞争的焦点，许多有意义的项目在立项之后因为资金投入等问题被束之高阁。

近年来，随着对太空的进一步探索，各国开始重新审视太空资源的商业价值，让航天从一个纯粹的"烧钱"行业转变成了关乎未来发展和国家命运的领域，同时，在航天的发展中，各国也更加注重投入产出比。基于此，各国也在探索航天行业不同的发展路径，如美国大力扶持美国太空探索技术公司（SpaceX）等。早在2006年，美国航空航天局（National Aeronautics and Space Administration，NASA）就与SpaceX公司签署了商业补给服务合同，以保证2010年航天飞机退役后的国际空间站的补给任务；2012年10月，SpaceX完成首次货运任务；2015年，SpaceX更是完成世界首次成功回收一级火箭的任务；2017年，SpaceX首次使用回收火箭完成卫星发射。

2021年4月30日，中国航天科技集团有限公司董事长、党组书记吴燕生发表署名文章《以高质量、高效率、高效益发展加速推动航天强国建

设》，文章提出"加快推动由'保成功、保交付、保增长'向'高质量保证成功、高效率完成任务、高效益推动航天强国和国防建设'转变，努力实现航天事业的高质量发展"。可以看到，该文章首次将"高效益"提到了前所未有的高度，意味着我国航天领域将紧跟世界潮流，由过去被动完成任务向主动追求效益迈进，这就要求我国航天人在深空探测、载人航天、火箭研制等任务中，科学统筹，实施精细化管理，控制投入，扩大产出，从而实现效益最大化。

（资料来源：由作者根据相关材料整理）

原生性资源作为国际公共产品，没有开发利用的历史，因此产权并未被确立，一般按照"先占先得""先用先得"的原则进行分配。这使得各国在这一领域的竞争，实际上已经成为未来发展潜力与发展空间之争。

【案例1-3】
SpaceX的星链计划与太空资源竞争

美国太空探索技术公司（SpaceX）成立于2002年6月，是一家太空运输公司，创始人是美国著名企业家埃隆·马斯克（Elon Musk）。"星链"是该公司的一个项目，计划在2019年至2024年间在太空搭建由约1.2万颗卫星组成的"星链"网络以提供互联网服务，其中1584颗将部署在地球上空550千米处的近地轨道，并从2020年开始工作。2019年10月16日，SpaceX的"星链"计划将卫星发射总数量从1.2万颗更新到了令人咋舌的4.2万颗。截至2021年4月，"星链"计划发射卫星总数为1505颗，现有在轨卫星1435颗、在轨运行卫星1351颗、不再操作卫星23颗、正在脱轨卫星1颗、再入烧毁卫星70颗。如此大规模的卫星发射引起了很大的争议。

首先是太空轨道资源和频率资源的竞争。在200千米～2000千米的近地轨道上，能容纳的卫星数量大约在6万颗左右，随着技术的提升，卫星间隔可进一步被缩小。但同时也会因为间隔太小而导致信号被干扰，使得频率资源的竞争进一步加剧。2020年，全世界在轨卫星数量约为2600颗，若SpaceX成功发射其"星链"计划中的4.2万颗卫星，将使太空中的卫星密度提高15倍。太空轨道资源与频率资源由联合国下设专门机构国际电信联盟（International Telecommunication Union，ITU）管理，其分配原则是"先申请先使用",且申报之后的轨道与频率资源在7年内使用即可,因此出现了大量只申报不发射的"纸面卫星"。SpaceX的"星链"计划申报的4.2万颗卫星频轨资源,已使用的不足1500颗,其行为也被看作是一种在太空中的"跑马圈地"。

其次是安全问题,主要是担忧密集的卫星和其产生的碎片会对其他卫星造成威胁。2019年9月2日,欧洲航天局"风神"气象卫星与SpaceX"星链44"卫星险些发生碰撞,由于碰撞风险已超过临界值,欧洲航天局不得不对其中一颗卫星采取紧急变轨操作,以避免可能发生的"太空交通事故"。

最后是光污染问题。随着越来越多的卫星被送入近地轨道,天文学家的抱怨也越来越多。光污染是天文观测最头痛的问题之一,因此,天文台大都远离城市,建设在山巅或者海岛上。但是卫星的反射光也会影响到天文观测,天文学家使用光学望远镜观测遥远天体时,往往需要进行长达几个小时的曝光,而"星链"卫星在太空中集体飞过所带来的影响几乎是灾难性的。面对全球天文学家的集体控诉,SpaceX回应称将为后续卫星增加遮阳板,以此降低光污染。但是根据天文学家反馈,这种措施并没有从根本上解决问题。

(资料来源:由作者根据相关材料整理)

从以上案例可以看到,原生性资源的开发有以下四个特点。

(1) 原生性资源的开发利用意义重大,各国都将其提升到了国家战略层面。自19世纪中后期人类进入工业革命以来,100多年的工业发展使得地球上人类严重依赖的主要能源(如煤、石油、天然气)和主要矿物资源(如铁等)都将在可以预见的时间内消耗殆尽;同时,世界人口以每年增长8000多万人的速度不断上升,将进一步加快能源与矿物的消耗速度。这使得各国的原生性资源的竞争变成了未来生存与发展空间之争。因此,越是资源紧张的国家,在原生性资源的开发中表现得越积极,如作为海岛型国家的日本,在可燃冰的开放利用上就走在了世界前列。

(2) 原生性资源的开发的投入成本非常巨大。原生性资源与现有的产业资源之间隔着巨大的技术鸿沟,目前原生性资源尚未被利用,主要表现是投入产出比不高,归根结底是因为技术水平不足使得开发"不经济"。要实现原生性资源向生产要素的转化,首先需要技术方面的投入,不仅需要深厚的技术积累，还需要不断创新的能力。以太空探索为例，要实现太空资源的大规模开发，强大的运载能力是基础之一，而掌握重型火箭技术的仅有中、美、日、俄及欧洲几国。其次是资金投入，技术研发与项目运转需要持续不断的巨额资金支撑，太空探索中动辄上亿美元的火箭发射费用，足以让大多数国家与私人公司望而却步。最后，从更深层次而言，实现原生性资源向生产要素的转化需要完备的工业体系、教育体系、人才体系与创新体系的支撑。

（3）原生性资源的开发在国际上尚未有成熟的制度体系。原生性资源的开发，除了技术和资金方面的限制，还有可能带来很大的负外部性。如可燃冰的开发，可能导致甲烷泄露加剧温室效应、破坏海底应力平衡引发海底地震甚至海啸等；卫星频率和轨道资源的开发，使得地球轨道上太空垃圾增多，影响卫星、飞行器的正常运行，比较大的太空垃圾进入大气层，甚至会对地表居民的生命财产造成威胁；极地资源的开发也对极地生态环境的保护提出了极大的挑战。此外，关于原生性资源的归属权也没有成熟的制度，一般都采取"先占先得""先用先得"的规则。如太空资源中的频轨资源由国际电信联盟管理，其原则是"先申请先使用"。原生性资源虽然总量庞大，但在一定技术条件下也是有限的，若在竞争中处于落后状态，意味着能够使用的原生性资源也会减少。这使得原生性资源在重要性之外，在开发利用上也具有相当的紧迫性。

（4）在原生性资源的开发上，各国采取了不同的路径。在航天方面，美国采取了政府扶持私营企业的方式，NASA通过对SpaceX的支持，使得SpaceX在火箭回收、降低发射成本等方面取得了很大的成就，SpaceX也因此获得了很多原本属于俄罗斯的发射任务订单。而我国主要依托于中国航天科技集团有限公司与中国航天科工集团有限公司两家央企，其他民营企业在航天行业还处于萌芽状态。

二、次生性资源

在中观经济学的研究框架中，次生性资源是指城市经济中基础设施的投资、建设与开发。关于此类资源，原有经济学理论称其为公共产品，由政府提供。但在现实的经济发展中，因为其不断地有国内外投资者共同来参与，由此而转化成被市场接受并可经营的物品。我们把它称为资源生成领域中的次生性资源。

中观经济学的研究主体是区域政府，区域政府的核心作用范围在城市，所以区域政府的资源配置范围也主要在城市资源上。城市资源从广义上划分，有专门由市场配置的可经营性资源，也有完全由政府掌握的用于公共产品产出的非经营性资源，同时也有先经过政府投资开发再形成的可以由市场和政府共同经营的准经营性资源。这三类资源整合在一起，可以称之为"广义的城市资源"。而中观经济学专注于其中的生成性资源的优化配置，即准经营性资源的优化配置问题，这也正是中观经济学区别于微观经济学和宏观经济学的最突出的资源配置区域，所以次生性资源被称为"狭义的城市资源"。

作为次生性资源的城市基础设施指的是为社会生产和居民生活提供公共服务的公共工程设施，是用于保证国家和地区社会经济活动和人们日常生活正常进行的公共物品系统。其范围不仅包括公路、铁路、机场、通信、水煤电气等硬件公共设施，而且包括教育、科技、医疗卫生、体育、文化等软件公共基础设施，并且伴随着城市现代化的进程，还包括更进一步的智能城市的系列开发和建设等。具体来说，硬件公共基础设施多指六大系统工程性基础设施，详见表1-1。

表1-1 六大系统工程性基础设施

能源供应系统	包括电力、煤气、天然气、液化石油气和暖气等
供水排水系统	包括水资源保护、自来水厂、供水网管、排水和污水处理等
交通运输系统	对外交通设施：包括航空、铁路、航运、长途汽车和高速公路； 对内交通设施：包括道路、桥梁、隧道、地铁、轻轨高架、公共交通、出租汽车、轮渡等
邮电通信系统	包括邮政、电报、固定电话、移动电话、互联网、广播电视等
环保环卫系统	包括园林绿化、垃圾收集与处理、污染治理等
防卫防灾安全系统	包括消防、防汛、防震、防台风、防风沙、防地面沉降、防空等

（数据来源：陈云贤《市场竞争双重主体论——兼谈中观经济学的创立与发展》，北京大学出版社2020年版，第6页，并经作者整理）

第一章 资源生成三大领域

软件公共设施主要是指行政管理、文化教育、医疗卫生、商业服务、金融保险、社会福利等社会性基础设施。同时，随着城乡一体化进程的深入，这类基础设施还包括了乡村生产、生活、生态环境建设和社会发展等四大类基础设施。随着城市现代化的发展，开发和建设智能城市系列工程成为城市基础设施的新内容。

【案例1－4】
次生性资源的开发与"深圳奇迹"

深圳作为中国改革开放的先行地，已从南海边一个偏僻荒凉的小渔村，发展成今天活力四射的现代化国际大都市。1979年，深圳地区的生产总值仅1.97亿元，人均生产总值为606元，地方一般公共预算收入为1721万元。截至2017年，深圳地区生产总值达到2.24万亿元，人均生产总值达到了18.31万元，地方一般公共预算收入为3332.13亿元。当年"亚洲四小龙"以10%左右的速度腾飞了20年，已令世人惊奇，而深圳经济以年均23%的增速"飞翔"了近40年，更是创造了世界罕见的"深圳速度""深圳奇迹"。

为什么深圳的发展速度世所罕见？40年前的深圳还只是一个小渔村，是"省尾国角"，仅有"猪仔街""鱼仔街"两个小巷和一条200米长的小街。如今，这座城市已经实际管理超过2000万的人口，道路里程超过6000千米，100米以上的摩天大楼近1000栋，实现100%城市化。当年"水草寮棚"的小渔村，成为现在比肩北上广"一线城市"的充满魅力、动力、活力和创新力的现代化、国际化大都市，创造了城市化、工业化、现代化发展的奇迹。

深圳创造奇迹的"速度密码"也许有多个，但最值得注意的主要有三个。第一，深圳特区在开放之初就集中力量推动城市基础设施的软硬件建设，开发罗湖和上步城区，建设蛇口、赤湾、东角头、妈湾等港口，开发建设一批工业区，建设深圳大学、深圳图书馆等八大文化设施，制定城市建设总体规划，并配套相关设施。第二，在对外开放方面，深圳首先利用外资兴建赤湾港、蛇口港、东角头码头、蛇口油库、市话工程、沙角B电厂、华侨城、大亚湾核电站、广深高速等一批基础设施。第三，在管理体制改革方面，深圳以基本设施建设作为突破口，最典型的就是蛇口顺岸式码头建设初期的"4分钱奖金"——在中国率先打破了平均主义"大锅

27

饭"的局面，使每人每天从只能运泥20车至30车，一下提升到80车至90车，实现了"三天一层楼"的建设速度。在深圳，"政府推动、企业参与、市场运作"的机制在资源生成领域迈出了实质性步伐。

根据2018年1月深圳发布的《政府工作报告》，2017年，深圳固定资产投资规模完成5147.3亿元，近3年分别迈上3000亿元、4000亿元和5000亿元的台阶。投资增速达23.8%，不仅高于同期北京、上海、重庆、南京等大中城市，也分别高出全国、全省平均水平16.6个和10.3个百分点。从投资结构来看，深圳工业投资完成915.9亿元，同比增长27.5%，民间投资完成2679.3亿元，同比增长22.5%。具有引导、带动作用的政府投资规模也迈上新台阶，市区两级政府投资首次突破千亿元大关。根据《政府工作报告》，2017年深圳政府在重点区域及基础设施上的投资规模十分亮眼，这首先得益于开工建设的轨道交通四期建设（包括12、13、14号线等5条线路），也得益于同步推进的三期及三期调整的12个在建项目。2017年，全市基础设施投资完成1163.5亿元，同比增长29.2%。其中，电力、热力、燃气及水生产和供应业，以及水利、环境和公共设施管理业增速加快。此外，全市17个重点区域投资完成1463亿元（不包括盐田河临港产业带），同比增长48.5%，完成年度计划的104.3%。

2018年，深圳固定资产投资再增长20%，突破6000亿元大关，达到6443亿元。其内容包括：第一，高标准完成新一轮城市总体规划编制；第二，加快特区一体化进程；第三，推进基础设施建设大提速；第四，打造一流智慧城市；第五，推动城市更新。2016—2018年，深圳的固定资产投资增速连续三年超过20%，深圳经济的稳中有进、稳中向好，这些都与全市有效投资快速增长、重大项目扎实推进密不可分。以重大项目充当引擎，促进民间投资持续活跃，是深圳当前固定资产投资的显著特征，也是其经济快速增长的根本动力。

比投资总量和增速更引人注目的，是深圳的投资结构和效益。2018年年初，深圳召开全市固定资产投资暨重大项目建设工作会议，提出该年度全市固定资产投资计划增长20%，总量突破6000亿元；同时，会议特别强调，推动固定资产投资高质量发展，关键要在优化投资结构上下功夫，即聚焦国际科技产业创新中心建设；聚焦粤港澳大湾区建设，加快特区一体化进程；聚焦民生领域短板；聚焦基础设施供给侧结构性改革，加快完善投融资体制机制。深圳把扩大投资规模和提高投资的有效性放在了同等重要的位置，以投资结构优化来扩大有效供给，从而更好地实现了城市提质与经济增长、产业升级和民生改善的协调发展。

（资料来源：陈云贤《市场竞争双重主体论——兼谈中观经济学的创立与发展》，北京大学出版社2020年版，第6页，并经作者整理）

三、逆生性资源

逆生性资源，是由区域经济发展中的外部溢出效应逆向形成的一种独特的生成性资源。逆生性资源的生成，实际上是一种负外部性成本化的过程。外部性亦称为外部成本或外部效应，指一个人或另一群人的行动和决策使另一个人或一群人受损或受益的情况，也即个体的经济活动对他人和社会造成的非市场化的影响，但造成这种影响的成本与后果不完全由行为人承担。外部性可分为正外部性和负外部性，这里主要讨论负外部性。负外部性的典型例子是环境污染，在工业发展过程中，废水、废气污染水体、大气和土壤，在没有制度规定的情况下，后果由全社会或全世界承担，但是行为人却没有付出相应的代价。根据经济学理论，厂商供给商品的最优准则是边际成本等于边际收益，但由于具有负外部性的商品的成本对厂商来说是被低估的，因此会造成超额供给。例如，温室气体的排放，对厂商来说几乎是零成本，会导致其无限供给。

针对这样的问题，总体来说有两种解决思路。一种方式是较为简单易行的"碳税"，即政府强制向排放温室气体的企业征收相应的税费，再将所得税费投入清洁能源补贴或者是减排技术研发。这个思路与我国2018年开始征收的"环境保护税"一致，按照直接排放污染物当量乘以税率来征收相应的税费。这个思路的优点在于施行难度不大，且让所有碳排放企业都承担了碳税，缺点在于缺乏足够的激励机制，企业主动减排动力不足。

另一种方式是"碳排放交易"，即每年给予各企业一定的排放配额，若排放量高于配额，就必须在市场上购买相应的配额；若排放量低于配额，则可在市场上卖出配额赚取利润。这样的安排相对于"碳税"，具有非常明显的优势：一是激励充足，有助于提升减排技术水平。在"碳税"条件下，企业会出于成本考虑减少排放，但在减排新技术研发与新设备选用上，出于成本—收益比的考虑，并不那么积极；而政府将税费补贴给清洁能源或减排技术研发的企业，会使得这类企业天然处于垄断地位，导致政策效果大打折扣。而在"碳排放交易"安排下，减排可以通过交易配额直接获取收益，尤其是减排相对容易的企业会更愿意投入资源进行减排技术研发。二是方式灵活，可以留给企业更多战略空间。"碳税"一经实施就会增加高排放企业的当期成本，使其面临"生"或"死"的抉择。而在"碳排放交易"安排下，碳排放可以在时间、空间、个体间转移，加上配套的各种金融工具，可以使得企业拥有更多的减排战略选择。如一家刚刚成立的制造业企业，因其正处于技术研发和产能爬坡阶段，当期减排确实有困难，但预计两三年后技术成熟、产能稳定时将大幅度减排，则该公司可购入碳排放现货应对当前指标不足，同时卖出碳排放期货以解决资金问题。三是总量控制，兼顾减排与发展。有了碳排放交易，也并不意味着有钱就可以随意排放，而是从制度安排上，对配额总量进行了限制。在总量控制下，由于配额可以流通，将使减排相对容易的国家、地区、城市、行业、企业率先减排，为减排相对困难的国家、地区、城市、行业、企业提升减排技术、选用更环保的设备争取时间，在完成计划减排技术的同时，保证一定程度的发展。

采用这种思路与方式，出现了较为典型的逆生性资源——碳排放交易。碳排放交易的起因要追溯到20世纪末。20世纪90年代，有研究指出1981年至1990年全球平均气温比100年前上升了0.48℃，引发了全世界对全球气候变暖的关注。全球气候变暖的主要原因是，工业化以来大量的矿物燃料燃烧使得二氧化碳等气体排放过多，导致温室效应不断累积，破坏了地—气能量循环平衡。全球变暖会使全球降水量重新分配、冰川和冻土消融、海平面上升等，这不仅危害自然生态系统的平衡，还威胁人类的生存。总而言之，温室气体的排放具有极强的负外部性。为遏制温室气体的排放，各国政府通过联合的制度安排，将这种具有负外部性的行为转化为一种权利，使得排放温室气体的主体必须购买超过其排放配额的排放权利以承担其成本，因此便有了"碳排放交易"。

碳排放事关未来生存与发展，如何顺应减排大势，合理利用碳资源，成为摆在世界各国面前的机遇与挑战。世界各国也都在这方面积极行动，其中最有成效的是欧盟各成员国。在2001年美国宣布退出《京都议定书》后，欧盟面对严峻现实采取了有力措施，即通过创新政策工具，把碳排放负担转化为碳排放权交易。这一新型金融工具使逆生性资源得到有效处置，同时也使欧盟一举成为国际气候行动的领导者，碳排放权交易也很快

成为欧盟应对气候变化不可或缺的重要政策工具和各成员国履行减排承诺的最主要手段。

欧盟主要通过以下措施打造其在全球碳市场体系中的核心竞争力：一是在欧盟内部建立统一的碳交易市场，以增强欧盟内部减排配额的流动性；二是通过清洁能源发展机制（CDM）打通与发展中国家碳交易的兼容系统，以降低自身的减排成本。2005年1月，欧洲碳排放交易体系（The European Union Emissions Trading System，EU ETS）正式运行，成为目前世界上最大的碳交易市场。2005—2012年，欧盟碳市场年交易额从100亿美元直线上升到1500亿美元，年均增长率达47%。2012年，欧盟碳交易金额占全球配额交易市场的99.3%，掌握着国际碳市场的主要定价权。EU ETS分为四个实施阶段，现已进入第三阶段（2013—2020年）。欧盟的碳排放总量要求（必须保证）以每年不低于1.74%的速度下降，以确保2020年温室气体排放比1990年至少低20%；在此阶段中，50%以上配额采取拍卖方式分配，到2027年将实现全部配额的有偿拍卖分配。

目前，欧洲气候交易所上市交易的现货品种有欧盟碳排放配额（European Union Allowance，EUA）和核证减排量（Certified Emissions Reduction，CER）；衍生品种主要有核证减排量期货合约、欧盟碳排放配额期货合约、核证减排量期权合约和欧盟碳排放配额期权合约。从创新政策工具到实现实质性发展、从现货交易到期货交易，欧盟的碳排放交易市场已经走在了世界前列，形成了强有力的区域竞争力。与此同时，欧盟的碳排放交易市场也促进了欧洲碳金融产业的发展。随着碳排放权商品属性的加强和市场的不断成熟，很多投资银行、对冲基金以及证券公司等金融机构甚至私人投资者都竞相加入这一市场，碳排放管理已经成为欧洲金融服务行业中成长最为迅速的业务之一。这些金融机构和私人贸易者的加入使得碳市场的容量不断扩大，流动性进一步加强，市场也愈加透明，这又吸引了更多的企业参与其中。可以说，欧盟以区域政策工具创新有力地提高了欧洲金融产业乃至欧洲经济的竞争力。

中国是全球温室气体排放最多的国家之一。[①] 目前，我国力争让碳排放在2030年达到峰值。要应对碳排放问题，中国有两种路径选择：一是被动应对，把它当作累赘和负担，花费大量成本进行减排；二是把它当作

---

① 根据世界银行公开数据库（https：//data.worldbank.org）汇总计算。

要素驱动阶段向投资驱动阶段发展时的一种必然现象，根据逆生性资源的特性，大胆开展理念、技术、管理和制度创新，用碳排放权交易的方式控制排放量，并制定国家乃至国际交易标准，捆绑人民币结算，借助"一带一路"倡议，推动人民币从支付结算货币转变为国际储备货币或锚货币。借助第二种路径，中国将不但能够控制碳排放量，而且可以探索人民币国际化的实现路径。

未来十年是中国减排的关键期，但据报道，欧美等发达国家或地区极力要求在近年开征碳税与碳关税——恰逢中国碳排放量向峰值攀升的阶段。一旦征收碳关税，并按照欧美的标准确定税额，中国的出口产品将会因碳排放量过高而面临高额关税这一贸易壁垒。换言之，未来五至十年将是中国企业转型发展的关键时期，如果没能利用好这一时间段进行转型升级，中国企业不仅将面临高昂的碳排放配额费用，还有可能面临高排放量带来的出口受挫。因此，我们应加快探讨研究，尽早建立由中国主导的亚洲或全球碳交易市场，这个市场应该是一个既包括碳交易现货市场，又包括碳交易期货市场的健全的碳交易体系。这个体系能够形成具有威慑力的倒逼机制，督促企业加快绿色转型的进度。同时，政府可以通过产业政策、税收政策等方式引导、鼓励企业积极采用低碳技术，提供绿色环保的服务，生产低碳产品。这些举措能够全面提升中国企业在世界产业链中的地位，积极推进中国外贸绿色发展。

面对这一实际状况，中国正在加快完善全国碳排放权交易市场。中国碳市场体系建设的目标是，通过国际自愿和国内强制减排的结合，将碳交易强制纳入全国统一的交易市场，建立健全包含现货和期货在内的碳市场体系，构建国家级交易平台和世界级交易平台，加强与国际碳市场的交流合作，最终在国际碳市场尤其是亚洲碳市场获得定价权或能源话语权。可能的创新性政策工具有三个：一是以标准化建设为抓手，完善碳排放标准及基础交易机制——既以碳排放强度为基础规范总量控制目标、规范初始排放权配额分配机制、规范排放许可机制，又以标准化为目标，规范排放和交易登记机制、规范监控与核证机制；二是合理设计碳期货交易标准及交易机制，包括建立完善的交易、结算机制和有效的风险管理机制等；三是加强法制建设，包括建立健全全国碳资产财产权保护法，制定与健全碳现货与期货市场的国家乃至国际监管准则等。未来十年将是中国减碳的关键期，不断创新和优化政策工具，将使中国在区域经济发展中取得主动地位。

中国作为最具潜力的减排市场，在碳排放交易上做出了以下努力：2011年，国家发改委确定在北京、天津、上海、广东、深圳、湖北、重庆开展碳排放权交易试点；2012年，七个试点省市研究编制试点方案，开展各项基础准备工作；2013年6月18日，深圳市率先启动碳排放权交易；2013年11月26日，上海市碳排放权交易启动；2013年11月28日，北京市碳排放权交易启动；2013年12月20日，广东省碳排放权交易启动；2013年12月26日，天津市碳排放权交易启动；湖北省、重庆市随后启动；2021年7月16日，经过十年的试点期，全国碳排放交易所正式开市，首批便纳入2225家电力行业企业，预计未来几年，石化、化工、建材、钢铁、有色金属、造纸和航空等七个高排行业也会被纳入其中。

对中国的经济发展而言，处理好碳排放问题具有如下意义。

首先，碳排放权交易是优化中国产业区域配置的一种制度创新。国内外实践表明，相比碳税政策和单纯的行政强制减排，碳排放权交易是在市场经济框架下解决气候、能源等综合性问题最有效率的方式。碳交易的本质是通过市场机制来解决碳排放的负外部性，将外部成本内化为排放主体的内在成本，进而实现减排，并在全球范围内优化配置碳资源的一种制度安排。碳交易能通过市场手段促进减排成本向碳收益转化，引导金融资源更好地向低碳经济领域倾斜，从而使社会整体减排成本最小化，这有利于加快各国产业结构的转型升级和经济发展方式的转变。

中国幅员辽阔，区域经济发展不平衡，一些地方政府可能存在过于追求区域生产总值增长的发展导向。由于自然环境的限制和生态保护的需要，不少中西部欠发达地区不适合发展高强度制造业。加快碳交易市场体系建设，能够鼓励欠发达地区通过保护生态环境、开展森林碳汇等方式实现碳减排，同时促使高发达地区通过购买碳减排量的方式扶持欠发达地区的发展，这能够将现有的不平衡的发展模式转化为市场化的生态与经济协调发展的格局，从而促进区域协调发展，优化产业区域配置。

其次，标准化的碳交易市场体系建设是中国21世纪"海上丝绸之路"管理创新的重要切入点。目前，亚洲地区仅日本、印度等国开展了规模较小的碳交易活动，东盟十国在碳交易领域尚无探索，可以说，基于强制减排机制的碳交易市场在亚洲地区刚刚萌芽。加快推进中国的碳交易市场体系建设，形成覆盖东南亚等国家和地区的区域性碳交易体系，是中国构建

21世纪"海上丝绸之路"重要的管理创新切入点,有利于展现中国与周边国家和地区"共享机遇、共迎挑战、共同发展、共同繁荣"的诚意和决心,有利于在中国与东南亚国家和地区之间建立服务于低碳经济发展的金融体系,有利于增强中国金融市场的辐射力和影响力。

最后,"碳排放权交易捆绑人民币结算"的技术创新可开辟人民币国际化"弯道超车"的新路径。具体分析如下。

(1) 国际货币应具备三种基本职能:其一,在国际贸易中充当结算、支付货币;其二,成为其他国家或地区货币当局的储备货币;其三,成为其他国家或地区货币当局调剂外汇货币市场的锚货币。一国货币想成为国际货币甚至关键货币,通常要遵循结算、支付货币—储备货币—锚货币的基本路径,成为能够被国际货币体系内多数国家接受并具有跨境流动便利性的货币。在现行国际货币体系下,国际货币主要包括美元、欧元、日元、英镑等,其中美元是关键货币。

(2) 以能源绑定货币结算往往是一国货币崛起为国际货币的助推剂,这是因为能源贸易量在总贸易量中所占的比重很高。在第一次世界大战前后,以煤炭为主的能源贸易量从居于棉花、小麦之后第三的位置一跃位居第二;第二次世界大战之后,在高盛编制的大宗商品指数(Goldman Sachs Commodity Index,涵盖24种大宗商品)体系中,能源(包括原油、布伦特原油、RBOB汽油、燃料油、瓦斯油和天然气等)占所有大宗商品美元权重达64.51%。在国际贸易和金融的发展过程中,一国经济活动与能源贸易的结合度成为决定该国货币地位的重要因素;而一国货币的崛起又往往受到它与国际大宗商品,尤其是与能源的结算、支付的绑定程度的直接影响。

(3) 工业革命前,能源与货币的绑定关系尚未清晰。16世纪,国际贸易中心从地中海地区尤其是意大利,转移到欧洲西北角的比利时和荷兰。尔后的一个世纪,荷兰在世界贸易中建立了霸权地位,荷兰盾在国际贸易中成为关键货币。但当时的国际贸易以木材、鱼类、粮食、毛皮、香料、棉纺织品和丝绸、瓷器等为主,因为当时的人类生产是以手工作坊为主,所以国际贸易以柴、米、衣、用为主,缺乏能源需求,能源与货币的绑定关系尚未显现。

(4) 工业革命催生了煤炭与英镑的绑定关系。在18世纪最后的25年里,英国取代荷兰成为世界领先的贸易强国,伦敦取代阿姆斯特丹成为最

重要的金融中心。蒸汽机的问世引起了一系列技术革命，并实现了手工劳动向动力机器生产的飞跃，煤炭成为近代工业的主要"食粮"。工业革命及机器大工业的产生和发展，促使能源需求急剧增长。1840年，英国率先完成工业革命，并最早成为以煤炭为主体能源的国家。19世纪中叶，英国的煤炭产量已占世界总产量的三分之二左右，英国不但在世界范围内成为供给煤炭的主要国家，而且完全左右了世界煤炭市场。煤炭交易捆绑英镑结算，使英镑成为国际贸易中的关键货币，在金本位制中，英镑占据了显赫的地位，许多国家的央行选择英镑而非黄金作为储备货币。当时有90%的国际结算使用英镑。

（5）石油和美元的绑定关系。美元之所以能取代英镑成为关键货币，是受益于两次世界大战期间核心能源的更迭，即石油取代了煤炭。19世纪后半叶，内燃机革命使石油成为工业革命新高潮的"血液"。20世纪20年代，随着内燃机的普及，石油需求旺盛，石油贸易规模迅速扩大。第二次世界大战期间，美国成为同盟国的主要能源（石油）供应者。第二次世界大战后，美国几乎掌握了世界原油产量的三分之二。也正是在这一时期，即20世纪70年代，美国与沙特阿拉伯达成"不可动摇协议"，将美元确立为石油唯一的计价货币。世界前两大石油期货市场——芝加哥期货交易所和伦敦国际石油交易所，都以美元作为计价、结算、支付的货币单位。这些都使美国对作为大宗商品的石油拥有国际定价权，从而在国际货币格局中建立美元本位制。

（6）2001年，美国著名国际金融学家、诺贝尔经济学奖获得者罗伯特·蒙代尔（Robert Mundell）提出"货币稳定三岛"的大胆构想，即美元、欧元、人民币三足鼎立，在全球范围内形成稳定的货币体系。蒙代尔认为：应维持欧元兑美元汇率的稳定性，将其固定在一定区间内，比如1欧元兑1.2美元至1.4美元；随着逐步实现人民币自由兑换，将人民币纳入美元、欧元的固定汇率机制中，创建美元、欧元、人民币三位一体的"货币区"；其他各国货币与此货币区形成浮动汇率；这既有利于稳定的国际货币体系的形成，又使各国贸易的结算、支付关系能够灵活发展。蒙代尔的构想侧面反映出，在现有的国际货币金字塔中，一方面，现行的美元本位的国际货币体系亟待改革；另一方面，以人民币为代表的他国货币如何"弯道超车"，发展为国际货币甚至关键货币，成为国内外探索的一个重要课题。

（7）碳排放权交易与人民币的绑定。煤炭与英镑的绑定、石油与美元的绑定都催生了这两种货币的崛起，展示了一条简单而明晰的货币地位演化之路。这启示我们，应推动碳排放权交易和人民币的绑定：首先，创新发展和低碳经济将成为未来世界各国的经济增长模式，随着清洁能源技术的新突破、新利用和新组合，以低碳为特征的新的能源贸易，如碳信用、碳商品、碳排放权等的交易，会蓬勃兴起；其次，中国是全球最大的温室气体排放国之一，且被认为是最具潜力的排放市场，中国也有越来越多的企业参与碳排放权交易；最后，根据世界银行的测算，碳排放权交易市场或将超过石油市场而成为世界第一大交易市场。在国际货币先后经历了"煤炭—英镑""石油—美元"体系之后，中国如能抢占先机，以"碳排放权交易捆绑人民币结算"的技术创新为载体，与东南亚等国家和地区建立服务于低碳经济发展的金融体系，就可开辟一条令人民币通过"弯道超车"实现国际化、在能源贸易中崛起的新路径。

第四节　资源生成的特征

资源生成或生成性资源与产业资源一样同属于经济资源，因此在具备经济资源的基本特征的同时，还具备一些独有的特性。总体来看，资源生成具备四大特性：动态性、经济性、生产性和高风险性。

一、动态性

资源生成的动态性具有三层含义。一是资源生成过程本身是动态的，即非经济资源经过开发，转化为生产要素并进入流通和生产环节。如土地、矿产、水、森林、草原等静态自然景观，需经动态开发后才能成为经济要素。此外，在资源生成过程中，影响资源生成的因素如经济发展程度、政府财政收支状况、居民认知程度等都处于变动之中，从而进一步加剧了资源生成的动态性。二是资源生成的对象是动态的，即随着知识、技术和经济条件的进步，人类可开发利用的物质、能量和信息范围在不断增加，因此资源生成的范畴也在不断扩大，如随着时代进程的客观需要而存在和发展的城市基础设施——包括硬件、软件乃至更进一步的智能城市开发建设，也符合资源生成的范畴特性，它是继产业资源之后的又一生成性资源——城市资源。此外，还有与此类似的太空资源（太空中可利用的资源比地球上可利用的资源要多得多）：仅从太阳系范围来说，在月球、火星和小行星等天体上，有丰富的矿产资源；在类木行星和彗星上，有丰富的氢能资源；在行星空间和行星际空间有真空资源、辐射资源、大温差资源；利用航天器飞行，还可派生出轨道资源和微重力资源等。三是资源生成的存在，使得经济资源边界具有动态性。资源生成不断转化、派生出新的经济资源，使得经济资源的种类和数量不断增加，稀缺资源的边界不断扩张，导致仅从"资源稀缺"单一假设来研究经济问题已无法得出符合经济实践的结论，必须同时考虑"资源生成"的假设。

【案例1-5】
迟到8个世纪的预言——石油的大规模开发与利用

石油作为现代社会的主要能源和化工制品重要原材料的来源，可制得汽油、煤油、柴油、润滑油、石蜡、沥青、石油焦、液化气等石油产品，并可为塑料、合成纤维、合成橡胶、合成洗涤剂、化肥、农药等化工产品提供丰富的原料，有"黑色的金子""工业的血液"之称，其重要性不言而喻。

人类开采利用石油的历史最早可追溯到公元前10世纪，古埃及、古巴比伦和古印度等文明古国已经采集沥青用于建筑、制药。中国也是最早发现和利用石油的国家之一，在公元4世纪甚至更早就开始挖井取油，《汉书》《水经注》均有关于石油的记载。在公元11世纪，北宋科学家、政治家沈括在其著作《梦溪笔谈》中对石油的出处、性状、用途做了详细的描述，并大胆预言："此物后必大行于世。"但是，这个预言的实现要等到8个世纪后的19世纪。既然石油具有如此高的使用价值和如此广泛的使用范围，为何其在沈括做出"大行于世"判断的8个世纪后才得到大规模的开发与利用呢？其主要原因是受限于技术和经济条件，在19世纪前，各国对石油的利用方式是非常原始的：一是在石油的获取方式上，主要来源于石油沿地质裂隙上涌形成的沥青湖（或称"油苗"）；二是在石油的利用方式上，主要使用石油的原始形态，不管是用作燃料，还是入药、粘合建筑物，都没有改变石油性质的加工过程。因此，早期各国对石油的利用无论是数量还是程度都处在较低的水平。而19世纪中期发生的两个事件彻底改变了石油开发利用的历史进程：一是亚伯拉罕·皮诺·格斯纳于1846年发明了煤油，将煤和石油变成照明燃料，这一发明大大提高了石

油的可用性，使其需求大幅提升，也拉开了石油冶炼加工的序幕；二是埃德温·德雷克于1859年发明了用于现代深水油井的钻井技术，人类开始进入大规模开采石油的时代。到了20世纪初期，内燃机的发明更是极大加速了石油开发、利用、普及的进程。经过一个多世纪的发展，石油工业已经成为现代工业体系中最大、最重要的工业部门之一，对于运输、军事、航空航天、农业、材料等工业部门有重要意义和深远影响。

（资料来源：由作者根据相关材料整理）

从以上案例可以看到，石油从仅存在于书中的冷僻知识，到成为"工业的血液"进入千家万户，离不开开采、冶炼和使用技术的突破与进步。从这个角度来看，我们可以进一步探讨资源生成动态性的更深层次的原因。实际上，人类可用资源的范围是由知识、技术、经济等条件划定的，其中技术更是占据了主导地位。自第一次工业革命以来，人类所拥有的技术一直处于稳步上升阶段，资源的边界也不断被拓展。因此，可以说资源生成的动态性来自知识、技术、经济等条件的动态性。

二、经济性

资源生成的经济性是资源生成物成为经济资源的本质条件，如果离开这个本质特征，资源生成便无从谈起。资源生成的经济性包含两个层面。

第一个层面是从结果来看，资源生成的产物应该具有经济效益，经济资源的价值来源于其有用性和稀缺性，这就要求资源生成的产物或者说生成性资源也应具备这两个特征，否则这个开发利用的过程便不能被称为资源生成。举一个极端的例子，海水在内陆地区是稀缺的，假设政府或者某家大型企业架设了输送管道，将海水送往内陆，由于海水在内陆不具有使用价值，这项工程并没有形成经济资源，这一投资也不能被称为资源生成。而架设管道将海水淡化后输往沙漠地区，淡水资源在沙漠地区既具有稀缺性，又具有实用性，因此，这个工程可以被称为资源生成。

第二个层面是从成本效益比来看，资源生成也应追求成本最小化，追求一定的投入产出比。由于可用于资源生成的资源也是有限的，因此必须要慎重考虑这部分资源的配置。在现有的知识、技术与经济条件下，资源生成的效益是较为容易判断的，但是需要投入的成本是很难精确估算的。在某一细分领域，资源应该主要投向哪个方向才能实现最大的投入产出比，应该由相应主体进行判断。从这个角度来看，应由哪个主体主导资源生成，应该遵循什么样的规律与原则，是值得深入思考研究的问题，也是资源生成领域重点关注的问题。

【案例1-6】
可望而不可即的清洁能源——可燃冰

可燃冰学名为天然气水合物，又被称为"固体瓦斯""汽冰"，其分布于深海沉积物或陆域的永久冻土中，是由天然气与水在高压低温条件下形成的类似冰状的结晶物质，其化学方程式为 $CH_4 \cdot nH_2O$。因其分布广泛、总量巨大、能量密度高、清洁环保等特点，故被看作未来的主要替代能源，受到各国高度重视并被长期研究。

众所周知，目前人类直接使用的能源主要是化石能源，如煤、石油、天然气等，但是化石能源的使用目前引起了一些担忧。一方面是化石能源的储量有限，面临枯竭的风险。以石油为例，根据BP石油公司发布的《2020年世界能源统计报告》，2019年年底全球石油探明储量为2446亿吨，储采比为49.9年，也就是说按照现在的开采量，探明的储量还可供开采约50年；其中，中国的境况更为严峻，探明储量为36亿吨，占全球储量的1.5%，储采比为18.7年。另一方面是化石能源的燃烧会产生硫化物和二氧化碳，造成环境污染和温室效应。可燃冰最大的特点是燃烧后几乎不产生任何残渣，污染比煤、石油、天然气都要小得多；且可燃冰储量非常庞大，1立方米可燃冰可转化为164立方米的天然气，全球公认的可燃冰储量有1000万亿立方，可供人类使用500万年，仅在我国探明的可燃冰储量就达到了1000亿吨油当量。

虽然可燃冰具有种种优势，但是至今仍未进入商用阶段，这是为什么呢？一是勘探开发技术的限制，由于缺乏全面、科学、合理解释可燃冰形成机理和完整勘探开发的理论体系，钻井、输送、存储等技术瓶颈仍需要攻克，因此距经济、高效的商业化开采利用还有很长的路要走。二是开采可能造成环境问题，已探明的可燃冰储量中的甲烷总量是目前大气中甲烷总量的约21倍，若散逸到空气中将会引发大规模的温室效应；可燃冰开采将使其储层原始应力平衡破坏，引发海底地震甚至是海啸，我国可燃冰还分布在青藏高原冻土带，贸然开发可能会破坏其本身脆弱的生态环境。

（资料来源：由作者根据相关材料整理）

从上述案例可以看到，可燃冰没有进入大规模开采与使用的阶段，最主要原因还是在于开采成本过高，日本从海底的可燃冰中开采1立方米CH_4（甲烷）的平均成本为46174日元，折合人民币2682元；我国于2017年在南海神狐海域开采1立方米可燃冰的成本高达200美元，折合人民币1323元，按1立方米可燃冰转化为164立方米CH_4换算，约相当于1立方米CH_4的平均开采成本为8元人民币，均远高于天然气开采成本甚至成品售价。

可燃冰的开采利用在第一个层面上看，其作为化石能源未来的替代品，具有绝对的经济性。但是在第二个层面上看，目前使用的开采方法成本远大于经济收益，又是不"经济"的，使得各国一再推迟对其的开发利用计划。

三、生产性

资源生成的生产性，主要是指非经济资源经过开发、转化与派生，成为可投入经济活动的生产要素。生产性是在经济性的基础上，既是对生成性资源在用途上的更详细的规定，即资源生成的成果应为生产要素，而非消费品；也是在转化方向上的规定，非经济资源或者公共产品经过开发转化为生产资源，进入要素市场进行流通。具体到生产要素，经济学对其的定义是进行物质生产所必需的一切要素及其环境条件，包括土地、资本、劳动力和企业家精神等。

随着时代的发展，生产要素的种类也越来越丰富，这种针对生产要素种类的拓展，也是一种资源生成的表现。2020年3月30日，中共中央、国务院发布的《关于构建更加完善的要素市场化配置体制机制的意见》提及的生产要素包括土地、劳动力、资本、技术、数据五类，是跟随时代发展的更具操作性的分类。

【案例1-7】
随时代发展出现的新生产要素：数据生产要素

近年来，全球经济增长乏力，但数据作为生产要素的重要作用日益凸显，以数字经济为代表的新经济成为经济增长新引擎。生产要素是不断演变的历史范畴，土地和劳动力是农业经济时代重要的生产要素。工业革命后，资本成为工业经济时代重要的生产要素，并且衍生出管理、技术等生产要素。随着数字经济时代的到来，数据要素成为经济发展的新引擎。数据是新的生产要素，是基础性资源和战略性资源，也是重要生产力。

2020年3月30日，中共中央、国务院发布《关于构建更加完善的要素市场化配置体制机制的意见》（以下简称《意见》），将数据生产要素列为与土地、资本、劳动力与技术相并列的生产要素，并提出通过推进政府数据开放共享、提升社会数据资源价值、加强数据资源整合和安全保护等措施来完善这一要素市场。

从历史演变的规律看，生产要素的具体形态随着经济发展不断变迁。随着社会生产力的发展，生产要素处在不断再生、分化的过程中，每种生产要素的地位和作用也在不断发生变化。一些在生产过程中占据重要作用的生产要素，在此后的生产过程中作用逐渐减弱，而另一些在生产过程中只是起依附作用的生产要素，逐渐上升为具有决定地位的生产要素。在农业经济时代，经济发展的决定性生产要素是劳动和土地；在工业经济时代，机器生产取代了人力，因而机器设备这一物质资本要素取代了土地和劳动，在工业生产中发挥了重要作用；在第二次工业革命的推动下，企业家开始从普通工人中脱颖而出，"管理"和企业家才能对企业的盈亏起着日益重要的决定作用，"管理"在资本之外成为一个独立的生产要素；在第三次工业革命的推动下，科技成果从资本要素中独立出来并可以有偿转让，"技术"成为决定经济发展的重要生产要素。

20世纪末期，数字革命随着信息技术的发展悄然兴起。近年来，随着大数据、人工智能、物联网、云计算等新兴技术的发展，数字要素成为经济发展的新引擎。与数据相关的新业态、新模式迅速崛起，它们为传统经济注入新动能的同时，也加速推动国民经济越来越"数字化"，"数据"成为日益重要的生产要素。

数据要素作为数字经济最核心的资源，具有可共享、可复制、可无限供给等特点，这些特点打破土地、资本等传统生产要素有限供给对经济增长推动作用的制约。与土地、资本等传统生产要素相比，数据要素对推动经济增长具有倍增效应，主要体现在降低经济运行成本、提高经济运行效率、推动产业转型升级、提升政府治理效能等方面。

数据的生产、加工和利用，不仅推动了经济社会各领域加速变革，颠覆性地改变了人们生产和生活方式，还使其自身发展成为一个庞大产业。

统计显示，2019年我国数字经济总体规模达到35万亿元，占GDP比重超过三分之一。特别是新冠肺炎疫情爆发后，数字平台在降低疫情冲击方面体现出独特优势，在物资流转、复工复产、稳定就业等方面发挥了重要作用，以在线办公、医疗、教育、餐饮等为代表的数字经济增长迅猛。比如，以互联网医疗为代表的无接触式医疗呈现爆发式增长，疫情期间"京东健康"的日均在线问诊量达到10万人次，"阿里健康"每小时的咨询量近3000人次。

（资料来源：戴双兴《数据要素市场为经济发展注入新动能》，载《光明日报》2020年5月12日第16版，并经作者修改整理）

从数据生产要素的案例中可以看到，生产要素的内涵随着时代的发展而变化。从生产性的角度来看，资源生成的范围不仅包括在现有的生产要素种类的基础上，将非生产要素转化为生产要素，也包括拓展生产要素的种类，拓宽生产要素的范围。

四、高风险性

广义的风险是指不确定性，即期望与现实情况之间存在的差异，说明可能获益也可能受损；狭义的风险指造成损失的不确定性，主要是指可能遭受损失，本小节所论述的高风险性主要指狭义的风险。因此，资源生成的高风险性意味着资源生成的结果可能出现与预期有很大差距而使投资者受损的情况，造成的原因有高技术性、高投入性、长建设周期等。资源生成的高风险性实际上是其动态性的延伸，因为物质世界在由非经济资源转化为经济资源的过程中需要极其复杂的条件，从而导致了极大的不确定性，具体体现在前期投资支出额大、建设周期长、成本高且市场窄小、投资回收可能失败、突发事件等方面，这部分将在下一章节详细展开。

❋ 本章小结 ❋

首先，本章从传统经济学"资源稀缺"的假设出发，论述了"资源稀缺"与"资源生成"是资源配置中的一对"孪生儿"，即在经济发展过程中，"资源生成"与"资源稀缺"同样重要，二者是不可分割的两方面：资源稀缺表现在"存量"，资源生成表现在"增量"；市场作用表现在"二级市场",政府作用表现在"一级市场";市场行为侧重在"需求侧",政府行为侧重在"供给侧"。

其次,本章从政府在资源开发中应扮演的不同角色出发,将经济资源分为可经营性资源、非经营性资源和准经营性资源,并通过构建数学模型描述非经营性资源是如何向准经营性资源或生成性资源转化,以及经济发展程度、政府财政收支状况和居民认知水平等因素是如何影响这种转化的。在此基础上,我们引入柯布-道格拉斯生产函数,发现资源生成对经济发展具有正向的影响,而可经营性资源数量、非经营性资源数量、技术水平、劳动生产要素及资本、劳动的经济产出弹性等因素会影响这种正向的边际经济产出。本章还进一步探究了资源生成视角下的经济政策,发现政府保持一定的赤字水平以推动资源生成是最优的方式。此外,这种经济政策与传统政策相比,在政策时间点、政策手段、政策效果和对私人部门投资的影响等方面存在优势。

最后,本章简要介绍了资源生成的三大领域——原生性资源、次生性资源和逆生性资源,并给出了资源生成的动态性、经济性、生产性和高风险性四大特征。

思考讨论题

1. 资源稀缺与资源生成各指什么?如何理解二者之间的关系?

2. 什么是可经营性资源、非经营性资源与准经营性资源?它们在市场经济中分别对应什么?

3. 资源生成的三个层面分别指什么?请结合实例具体说明。

4. 资源生成如何影响经济发展?资源生成政策是什么?其与传统的财政政策有何区别和联系?

5. 资源生成的特征是什么?请结合实例具体说明。

第二章 政府成为资源生成领域第一投资人

通过第一章的分析,我们已经明确"资源稀缺"与"资源生成"是资源配置中的一对"孪生儿"。资源生成在区域经济发展中处于重要地位,资源生成主要作用在原生性资源、次生性资源与逆生性资源三个领域,且具有动态性、经济性、生产性与高风险性四大特征。本章将在资源生成的高风险性的基础上,进一步明确生成性资源的投资主体,确立资源生成应该遵循的规则。

第一节 生成性资源投资的高风险性与投资不足

在之前的分析中,我们都假设资源生成是一个确定的过程,即一定的投入获得对应数量的产出。但是在现实中,资源生成过程充满了高风险性,这也导致了市场主体具体到企业对这类项目望而却步,因此生成性资源的开发建设中存在着高风险性与投资不足的问题。

一、生成性资源投资风险的构成

生成性资源的开发建设,在具体实践中也是作为各类项目逐个进行的。一般而言,项目投资建设的风险有以下五种:①自然风险,如地震、风暴,异常恶劣的雨、雪、冰冻天气等;未能预测到的特殊地质条件,如泥石流、河塘、流沙、泉眼等;恶劣的施工现场条件等。②社会风险,包括宗教信仰的影响和冲击、社会治安的稳定性、社会的禁忌、劳动者的素质、社会风气等。③经济风险,包括国家经济政策的变化、产业结构的调整、银根紧缩;项目的产品市场变化;工程承包市场、材料供应市场、劳动力市场的变动;工资提升、物价上涨、通货膨胀速度加快;金融风险、外汇汇率的变化等。④法律风险,如法律不健全,有法不依、执法不严,相关法律内容发生变化；可能对相关法律未能全面、正确理解；环境保护法规的限制等。⑤政治风险，通常表现为政局的不稳定性，战争、动乱、政变的可能性，国家的对外关系，政府信用和政府廉洁程度，政策及政策的稳定性，经济的开放程度，国有化的可能性，国内的民族矛盾，保护主义倾向等。

生成性资源项目的风险也在上述风险范围之内，并且由于其自身的特点，在某些方面表现得非常突出，根据这些风险的来源因素，可以分为以下五类。

（一）高投入带来的风险

高投入是生成性资源项目的重要特征之一，也是其风险性的主要来源之一。随着社会经济的发展，生产、生活等活动对基础设施功能的要求日渐提高，使得生成性资源项目和工程日趋复杂和庞大，其建设所需开支也越来越多。如在太空资源的开发中，我国自主研究开发的北斗导航系统共发射55颗卫星，估算的卫星研发、制造、发射费用共计超过800亿元，每颗卫星造价达14.5亿元。大家非常熟悉的地铁，一般设计里程20千米，总造价为100亿元以上，每千米造价也达到了5亿元。在相同概率发生相同比例损失的情况下，投入越大，绝对损失越大。生成性资源的开发与建设所需的大量资金，使得大多数企业无法承受发生风险的后果。

（二）高技术带来的风险

次生性资源的高技术属性也是时代进步的结果，在原生性资源方面，需要科学技术突破来进一步开发我们所处的物质世界；在次生性资源方面，随着电子信息技术的进步，新型基础设施与智慧城市的建设也需要一定的技术基础；在逆生性资源方面，除了制度建设，也需要科学技术手段来进行负外部性活动的监测。而这三方面中存在着大量需要原始创新的技术，因此加剧了其开发和建设的风险。并且，越高端的技术，其研发投入越大，一旦研发失败，不仅要承担研发投入成本的损失，且会因此被竞争对手超越，从而失去竞争优势。

（三）长建设周期带来的风险

生成性资源项目建设的复杂性和高技术性也导致其建设周期越来

长。以逆生性资源中的基础设施建设为例，其建设过程可分为决策、建设和运营三个阶段。决策阶段又称投资前期，主要是规划、选址、市场调研、项目的工程可行性研究等工作；建设阶段包括工程前期和工程实施两类工作，工程前期主要是方案设计、初步设计、施工图设计、设备采购、施工招标等工作，工程实施主要是建设施工、厂商供货、安装调试等工作；运营阶段主要是设施运营、改造更新、评估总结等工作。在漫长的建设过程中，前两个阶段都是投入阶段，只有进入运营阶段才有可能获得收益且开始回收投资。

即使忽略投入相对不多的决策阶段，从建设阶段中的投入到运营直至回收成本的过程依旧是非常漫长的。我国素有"基建狂魔"之称，举世瞩目的北京大兴国际机场共投资800亿元，航站楼占地面积78万平方米，设有4条跑道和223个停机位，自2014年12月26日开工建设，至2019年9月25日建设完成开始通航，建设过程用时4年多，已经是令人惊叹的速度了。相比之下，同为4F等级的柏林勃兰登堡国际机场设有2条跑道和130个停机位，于2006年9月5日开工建设，经过6次延迟交付后直至2020年10月31日才正式启用，建设周期长达14年。原本规划交付时间为2011年，但建设过程中出现了设计公司破产、防火设施不合格、排烟风扇过重存在安全隐患、电缆安装不正确、自动扶梯过短、4000扇门编号错误等问题，致使交付日期一再推迟，航空公司也因为无法如期开通航线而遭受巨大损失。交付日期的推迟也使得预算不断增加，由最初的17亿欧元增加到65亿欧元以上。

因此，综上所述，生成性资源漫长的建设周期使得其风险性进一步增加。

（四）公共品属性带来的风险

基于简单的公司金融知识，从公司的角度评估项目，我们知道公司主要关注的是项目现金流的分布，并在此基础上通过合适的折现率来计算项目净现值或者动态回收期。在造价准确的情况下，公司根据项目推进计划可以得到较为确定的投入现金流，但是收入的现金流就没那么容易被确定了，对于生成性资源项目来说更是如此。生成性资源项目往往具有很强的公共品属性，或者说具有较强的外部性，意味着拥有所有权或者运营权的主体无法拿到项目产出带来的所有收入。因此，生成性资源的公共品属性会使得项目存在收益不足的问题，进而带来项目投入无法回收的风险。在实际建设中，对于收益不足的项目，只能通过政府付费或者补贴的方式解决这个问题。从项目收入来源划分，生成性资源项目可以分为消费者付费、政府付费和消费者付费＋政府补助的方式。消费者付费的项目具有较好的商业价值，而后两者的风险大小主要取决于区域政府信用状况和财政收入状况。同时，生成性资源项目往往具有较强的专业属性，市场相对窄小，如果在设定的功能中无法通过项目运营赚取收益，便也很难通过转变用途回收投资。

（五）突发事件带来的风险

除此之外，各种突发事件也会导致生成性资源项目投资建设的失败。突发事件，是指突然发生，造成或者可能造成严重社会危害，需要采取应急处置措施予以应对的自然灾害、事故灾难、公共卫生事件和社会安全事件。对于生成性资源的开发与建设而言，自然灾害的影响更为严重。其中较为典型的案例是曾经世界上最高的大坝——意大利的瓦依昂大坝（Vajont Dam）。瓦依昂大坝位于意大利阿尔卑斯山东部皮亚韦河支流瓦依昂河下游河段，混凝土双曲拱坝，最大坝高262米，水库设计蓄水位722.5米，总库容1.69亿立方米，有效库容1.65亿立方米。该大坝自1956年开始施工，至1960年完成封顶，同年开始试验性蓄水。在蓄水试验中，大坝管理者发现了周围山体滑坡的问题并通过放缓蓄水速度进行缓解，取得了一定的效果。但是在1963年10月9日22点39分，由于加快了蓄水速度和之前连续两周的大雨，致使山体滑坡超出了可以控制的范围：大约2.6亿立方米的山体滑坡以110千米每小时的速度冲入水库，将1800米长的库段全部填满，横向滑落的山体掀起了滔天巨浪，高达250米的涌浪分别袭击了大坝的上下游地区，巨浪在毫无预警的情况下席卷了兰加隆镇和附近5个村庄，导致共1925人在冲击中遇难，瓦依昂大坝也因此被山体的冲积物填满，失去了原本设计的功能。这个悲剧也充分说明了突发事件对生成性资源项目的风险性的影响。

二、收益—风险不匹配导致的投资不足

生成性资源的高风险性是其投资不足的主要原因，更进一步分析，收益与高风险不匹配使得这种情形进一步恶化。本节将建立一个不确定性下

的数学模型来分析这一问题。

假设对生成性资源的真实投资数量为 θ，其产出是不确定的，概率分布函数为 $F(\theta)$。为了简化分析，我们采取离散形式的概率分布，在 $(1-p)$ 的概率下，投资收益为 $(1+r_1)\theta$，在 p 的概率下，投资收益为 $(1-r_2)\theta$，并有 $r_1>0$，$r_2>0$，$p\in(0,1)$。我们将 p 称为出险概率，将 r_1 称为投资成功回报率，将 r_2 称为损失程度。

假设生成性资源的投资者的成本函数是边际成本递增的，为了简化分析，我们使用二次型的成本函数，即 $\frac{1}{2}\theta^2$，由此可以得到其预期净利润为 $E(\pi)=(1-p)(1+r_1)\theta+p(1-r_2)\theta-\frac{1}{2}\theta^2$。显然，对于追求利润最大化的投资者来说，其最优投资数量可以由上式的一阶条件给出，整理后可以得到：

$$\theta^* = (1-p)(1+r_1)+p(1-r_2) \qquad (2-1)$$

通过对上述结果的分析，我们可以得到以下三个结论。

（1）最优投资数量与投资成功回报率呈正相关，与出险概率和损失程度呈负相关。可以通过求偏导数证明，过程比较简单，此处不再赘述。联系经济实践也比较容易理解，越高的投资成功回报率意味着越高的期望收益，人们可以追加更多的投资以获取更大的利润；越高的出险概率和损失程度会使得预期收益越低，人们更倾向于缩减这方面的投资。尤其是当 $pr_2>1+(1-p)r_1$ 时，预期收益为 0，投资者不会将任何资源投资到生成性资源的开发和建设当中。

（2）存在生成性资源的风险性使得其投资不足，具体而言就是小于无风险状态下的投资数量。考虑无风险的情况，最优投资数量的条件是边际成本等于边际收益，可得此时最优投资数量 $\theta^{**}=(1+r_1)$。根据前述假设，易证 $\theta^{**}=(1+r_1)>(1-p)(1+r_1)+p(1-r_2)=\theta^*$。也就是说，生成性资源的高风险性扭曲了投资者的选择，使得其投资水平或者供给数量小于无风险下的投资水平或者供给数量。

（3）收益—风险不匹配使得生成性资源投资不足的问题加剧。为了说明这个问题，我们增加一些假设：在生成性资源投资成功的情况下，其对于整个社会的总效益为 $(1+r_s)\theta$，并有 $r_s>r_1$。这是因为社会总效益中不仅包含了投资者的收益，还包括了对经济的带动作用和人民生活水平的提高等。此时即使是在有风险的情形下,对社会整体最优的生成性资源投资数量也为 $\theta^{***} = (1-p)(1+r_s) + p(1-r_2)$。易证 $\theta^{***} > \theta^*$,说明由于投资者只关注自己获取的收益,生成性资源的投资水平将在全社会收益最大的投资水平之下。

第二节 政府是生成性资源第一投资人的原因

一、政府主导投资是资源生成特征的本质要求

在上一章我们分析了资源生成具有动态性、经济性、生产性和高风险性四大特征,实际上经济性和生产性体现了生成性资源的收益属性,而动态性和高风险性则体现了生成性资源的风险属性。这二者的辩证关系要求政府必须成为生成性资源的第一投资人。

第一,生成性资源开发的高收益决定了资源生成是区域政府的必为之事。基于生成性资源的经济性和生产性,其开发和利用将极大促进区域经济的发展。对于需要参与区域间竞争的区域政府而言,其必须参与到资源生成之中去,通过做大产业经济资源的增量来推动区域经济又好又快地发展,从而在区域间竞争中取得领先地位和胜利。

第二,生成性资源开发的高风险决定了区域政府必须迎难而上。生成性资源开发的高风险性存在于两个层面:第一个层面是绝对风险,由于其高投入、高技术、长建设周期、公共品属性和突发事件等因素,导致其开发建设的风险本身就非常大。第二个层面则是相对风险,即收益与风险不匹配。生成性资源的高经济效益更多地体现为对区域经济整体发展的推动,但是其投资者并不一定能够获取全部的收益,这就导致了投资者的收益—风险比过低,从而出现生成性资源投资不足的问题。在这种情况下,为了使得区域经济利益最大化,需要代表区域整体利益的政府主动承担起投资生成性资源的责任。

二、参与资源生成是政府双重角色的应有之义

对于世界各国政府来说,稳定、发展和对突发事件的处置是其三大根本任务。而对区域政府而言,经济发展、城市建设和社会民生是其三大经

济职能。为了实现上述职能，区域政府需要扮演好双重角色。

首先是区域政府的"准企业"或"准微观"角色。区域政府对可经营性资源即产业经济的规划、引导和扶持，以及对准经营性资源即城市基础设施投资运营的参与和竞争，使其成为本区域内非政府主体的集中代理，并通过理念创新、制度创新、组织创新和技术创新等方式，与其他区域展开竞争，以实现本区域经济利益最大化。此时，区域政府扮演着"准企业"或"准微观"的角色。一方面，区域政府与企业表现出了行为目的、发展方式、管制因素和评价标准上的不同；但在另一方面，区域政府与企业又都是一定范畴内的资源调配者，它们都在一定范畴内实施内部管理，竞争机制在各区域政府之间和各企业之间始终存在，并成为国家和企业二者发展的原动力，它们在产业经济领域都必须遵循市场经济规则——此时区域政府的区域管辖权转变为区域经营权，区域政府以区域利益最大化为中心进行资源调配，重点主要集中在城市基础设施项目的招商、开发、投资、运营和管理上。区域政府的行为除了受到政治约束外，也受到经济约束，区域政府的有效作为能提升本区域的竞争优势，并率先实现本区域的经济转轨和社会转型。

其次是区域政府的"准国家"或"准宏观"角色。区域政府对可经营性资源即产业经济的调节、监督和管理，以及对非经营性资源即公共物品或公益事业的调配——"基本托底、公平公正、有效提升"，使其成为本区域政府的集中代理，其通过规划、投资、消费等手段，价格、税收、利率、汇率、法律等体系调控经济，通过提供社会基本保障、公共服务等方式维护社会稳定。此时，区域政府扮演着"准国家"或"准宏观"的角色，即区域政府代理国家政府，以其被授予的公共性和强制力，履行本区域的政治职能、经济职能、城市职能和社会职能等。就经济发展、城市建设而言，区域政府的职责有：研究和制定本区域经济社会发展的中长期规划；促进本区域总供给与总需求的动态平衡；执行国家经济政策、制定区域产业政策和技术政策；大力投资基础设施建设；提供公共物品和服务；有效调节收入分配与再分配；既保持本区域经济总量增长、结构动态平衡、城市有效提升，又维护本区域市场规则、秩序，调控物价，控制失业率，促进社会和谐、可持续发展。

各国区域政府的双重角色有其自身的内在属性：一是政府的制度供给，它包括政府的政策供给和法规供给等，目标是保障各类公共物品和公益服务得以公平、公正、有效地实施；二是政府的经济调节，它包括政府对产业发展的扶助和对城市基础设施建设的投入等，目标是有效引导产业转型升级和城市现代化发展，促进该区域经济社会的科学、协调、可持续进步。

简言之，区域政府的"准微观"角色是指其作为区域内所有非政府主体的集中代表，追求本区域内经济利益最大化；区域政府的"准宏观"职能则是指其作为各级政府主体在区域内的集中代表，维护社会稳定，为区域内生活生产等活动提供基本保障。而这两方面目标的达成和职能的履行均需以一定的生成性资源作为基础，在"准微观"层面，区域政府必须积极参与资源的生成，在原生性资源、次生性资源和逆生性资源三个领域的一级市场增加要素供给，为本区域产业经济发展增添动力，以达成区域经济效益最大化的目标；在"准宏观"层面，区域政府则需要以资源生成的方式提供公共服务和公共设施，为居民生活和企业生产提供必要的支撑，对民生经济进行托底，这类行为更多集中在次生性资源领域，如利用 PPP 模式和基础设施 REITs 进行融资，推动城市建设又好又快地发展，等等。

因此，就区域政府的双重角色而言，参与资源生成是其本质所在、职责所系。

三、推动资源生成是强式有为政府的重要标准

在中观经济学的分析体系中，我们认为区域政府作为区域经济的重要参与者，其理想的类型应该是强式有为的政府。强式有为政府包括如下含义：一是能对非经营性资源进行有效调配并配套相应政策，促使社会和谐稳定，提升和优化经济发展环境；二是能对可经营性资源进行有效调配并配套相应政策，维护市场的公开、公平、公正，有效提升社会的整体生产率；三是能对准经营性资源进行有效调配并参与竞争，推动城市建设和社会经济全面、可持续发展。强式有为政府的有为体现在对三类资源的调配、政策配套、目标实现三者合一之中。强式有为政府的标准有三个：一是尊重市场规律；二是维护经济秩序，稳定经济发展；三是有效调配资源，参与区域竞争。

现实中，强式有为政府至少需要具备三个条件：一是与时俱进，主要指政府急需"跑赢"新科技。日新月异的科技发展衍生出新资源、新工

具、新产业、新业态,将对原有的政府管理系统产生冲击。新科技带来生产生活的新需求和高效率,同时也带来政府治理应接不暇的新问题。因此,政府要在经济增长、城市建设、社会民生三大职能中,或者说在非经营性资源、可经营性资源、准经营性资源的调配中有所作为,其理念、政策、措施均应与时俱进。二是全方位竞争,即强式有为政府需要超前引领,运用理念、组织、制度和技术创新等方式,在社会民生事业(优化公共物品配置,有效提升经济发展环境)、经济增长(引领、扶持、调节、监管市场主体,有效提升生产效率)和城市建设发展(遵循市场规则,参与项目建设)中,全方位、系统性地参与全过程、全要素竞争。所谓全方位竞争,是以企业竞争为基础,不仅局限于传统概念上的商品生产竞争,而且涵盖了实现一国社会经济全面、可持续发展的目标规划、政策措施和最终成果的全过程。三是政务公开,包括决策、执行、管理、服务、结果和重点事项(领域)信息公开等。政务公开透明能够保障社会各方的知情权、参与权、表达权和监督权,在经济增长、城市建设、社会民生等重要领域提升资源的调配效果。透明、法治、创新、服务和廉洁型的强式有为政府,将有利于激发市场活力和社会创造力。

因此,可以看到,无论是强式有为政府的含义、标准,还是现实实现条件,都要求政府在生成性资源领域或者说准经营性资源领域有所作为。换言之,为了达到强式有为政府的标准,能够引领、促进经济发展,即使资源生成过程中存在很大的风险性,区域政府依旧应该担负起应有的责任,积极参与生成性资源的开发。

四、促进资源生成是区域政府竞争的重要手段

区域竞争力,是指能支撑一个区域持久生存和发展的力量,即一个区域在竞争和发展的过程中,与其他区域相比较,所具有的吸引、争夺、占有、调控和转化资源的能力,以及争夺、占有和调控市场的能力,也就是其自身发展所需的优化资源配置的能力。简言之,它是一个区域发展所需的对资源的吸引力和对市场的争夺力。

区域之间的竞争实际上就是区域资源的竞争,以中观经济学的角度来看,区域资源有广义与狭义之分。广义的城市资源包括产业资源、民生资源和基础设施资源;狭义的城市资源就是指城市基础设施资源,包括基础设施硬件、软件的投资建设,以及更进一步的现代化智能城市的投资、开

发及运作等。因此,广义的区域经济或城市经济包括产业经济、民生经济和以基础设施建设为主体的经济;狭义的区域经济或城市经济则专指基础设施投资建设。因此,区域政府竞争也就有了广义、狭义之别。区域政府竞争,广义上包括对可经营性资源、非经营性资源和准经营性资源的竞争,狭义上则指对准经营性资源的竞争。

作为两个层面的竞争体系,区域政府竞争与企业竞争既相互独立,又相互联系,共同构成现代市场经济中的双重竞争主体。首先,企业层面的竞争是市场经济中一切竞争的基础,企业竞争带动了区域政府间的竞争。区域政府竞争主要是在制度、政策、环境、项目等方面优化资源配置,属于企业竞争层面之上的另一种竞争,它反过来又影响、支撑和促进了企业的竞争。其次,企业竞争体系只存在于企业之间,任何区域政府都只能是产业经济或产业资源配置的规划者、引导者,商品生产的扶持者、调节者和市场秩序的监督者、管理者,没有权力对企业微观经济事务进行直接干预。区域政府竞争体系则只存在于区域政府间,区域政府须遵循市场经济规律,在城市资源配置、经济发展、城市建设、社会民生等方面展开项目、政策、措施的竞争。

在中观经济学的理论中,区域政府竞争的目标函数是财政收入决定机制。在国有资产收益和国债收入既定的情况下,区域财政收入规模取决于税收和收费收入水平。在经济发展的一定阶段,区域税收和收费收入规模主要取决于区域的经济发展水平、推动经济发展的政策措施以及区域政府的经济管理效率等。经济发展水平受制于区域经济项目的多少、产业链条的配套程度和进出口贸易量的大小;推动经济发展的政策措施表现为区域政府对城市基础设施投入的多少、科技人才的创新水平以及财政、金融的支持力度;经济管理效率则体现为区域的政策体系、环境体系和管理体系及配套制度的完善程度。这三大方面的九个要素直接或间接地决定了区域财政收入规模的大小和区域竞争力的高低。因此,区域政府竞争主要表现为"三类九要素竞争理论",如图2-1所示。

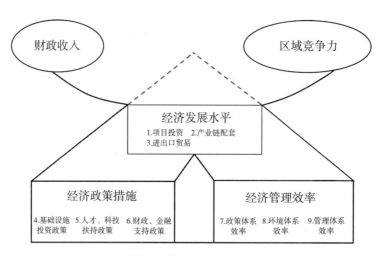

图2-1 区域政府的"三类九要素竞争理论"

（图片来源：陈云贤《市场竞争双重主体论——兼谈中观经济学的创立与发展》，北京大学出版社2020年版，第6页）

笔者将之称为区域政府的"三类九要素竞争理论"或"羊角竞争理论"（图形似羊角），左"角"由区域政府竞争的目标函数——财政收入决定机制构成，右"角"由区域政府竞争的指标函数——区域竞争力决定机制构成。支撑区域政府竞争目标函数和指标函数的核心影响因素是区域经济发展水平，其包含三个要素——项目、产业链和进出口；关键支持条件是区域经济管理措施和区域经济管理效率，前者包括基础设施投资政策，人才、科技扶持政策和财政、金融支持政策，后者包括政策体系效率、环境体系效率和管理体系效率。我们将"三类九要素竞争理论"或"羊角竞争理论"具体阐述如下。

首先是区域经济发展水平，其包括项目竞争、产业链配套竞争和进出口竞争。

（1）项目竞争。主要包括以下三类：一是国家重大项目，包括国家重大专项、国家科技支撑计划重大项目、国家重大科技基础设施建设项目、国家财政资助的重大工程项目和产业化项目；二是社会投资项目，比如高技术产业、新兴产业、装备制造业、原材料产业及金融、物流等服务业；三是外资引进项目，比如智能制造、云计算与大数据、物联网、智能城市建设等领域的投资项目。区域政府之间展开项目的争夺，一则可以直接引进资金、人才和产业；二则可以凭借项目政策的合法性、公共服务的合理性来有效解决区域内筹资、融资和征地等问题；三则可以通过项目落地，引导开发区域土地、建设城市设施、扩大招商引资、带动产业发展、优化资源配置、提升政策能力，最终促进区域社会经济的可持续发展。因此，项目竞争成为区域政府的竞争重点、发展导向。提高项目意识、发展意识、效率意识、优势意识、条件意识、政策意识和风险意识，成为各区域政府竞争市场化的必然要求。

（2）产业链配套竞争。一般来说，每个区域都有自己的产业基础和特色，多数取决于本区域内的自然资源禀赋。就如何保持和优化区域内的禀赋资源并汇聚区域外的高端资源来说，产业结构优化、产业链有效配置是其关键，向产业高端发展、形成产业集聚、引领产业集群是其突破点。区域政府的产业链配套竞争主要从两个方面展开：一是生产要素方面。低端或初级生产要素无法形成稳定持久的竞争力，只有引进并投资于高端生产要素，比如工业技术、现代信息技术、网络资源、交通设施、专业人才、研发智库等，才能建立起强大且具有竞争优势的产业。二是在产业集群、产业配套方面。区域竞争力理论告诉我们，以辖区内现有产业基础为主导的产业有效配套，能减少企业交易成本，提高企业盈利水平。产业微笑曲线告诉我们，价值最丰厚的地方集中在产业价值链的两端——研发和市场。培植优势产业，配套完整产业链条，按照产业结构有的放矢地招商引资，是区域可持续发展的重要路径。

（3）进出口竞争。在开放型的国际经济体系中，世界各国的区域进出口竞争成为影响区域竞争力的一个重要环节，它主要体现在四个层面：一是在加工贸易与一般贸易的发展中，各国区域政府力图减少加工贸易占比，提高一般贸易比重，以增强区域商品和服务贸易的原动力；二是在对外投资上，各国区域政府力图推动企业海外布局，竞争海外项目，以促使本区域的利益布局和市场价值链条延伸至海外；三是在资本输出上，各国区域政府力图推进资本项目可兑换，即在国际经常项目投资便利化的情况下，采取各项措施以促进货币资本流通、货币自由兑换便利化等；四是在进口方面，尤其是对高科技产品、产业、项目的引进，各国区域政府全面采取优惠政策措施，予以吸引、扶持，甚至不惜重金辅助其投入、布点和生产。进出口竞争的成效是影响世界各国区域经济增长的重要因素之一。

其次是区域经济政策措施，包括基础设施投资政策竞争，人才、科技

扶持政策竞争，财政、金融支持政策竞争。

（1）基础设施投资政策竞争，包括城市基础设施的软硬件建设乃至现代化智能城市的开发等一系列竞争。基础设施硬件包括高速公路、铁路、港口、航空等交通设施，电力、天然气等能源设施，光缆、网络等信息化平台设施，以及科技园区、工业园区、创业孵化园区、创意产业园区等工程性基础设施；基础设施软件包括教育、科技、医疗卫生、体育、文化、社会福利等社会性基础设施；现代化智能城市的开发包括大数据、云计算、物联网等智能科技平台的建设。一个区域的基础设施体系支撑着该区域社会经济的发展，其主要包括三种类型：超前型、适应型和滞后型。区域基础设施的供给如能适度超前，不仅将增进区域自身的直接利益，而且会增强区域竞争力，创造优质的城市结构、设施规模、空间布局，提供优质服务，从而减少企业在市场竞争中的成本，提高其生产效益，进而促进产业发展。区域基础设施的完善程度将直接影响区域经济发展的现状和未来。

（2）人才、科技扶持政策竞争。这一领域的竞争最根本的是确立人才资源是第一资源，科学技术是第一生产力的理念；最基础的是完善本土人才培养体系，加大本土人才培养投入和科技创新投入；最关键的是创造条件吸引人才、引进人才、培养人才、应用人才，衡量科技人才竞争力的主要指标包括区域科技人才资源指数、每万人中从事科技活动的人数、每万人中科学家和工程师人数、每万人中普通高校在校学生人数、科技活动经营支出总额、科技经费支出占区域生产总值比重、人均科研经费、科技拨款占地方财政支出百分比、人均财政性教育经费支出、地方财政教育支出总额、高校专任教师人数等等。各国区域政府通过努力改善、提高相关指标来提高本土人才和科技的竞争力。

（3）财政、金融支持政策竞争。区域财政竞争包括财政收入竞争和财政支出竞争。如前文所述，区域财政收入的增长主要依靠经济增长、税收和收费收入增加；而财政支出是竞争的关键，其包括社会消费性支出、转移性支出和投资性支出，其中最主要的财政支出竞争发生在投资性支出领域，包括政府的基础设施投资、科技研发投资、政策性金融投资（支持急需发展的产业）等。财政投资性支出是经济增长的重要驱动力。在财政收支总体规模有限的条件下，各国区域政府积极搭建各类投融资平台，最大限度地动员和吸引区域、国内乃至国际各类金融机构的资金、人才、信息等资源，为本区域产业发展、城市建设、社会民生服务。区域政府也在各种优惠政策上开展竞争,如财政支出的侧重、吸纳资金的金融手段等。

最后是区域经济管理效率,包括政策体系效率竞争、环境体系效率竞争和管理体系效率竞争。

(1) 政策体系效率竞争。它分为两个层次:一是区域政府对外的政策体系,二是区域政府对内出台的系列政策。国家与国家之间也是一样的。由于政策本身是公共物品,具有非排他性和易效仿性的特点,因此,有竞争性的好的政策体系一般包含以下特征:一是求实性,即符合实际的,符合经济、社会发展要求的;二是先进性,即有预见性的、超前的、有创新性的;三是操作性,即政策是清晰的、有针对性和可实施的;四是组织性,即有专门机构和人员负责和执行;五是效果导向性,即有检查、监督、考核、评价机制,包括发挥第三方作用,有效实现政策目标。另外,世界各国区域政策体系的完善程度对区域竞争力的影响也极大。

(2) 环境体系效率竞争。此处的环境主要指生态环境、人文环境、政策环境和社会信用体系环境等。发展投资与保护生态相和谐,吸引投资与政策服务相配套,追逐财富与回报社会相契合,法制监督与社会信用相支撑,等等,均是区域政府竞争必需、必备的发展环境。良好的环境体系建设成为区域政府招商引资、开发项目、促进经济持续发展的成功秘诀,这已被海内外成功区域的经验所证明。

(3) 管理体系效率竞争。区域政府的管理体系效率是其行政管理活力、速度、质量、效能的总体反映。它包括宏观效率、微观效率、组织效率、个人效率四类。就行政的合规性而言,区域政府在管理体系竞争中应遵循合法性标准、利益标准和质量标准;就行政的效率性而言,区域政府应符合数量标准、时间标准、速度标准和预算标准。区域政府的管理体系竞争本质上是组织制度、主体责任、服务意识、工作技能和技术平台的竞争。发达的区域政府运用"并联式""一体化"的服务模式,已经在实践中开创了管理体系竞争之先河。

结合前文对三类资源的讨论,我们可以进一步研究区域政府竞争。区域资源即城市资源,有广义与狭义之分。广义的城市资源包括产业资源、民生资源和城市基础设施资源;狭义的城市资源就是指城市基础设施资源,包括城市基础设施软硬件乃至现代化智能城市等。

因此,广义的城市经济包括产业经济、民生经济和以基础设施建设为主体的城市经济,狭义的城市经济则专指城市基础设施的投资、开发与建

设。由此，区域政府竞争也就有了广义竞争与狭义竞争之分。

根据"三类九要素竞争理论"，广义的区域政府竞争表现为区域政府通过配套政策，对自身可调配的三种资源的优化配置的竞争，是一个大市场体系的竞争。它具体体现在区域经济发展水平、经济政策措施、经济管理效率等"三类九要素"的竞争上，其实质是区域政府在区域资源调配中，对产业经济采取什么政策以增强企业活力、对民生经济采取什么政策以创造良好环境、对城市经济采取什么政策以推动区域可持续发展的问题。区域政府对三种资源的调配和在"三类九要素竞争理论"中政策措施的力度，直接决定了一定时期内该区域的财政收入。因此，广义的区域政府竞争的实质就是区域政府在产业发展、城市建设、社会民生领域的目标函数的竞争，即区域财政收入决定机制的竞争。

根据"三类九要素竞争理论"，狭义的区域政府竞争主要表现为区域政府对城市基础设施投资、开发、建设的竞争，即政府在城市基础设施领域配套政策、优化配置的竞争，在"三类九要素"序列里，主要体现在对区域财政支出结构的优化和发挥财政投资性支出的作用上。区域政府对城市基础设施软硬件乃至现代化智能城市的投资、开发与建设，采取什么方式去参与，遵循什么规则去运作，配套什么政策去推动，其实质都体现在区域政府的财政支出结构中。因此，狭义的区域政府竞争即城市基础设施的竞争，也就是区域财政投资性支出决定机制的竞争。

综上，区域政府竞争具体体现为"三类九要素竞争理论"，其实质是区域三种资源有效调配的广义竞争（此时政府行为聚焦在区域财政收入决定机制上），其重点又集中在城市经济竞争上，它以对资源生成领域中的准经营性资源如城市基础设施的投资、开发、建设为主体（此时政府行为聚焦在区域财政支出结构上，主要是财政投资性支出的占比）。这就是"三类九要素竞争理论"的核心所在。

就区域政府的竞争领域而言，狭义的政府竞争即准经营性资源的竞争与生成性资源的领域是完全吻合的，广义的政府竞争也在方方面面被生成性资源的开发所影响。就区域政府竞争的形式而言，其各方面也与资源生成的领域相关联，如供应链中生产要素的优化与原生性资源的开发相关，项目竞争、人才竞争、基础设施竞争与次生性资源的开发建设相关联，环境体系竞争需要借助逆生性资源的手段进行提升。因此，在区域政府的竞争中，生成性资源的开发是其重要的抓手与手段。

第二章 政府成为资源生成领域第一投资人

第三节 政府必须按照市场规则办事

一、政府亦是市场的参与者

就产业经济、民生经济和城市经济三大经济系统而言,政府和企业都是市场的参与者,尤其是其"准微观"或"准企业"的角色定位,要求其必须按照市场规律办事。市场规律是一个客观存在的自动调整供求的机制,价格机制对企业和消费者经济行为的基础决定和调整作用无法被抹杀。政府对经济的干预与调控也应当建立在尊重市场规律的前提之上。如果政府完全排斥市场机制的客观作用,就等于是自认为政府对经济规律的认识和把握凌驾于市场自动发挥作用的规律之上。而事实上,政府在认识和运用客观规律上是难以实现这一点的,在客观规律面前,更多的应该是敬畏和适应,只有在学习和了解更多内容的基础上,才能更好地顺应规律和引导现实。

事实证明,政府面对微观经济活动的复杂多变,难以准确、及时地把握社会需求和社会供给的矛盾。强行废止市场规律的作用,容易脱离实际,产生生产与需求之间的相互脱节,造成不必要的巨大浪费。此外,由于政府意志取代微观经济主体意志,很难合理地调节经济主体之间的经济利益关系,容易造成动力不足、效率低下、缺乏活力等现象。

此外,过于突出和扩大政府干预经济的权力,容易形成特权阶层并滋生权力腐败问题。政府也是由理性经济人构成的,其行使权力同样需要被监管。如果政府干预经济的范围过大、权力过强,权力监管机制的作用则会大大缩减,公平竞争的机制很容易被破坏,从而降低经济效率甚至可能引发突出的社会矛盾。

二、尊重市场规律是有为政府的准则

强式有为政府应尊重市场规律,懂得发挥市场基础性的调节作用,强式有为政府和强式有效市场之间不是替代关系。强式有为政府和强式有效市场的"强"并非只进行功能和地位的争夺,二者发挥作用的范围、层次和功能均有所不同。政府首先应维护正常的市场环境,保证市场规律的正

常运行,绝不应取代市场机制,在发挥维护和保障市场机制顺畅运行的功能上,政府应该是"强"的;在弥补市场机制失灵的方面,政府也应当是"强"的。当然,强式有效市场也不意味着市场可以包揽一切,二者是在各自擅长的领域保持强势、互相协调。

强式有为政府要依靠市场经济的基础、机制和规则来"超前引领"经济,用"有形之手"去填补"无形之手"带来的缺陷和空白,纠正市场失灵。政府"超前引领"理论尊重市场经济的客观规律,政府发挥作用的前提是遵循市场规律,只在"无形之手"的作用存在空白的领域和调整失灵的情况下,才用"有形之手"去填补和纠正"市场失灵",强式有为政府是对强式有效市场的有力补充和保障。

区域政府作为中观经济学的研究主体,其展开的有效竞争可以有效纠正政府行为,减少政府失灵。区域政府要做强做大自己,同样是靠区域资源的配置效率竞争来实现的,区域政府之间的竞争可以有效避免垄断、官僚主义、效率低下、浪费严重等多种政府干预经济的弊病。为了竞争取胜,区域政府既不能削弱市场经济,完全以政府意志代替市场意志,也不能无所作为、任由事态发展,或者只在事后接受失败的结果,而是必须通过"超前引领"的事前调解,对各项政府行为的效果进行有效监控,避免政府出现失误,减少政府失灵现象,尽可能降低经济的纠错成本。如果失去了区域政府之间的竞争机制,政府干预经济的行为将大行其道,经济容易丧失活力,降低资源配置的产出效率。

三、"超前引领"应在尊重市场规则的基础上进行

中观经济学强调政府在履行其职能时应做到"超前引领",所谓"超前引领",是指超越在市场之前的引领,将政府被动地听命于市场的消极态度和行为扭转,以便于政府在市场之前、之中和之后的全方位介入。但政府的这种介入又不同于国家干预主义,不是政府要凌驾于市场规律之上,而是在尊重市场规律的前提下的因势利导。所以,"超前引领"的内涵基本可以被表述为:政府在尊重市场运行规律的前提下弥补市场的不足、发挥政府优势的一系列因势利导的行为,是"有效市场"和"有为政府"的最佳写照,也是现代市场经济的关键特征。

因此,必须强调要在市场经济的基础上进行"超前引领"。没有完善的市场经济,政府"超前引领"就失去了意义,而且"超前引领"利用

第二章 政府成为资源生成领域第一投资人

的也是市场机制、市场手段、市场力量,以此推动市场更加完善。市场经济是法治经济,法治环境不仅是政府"超前引领"的保障,也是政府在"超前引领"过程中必须努力维护的目标。

根据上述分析我们可以得出这样的结论:以市场为基础配置资源是政府"超前引领"的重要条件。以市场为基础配置资源有两层含义:一是要具有市场经济的基础环境,二是政府要尊重市场经济的基本规则。要使区域政府能够发挥引领经济的作用,必须使这种引领作用与市场经济有机地结合起来。

从中国体制改革实践来看,较大的体制调整有两次:一次是20世纪50年代末期,中国经济管理体制进行了行政性调整,由集权变为分权,结果是获得一定自主权的区域政府仍以行政方式管理经济,无法理顺政企关系,使得企业缺乏活力。实质上,这是集权模式的弊病在分权模式中的重演。另一次是20世纪80年代中后期,中国中观经济学对经济学理论体系的创新与发展普遍推行财政包干体制,虽然"搞活"了区域经济,但是也导致了各区域行政性贸易保护严重、"诸侯经济"割据的后果。

总结这两次体制改革的教训,其根本原因不在于是否应该放权,而在于缺乏有效的市场经济环境。

在计划经济时代,第一次体制改革因没有触动资源配置机制而无法解决旧体制中发展动力不足的根本问题。由于实行高度集中的计划经济体制,一切社会资源都是统筹统配的,市场基本上被排除在经济活动之外,政府特别是中央政府的职能空前扩大,它几乎取代了所有经济主体的决策和选择权力的机会。在这种情况下,区域政府在经济活动中的角色主要是一个传达中央指令给企事业单位的中介,是中央政府上传下达的中转站,没有独立的经济利益和责任,根本不是真正的经济主体,更谈不上所谓政府"超前引领"。

第二次体制改革虽然已经开始由计划经济向市场经济转型,但仍然因缺乏有效的市场规则而妨碍了统一市场的形成。总之,这都是市场经济发育不足造成的结果。同时,这也说明,只进行政府之间的权力转移是不够的,还必须形成一个使用权力发展经济的有效运行机制,这就是市场机制。没有市场经济,就无法形成有序的经济运行秩序。在这种情况下,无论怎样分权都无济于事。

在培育市场机制和市场体系的基础上,广东省政府也在积极地制定市场规则。市场规则是根据市场运行规律制定出的各类市场运行的法规、秩序,由市场活动的各类主体——政府、企业、团体、个人共同遵守。20世纪80年代初,广东省政府在提出允许农民进城经商的同时,也制定了对城市交通、卫生和市容管理的措施和条例。此外,政府还制定了一系列法规,涉及社会保障、劳务安全、卫生标准、环境保护等。广东省经济发展较快既是因为区域政府发挥了引领作用,也是因为其市场经济机制建设得较好。

在强调政府对经济的引领作用时,必须防止一种倾向,就是片面夸大政府的作用,进而无限扩张政府的职能,应该主要遵循以下三个原则:一是可经营性资源依靠市场原则,交给市场去处理;二是非经营性资源由政府提供;三是准经营性资源视各类政府财力和私营部门的经济状况而定,通过多种组织形式,利用市场资源配置和私营部门的经营与技术优势,采取政府推动、企业参与、市场运作的原则进行。政府的运行机制和市场的运行机制是不同的。政府主要通过征税来提供公共物品,但是,征税是可以精确计量的,而公共物品的享用一般是不可分割、无法量化的。此外,由于公共物品具有非排他性和非竞争性的特征,消费者对它的需要或消费是公共的或集合的,如果由市场提供,可能很多消费者都不会自愿花钱去购买,而是等着他人去购买而自己顺便享用它所带来的利益,这就是经济学中的"搭便车"现象。

由以上分析可知,市场只适合提供私人产品和服务,其作用对提供公共物品是失效的,而提供公共物品恰恰是政府活动的领域,应该由政府提供。公共物品可以分为纯公共物品和准公共物品,一般来说,纯公共物品只能由政府提供;而准公共物品既可以由政府提供,也可以由私人提供而政府给予补贴。

必须说明的是,在准公共物品的生产和提供上,可以没有统一的做法,但应根据实际情况,视各类政府财力和私人部门的经济状况而定,通过多种组织形式,利用市场资源配置和私营部门的经营与技术优势进行建设和开发。在政府财力足够且政府运营效率相对较高的情形下,可以采取由政府直接生产提供的方式。在政府财力有限,而私人部门资本充足且运营效率较高的情况下,也可以采用BOT(建设—经营—转让,Build-Operate-Transfer)等方式,由政府通过契约授予企业(包括外国企业)一定期限的特许专营权,许可其融资建设和经营特定的公用基础设施,并准许其通过向用户收取费用或出售产品以清偿贷款，回收投资并赚取利润；特许权期限届满时，该基础设施将被无偿移交给政府。中国很多高速公路、污水处理设施都是采取类似的模式。这种模式能聚集社会资本，加快中观经济学对经济学理论体系的创新与发展公共物品的供应。

✳ 本章小结 ✳

在本章中，首先，我们讨论了生成性资源的高风险性，这种高风险性来自资源生成过程中的高投入、高技术、长建设周期、公共品属性和突发事件等因素。通过构建数学模型，我们发现生成性资源的高风险性和个人投资者的收益—风险不匹配将导致投资不足的问题。

其次，本章明确了生成性资源的投资主体，即由政府担任生成性资源的第一投资人。其原因在于：一是政府作为区域所有主体的代理人进行生成性资源的投资，能够有效解决收益—风险不匹配的问题；二是区域政府"准微观"和"准宏观"两方面的角色均要求其参与资源生成，以达成其职能要求的目标；三是推动资源生成是强式有为政府的重要标准；四是根据"三类九要素竞争理论"，促进资源生成是区域政府竞争的重要抓手和手段。

最后，本章确立了政府参与资源生成的原则——政府应该按照市场规律办事。其原因在于政府也是市场的参与者，尊重市场规律是有为政府的准则，"超前引领"应在尊重市场规则的基础上进行。

思考讨论题

1. 生成性资源的高风险性体现在哪些方面？
2. 为什么说资源生成仅仅依靠市场主体如企业或个人投资者会面临投资不足的问题？
3. 为什么区域政府必须成为资源生成的第一投资人？
4. 为什么说政府必须按照市场规则办事？政府如何按照市场规则办事？

第三章 政府在资源生成领域大有作为

在明确了生成性资源的内涵、开发主体和开发原则之后,我们面临的下一个问题便是如何开发生成性资源。本章将从资源生成的三大领域出发,详细阐述原生性资源、次生性资源和逆生性资源各自的内容、特点和意义,在此基础上就其开发手段提出建议,并探究三者之间的辩证统一的关系。

第一节 原生性资源的开发与利用

一、原生性资源生成的三个阶段

原生性资源,是指在目前的知识、技术和经济条件下尚待开发的自然资源;原生性资源的生成,则是指通过资金、技术等要素的投入,将自然资源转化为可高效、经济、大规模使用的经济资源的过程。原生性资源的生成是复杂且环环相扣的系统性工程。如图3-1所示,我们将原生性资源的生成分为三个阶段:基础科学突破阶段、研究成果技术转化阶段和商业化应用阶段。

图3-1 原生性资源生成的三个阶段

(一) 基础科学突破阶段

基础科学突破阶段主要是指为了获得关于现象和可观察事实的基本原理的新知识而进行的实验性或理论性研究，主要包括数学、物理学、化学、生物学、天文学、地球科学六个门类，其目的是揭示客观事物的本质和规律，获得新发现、新学说，不以任何专门或特定的应用或使用为目的。其成果是自然科学论文或者自然科学学术著作，本身不产生直接的经济效益。但是其本身具有非常重要的意义，其研究成果的超前性，有助于提高人类认识世界和改造世界的能力，是人类文明进步的内在动力，也是所有科技创新的源头。在原生性资源生成的理论框架下，基础科学突破是研究成果技术转化和商业化应用的基础和前提。尽管基础研究不提供新产品、新工艺和解决技术问题的具体方案，但基础研究向社会提供新知识、新原理、新方法，其效益不只限于某一领域的应用研究和产品开发，其重要价值在于能以不可预知的方式催生新产业的生态系统。如互联网、人工智能、3D 打印、现代药物、量子计算机、移动通信、气象卫星、全球定位系统、数码相机和人类基因组知识等的兴起都可追溯到 20 世纪基础研究的突破。在基础科学突破阶段，主要的参与者是研究机构和研究型大学，企业主体较少参与。这个阶段亦可成为原生性资源开发的理论准备阶段，如天文学、物理学和化学等领域的理论发展为太空资源的开发提供了理论上的可能性。

(二) 研究成果技术转化阶段

研究成果技术转化阶段是指以实现特定用途为目标，利用已有知识，提出解决问题的整体思路和方案。该研究是为了确定基础研究成果可能的用途，或是为达到预定的目标探索应采取的新方法（原理性）或新途径。应用研究的研究结果一般只影响科学技术的有限范围，并具有专门的性质，针对具体的领域、问题或情况，其成果形式以科学论文、专著、原理性模型或发明专利为主，用来反映对基础研究成果应用途径的探索。换言之，应用研究就是指将理论发展为实际应用的形式。应用研究和基础研究一样，亦不是以商业化为直接目的，但其以基础研究为发展前提和理论基础，同时与商业化应用衔接得更为紧密，是基础科学理论转化为生产力的关键所在。这个阶段的理论成果更有可能转化为商业化产品，因此，除了

研究机构与研究型大学外,更多的企业主体会参与到这个阶段。这个阶段亦可称为原生性资源开发的技术准备阶段,如航天技术、新材料技术和超远距离通信技术为太空资源的开发提供了现实的可能性。

(三) 商业化应用阶段

商业化应用阶段是指为满足特定的市场需求,以盈利为目标,进行产品、工艺技术的开发,并进行市场应用和推广,实现商业化和规模化运营。商业化应用又可细分为两个阶段:第一个阶段是试验开发,是指利用从基础研究、应用研究和实际经验中所获得的现有知识,生产新的产品、材料和装置,建立新的工艺、系统和服务,其成果形式主要是专利、专有技术、具有新产品特征的产品原型或具有新装置基本特征的原始样机等。如果以科技创新的视角来考察,到这个阶段科技创新活动已经结束;但是从原生性资源的生成角度来看,还需要最后一步,就是对创新的成果进行推广和销售,以实现其经济价值。第二个阶段是市场推广,是指选择合适的商业模式和服务模式,进行商业化和规模化运营。这个阶段的主体主要以企业为主,企业既可以依靠自己开发的应用研究成果,也可以通过购买专利的方式进行商业化应用;此外,还包括科研机构对其应用研究成果的孵化而做出的努力。如在太空资源的开发中,我国建立了北斗卫星导航系统后,相应的产业公司可以依靠该导航系统提供的数据,向最终用户提供导航、环境监测、防灾减灾、自动驾驶等多样化的服务。

二、原生性资源的特点

(一) 高技术性

人类所生活的物质世界,是人类社会存在的基础。人类文明的发展史,几乎可以看作是对我们所在物质世界的开发史。而这种对物质世界的开发,主要受限于科学技术水平。自三次工业技术革命以来,尤其是第二次世界大战以来,稳定的世界格局使得人类将对物质世界的开发推动到了人类已掌握的科学技术的极限。因此,在当前阶段的原生性资源的开发和建设中,几乎每个领域面前都横亘着一项亟待解决的基础科学和技术问题。如太空资源领域中需要更加廉价可持续的飞行器推进技术;可燃冰资源领域中需要可靠的开采和储存技术;风能、潮汐能等具有周期性的清洁能源领域需要储能技术;深海资源的开发中需要深潜技术;等等。这也使得科学技术的突破成为原生性资源开发中的关键问题,只有在科学技术取得突破性进展的前提下,对应的原生性资源才有具有经济性和生产性的可能。

【案例 3-1】
"陆相生油"理论与大庆油田

正确的基础理论的突破会促进原生性资源的开发,但是错误的基础理论结论也会阻碍原生性资源的开发,其中,"陆相生油"理论的提出与大庆油田的发现就是一个非常典型的例子。

人类发现并利用石油、天然气的历史可以追溯到几千年前,但是使用科学技术手段勘测、开采油气还是近 100 多年的事情。经过不懈的理论探讨和实践探索,人类逐步确立和完善了系统的油气生成、聚集和油气藏形成、分布的理论。但是在早期,理论研究和勘探实践都认为石油和天然气矿藏是在特定大地构造单元内的海相环境中形成的。例如,1863 年,加拿大石油地质学家 T.S. 亨特就指出石油的原始物质是低等海洋生物;苏联地球化学之父 B.A. 别纳科依在其著作《地球化学概论》中指出,石油是由海洋生物生成的;1943 年,美国地质学家 W.E. 普赖特依旧认为,石油是未变质的近海成因的海相岩层中的组成部分。

中国是世界上最早发现石油及天然气的国家之一,早在 2000 多年前就在现在的陕北地区发现了石油,12 世纪就在四川钻成了气井。但中国近代石油勘探技术自 1878 年出现以来,近半个多世纪,中国的石油工业几乎没有什么发展,其中一个重要原因是受"中国陆相贫油"的观念影响。

1919 年,美国耶鲁大学教授丘切特依据北美含油州的分布做出一个论断:"足够的、具有经营价值的石油,不是在淡水或陆相沉积中生成的。从实际出发,至少在目前可以不去考虑这种沉积。"因此,他认为所有陆相或淡水沉积区都不可能有含油岩层。早在 1913 年,美国美孚石油公司到中国的山东、河南、陕西、甘肃、河北、东北和内蒙古部分地区进行石油勘探调查,并于 1914 年在陕西的延长、延安、安塞、甘泉和宜君等地打了 7 口井,最深的井为 1076 米,都没有收获到有工业价值的油流。因此,美国地质专家富勒和拉普得出结论:"我们发现了若干个油苗,但没

有一口井的产量可以被认为有工业价值,勘探中没有获得成功的原因是砂岩层巨厚造成石油的散失,未能聚集成油藏。"

因此,1922年,美国斯坦福大学地质学教授勃拉克韦尔德在一篇题为《中国和西伯利亚的石油资源》的论文中指出:"中国没有中生代或新生代沉积;古生代沉积也大部分不生油;除了中国西部及西部某些地区外,所有各个年代的岩层都已剧烈褶皱、断裂,并或多或少被火成岩侵入。因此,中国绝不会生产大量石油。"

与国外所谓的"贫油"论调相反,中国老一辈地质学家以扎实的地质理论基础结合多年石油勘探经验,指出"美孚的失败,并不能证明中国没有石油可办"。从20世纪20至30年代,以谢家荣、潘钟祥、黄汲清、孙健初等人为代表的地质学家先后到陕北高原、河西走廊、四川盆地及天山南北进行油气地质调查,并分别于1937年和1939年在陆相盆地中找到了新疆独山子油田和甘肃玉门老君庙油田。1936年,孙健初三出嘉峪关,对玉门老君庙和石油沟进行了地质和石油资源的详细勘察。1938年冬,他与严爽、靳锡庚等一行9人骑着骆驼,顶沙冒雪到达玉门老君庙,次年陆续钻浅井6口,发现了老君庙油田。老一辈石油地质学家正是以"坚持实践第一"的工作作风,以及对大自然奥秘不断求索的精神,拉开了中国"陆相生油"理论诞生的序幕。

1941年,第一位提出"中国陆相生油"命题的是当时正在美国堪萨斯大学攻读博士学位的潘钟祥,他在美国石油地质学家协会会议上宣读了论文《中国陕北和四川白垩系陆相生油》。1931年,潘钟祥从北京大学毕业后,先后4次到陕北进行石油地质调查,并在四川等地进行了多次实地考察。赴美求学后,他在浩瀚的文献中也发现了诸如美国科罗拉多州西北部泡德瓦斯油田的原油产于陆相第三系的例证。因此,他指出:陕北的石油产自陆相三叠系及侏罗系,四川产天然气的自流井无疑也是陆相地层。当然,这个理论的提出也离不开20世纪二三十年代以谢家荣、黄汲清、孙健初等人为代表的中国老一辈地质学家在中国大地上的探索。

"陆相生油"理论的提出,为在中国陆相盆地中找到大量石油提供了依据。20世纪40年代中期,中国地质工作者在玉门油田所开展的古生物研究工作,又为证实"陆相地层"生油提供了新的佐证。从1955年开始,人们在新疆准噶尔盆地找到了克拉玛依油田,并陆续在酒泉、柴达木、塔里木、四川、鄂尔多斯等盆地找到了油气田,这一切充分展示了陆相地层的含油气远景。在这个理论的指导下,我国地质学家们于20世纪50年代末在松辽盆地上发现了大庆油田,该油田原油产自白垩系陆相储层,油源岩也由陆相湖泊沉积物形成,厚度达1000米以上,油田规模约1000平方千米,年产量可达5000万吨。在松辽盆地发现巨型油田由"陆相生油"的理论由来,同时也说明了"陆相生油"理论的正确性。

随着中国、澳大利亚等国石油地质专家对一些陆相盆地的深入了解和研究,"陆相成油"理论已被越来越多的石油地质学家、地球化学家所接受。陆相石油地质理论是石油地质学的重要组成部分,它的不断发展和完善提高了石油地质学的整体水平。

(资料来源:由作者根据相关材料整理)

(二) 高投入性

原生性资源的高投入性主要表现在技术和资金两方面。在技术方面,不仅需要深厚的技术积累,还需要持续的创新能力,背后还需有要完备的工业体系、教育体系、人才体系与创新体系的支撑。就以太空探索为例,实现太空资源的大规模开发,强大的运载能力是基础之一,而掌握重型火箭技术的仅有欧洲和中、美、俄、日几国。其他后发国家如果要从零开始迎头赶上,几乎是不可能的事情,同时也受第二个因素——资金的限制。在技术方面取得进展之后,还需要持续不断的巨额资金以支撑技术研发与项目运转,巨额的资金需求不仅对绝大部分私人公司来说难以承受,对世界上大部分国家而言也是负担不起的。如太空探索中动辄上亿美元的火箭发射费用,足以让大多数国家与私人公司望而却步。

(三) 高风险性

原生性资源的高风险性与其高投入性是息息相关的。首先,基础科学的突破并不是线性的,不会像工厂生产产品一样,投入原材料就一定可以生产出想要的成果,基础科学技术突破的不确定性在第一个层面上为原生性资源的开发增添了风险。其次,基础科学的成果能否在应用层面落地也是不确定的,即使基础科学取得了进展,但是受限于其他技术条件,该成果可能无法转化为产业应用,这在第二个层面上为原生性资源的开发增加了风险。再加上原生性资源开发的高投入性,若其失败,

则结果更令人难以接受。

因此，这样高投入、高风险的事情对于市场主体而言是完全缺乏动力并无法承受的，在原生性资源的开发中，区域政府应该主动承担起这个责任。

（四）高收益性

与高投入性和高风险性相对应的是高收益性，虽然原生性资源的开发具有投入大、风险高的特点，但是其收益也是非常巨大的。对一家企业或者一个行业来说，可能会获取巨额的利润，而对一个国家或地区来说，可能会改变其资源禀赋和区位优势格局。在历史上，因原生性资源的开发而得益的最典型的例子是中东地区的产油国。中东地区指从地中海东部及南部到波斯湾沿岸的部分地区，包括除阿富汗外的西亚的大部分地区与非洲的埃及、地处于俄罗斯边界的外高加索地区。由于地处北回归线和闭塞的高原地形，该地区干旱少雨，主要为热带沙漠气候，水资源匮乏，在农业社会时属于经济较为落后的地区。转机出现在第二次工业革命之后，全世界对石油的需求急剧上升，而中东地区被探明储有大量石油——其石油储量约占世界石油总储量的60%以上，石油产量约占世界石油总产量的30%以上，沙特阿拉伯、科威特、阿拉伯联合酋长国等中东地区主要产油国也因此成为世界上较为富裕的国家。此外，各产油国还组织成立了石油输出国组织（Organization of the Petroleum Exporting Countries，OPEC），在国际格局中有着举足轻重的地位。

因此，现阶段原生性资源的开发的高收益性，不仅仅表现在经济效益，更表现在改变资源禀赋与区位优势的国家利益，能够令一个国家或地区在国际上的竞争中更具有优势。如我国能源生产结构以煤炭为主，石油则需要大量进口，如果可燃冰等能源能够被大量开采并使用，将有效解决我国石油对外依赖严重的问题，提升能源供应的安全性。而对于能源资源相对贫乏的日本来说，因其周边海底山脉储藏着大量的可燃冰，若在可燃冰领域取得突破性进展，也可扭转能源匮乏的局面。

三、原生性资源的种类

原生性资源的开发，关乎着一个国家甚至整个人类的命运。原生性资源种类很多，本节着重介绍太空资源、极地资源与深海资源等资源潜力巨大、前景较为明确的三种原生性资源。

(一) 太空资源

1. 轨道与频率资源

卫星频率轨道是指卫星电台使用的频率和卫星所处的空间轨道位置，是随着卫星技术的发明而开始被人类开发利用的自然资源，是所有卫星系统建立的前提和基础，也是卫星系统建成后能正常工作的必要条件，就目前来看，是利用程度最高的太空资源。世界各国都将卫星频率轨道资源看作重要的战略资源，一方面，随着航天系统的快速发展和建设，世界各国卫星频率轨道资源的需求迅猛增长，频率使用需求和获取的矛盾突出；另一方面，世界各国对频率轨道资源的争夺处于白热化阶段，已从技术层面拓展到外交、经济、政治等各个方面。

2. 矿产资源

太空中有着非常丰富的矿产资源，这引起了越来越多国家的兴趣，一方面是因为地球能源、矿物等资源面临着枯竭的危险；另一方面是由于从地球发射飞船和探测器的成本太过高昂，地球外的矿产资源的开发被看作是太空远航的基础。目前较为可能被成功开采的是近地小行星上的矿产资源，近地小行星约有13000颗，其中约有一半只需消耗比去月球更少的能量就能到达。而这些小行星上的矿产资源非常丰富，仅铁矿就达到了地球铁矿总量的50倍，因此，近地小行星又被天文学家称为"太阳系里低垂的果实"。小行星按照矿产资源的类型和含量，被大致分为 C 型小行星（碳质）、S 型小行星（硅质）和 M 型小行星（金属质）三类，其中 C 型和 M 型最具有开采价值。C 型小行星富含碳、氢、氧、氮等元素，能够为深空探测提供燃料，作为太空探索的补给站；M 型小行星主要由铁、镍构成，有些小行星中铂系金属元素含量很丰富，如铂、钴、铑、铱、锇等珍稀金属。

3. 微重力资源

太空的微重力（重力加速度小于地球百万分之一）是一种宝贵资源，利用这种资源可以进行在地面上难以实施的科学实验、新材料加工和药物制取等。如在微重力条件下，冶炼金属时可以不使用容器，即采用悬浮冶炼，从而突破容器耐温能力的限制，进行极高熔点金属的冶炼。

4. 辐射资源

地球轨道上的太阳辐射密度为 5.6～7 千瓦/平方米，是地面上的 8～10 倍。目前，卫星、空间站使用的能源主要来自使用硅板转化的太阳辐射。也有一些关于太空电站的设想，即在太空中发射卫星将太阳能转化为电能，再使用微波或者激光将能量传输到地表进行使用。其宇宙辐射强度也比地面大得多，并且是全谱的。此外，还有宇宙高能重粒子，由于大气阻尼和吸收的影响，很难到达地面，这对于宇航活动来说是风险因素，但是若能被开发利用，则会成为宝贵的资源。

以上仅列举了目前人类技术有望利用的资源，除此之外还有大温差资源、高真空和高洁净资源、旅游观光资源等，未来随着技术发展，建立地外聚居地也并不是遥不可及的梦想。

（二）极地资源

极地是指地球的南北两极，当从太空望向地球时，可看到南北极的地形完全不同。南极是一块广大的陆块，面积约为 1261 万平方千米，被称作南极洲；而北极则是一片汪洋，面积约为 1409 万平方千米，被称作北冰洋。南北极地区均具有非常重要的经济、军事意义。

南极地区指地球南纬 60 度以南的地区，包括南极洲及其附近的岛屿和海洋，总面积约为 6500 万平方千米。因其独特的地理位置和自然环境，直到今天，南极大陆仍是唯一没有常住居民的大陆，并且不属于任何国家。南极地区的矿产资源估计非常丰富。据已查明的资源分布来看，该地的煤、铁和石油的储量巨大，其他矿产资源还处于勘测过程中。此外，南极还是人类最大的淡水资源库。

北极地区通常指北极圈以北的地区。与南极不同，除了美国、俄罗斯、加拿大、丹麦、芬兰、冰岛、挪威和瑞典的部分领土和少量岛屿外，它的主要部分是北冰洋，属于国际海域，有 70% 的洋面终年结冰。由于北极地区的陆地部分被几个国家领有，这些地方的自然资源，如石油、天然气已经得到各国的开发。但北冰洋洋底地形最突出的特点是大陆架非常广阔，面积约为 400 万平方千米，占整个北冰洋面积的 1/3。正是这些储藏着巨大资源的大陆架成为北极地区主权争端的重点。北极地区拥有人类目前尚未发现的石油资源的 13%、天然气资源的 30%、液化天然气资源的 20%，这些油气资源中的 84% 可能存在于北极海底。全球变暖正在使北极地区的海冰以每十年9%左右的速度消失，使得在北极开发资源似乎越来越具有可行性。未来的北极还可能成为国际航运的热门海域。

(三) 深海资源

1. 多金属结核

多金属结核是目前所知的海底最大的金属矿产资源，是赋存于现代海底、主要由铁锰物质组成的多金属团块。它广泛分布于水深4000～6000米的海底，含有70多种元素，其中，镍、钴、铜、镁的平均含量分别为1.30%、0.22%、1.00%和25.00%，其总储量分别高出陆地相应储量的几十倍到几千倍，具有很高的经济价值，是一种重要的深海矿产资源。多金属结核在大西洋、印度洋、太平洋等世界几大洋中均有分布，其中在太平洋分布最广、储量最大。

多金属结核资源在太平洋呈带状分布，有东北太平洋海盆、中太平洋海盆、南太平洋海盆、东南太平洋海盆等多个分区，其中，位于东北太平洋海盆的克拉里昂（Clarion）-克里帕顿（Clipperton）断裂带之间的区域（简称CC区）是结核经济价值最高的区域，除印度外的所有先驱投资国所申请的矿区均在这个区域内。

2. 富钴结壳

富钴结壳产出在水深1000～3000米的海山上，最大厚度达20厘米之多，是富含钴、铂、镍、磷、钛、锌、铅、铈等金属的矿产资源，其中，钴的平均品位高达0.8%～1.0%，是多金属结核中钴含量的数倍，也是深海底部的另一种重要的矿产资源。据初步统计，太平洋西部火山构造隆起带上的富钴结壳矿床的钴金属含量达数百万吨。由于钴结壳赋存浅，有价金属资源含量高，自20世纪80年代初德国针对富钴结壳开展调查以来，已引起世界各国的关注，德、美、日、俄等国纷纷投入巨资开展富钴结壳资源的勘查研究，我国也对富钴结壳的资源勘查进行了大量研究，取得了一定的成果。

3. 海底热液硫化物

海底热液矿床是近年来颇为引人注目的海底矿产资源，目前研究的重点是热液硫化物矿床。热液硫化物的成分主要有铜、铁、锌、铅及贵金属金、银、钴、镍、铂，此外还包括铁锰氧化物、重晶石、石膏、粘土矿物等，并且其储量非常巨大。海底热液矿床与铁锰结核或钴结壳相比，具有

水深较浅（从几百米到2000米左右）、矿体富集度大、矿化过程快、易于开采和冶炼等特点，所以更具现实经济意义。我国已经对海底热液硫化物进行了实验性的勘查。

海底热液矿床的另一重要特征在于它独特的成矿作用，海底热液活动作为正在发生的成矿作用，成为研究陆地上古代海底热液矿床的天然实验室，对它进行深入细致的观察研究，有助于更新矿床成因模式，指导陆地找矿工作，同时对研究地球深部过程、构造活动、板块运动及生命起源也有积极意义。

4. 海底天然气水合物

天然气水合物或称"可燃冰"，以其能量高、分布广、规模大等特点有望成为21世纪重要的后续能源。天然气水合物是由天然气和水分子组成的一种类冰状的固态结晶体，也被称为甲烷水合物，它存在于低温高压条件下，主要出现于水深大于300～500米的海底沉积物之中，在包括鄂霍次克海、墨西哥湾、大西洋、北美太平洋一侧和拉丁美洲太平洋一侧的世界海域均有分布。全世界天然气水合物中，甲烷储量是估算的现存可开采的常规化石燃料（煤、石油、天然气）中甲烷总合的2倍。天然气水合物在带来能源前景的同时，也因其可能造成的温室效应和地质灾害而对人类生存环境提出了严峻的挑战。

5. 深海生物基因资源

深海生物基因资源是一种正在引起国际关注的新型生物资源，深海海洋生物处于独特的物理、化学和生态环境中，在高压、剧变的温度梯度、极微弱的光照条件和高浓度的有毒物质的包围下，形成了极为独特的生物结构与代谢机制，它体内的各种活性物质（如极端酶）在食品加工、医药等领域具有广泛的应用前景。深海生物基因资源作为一种特殊的资源储备，在科学理论和实际应用上都具有很高的价值。

世界大洋中蕴藏着极其丰富的资源和能源，除了上述几种资源外，深海中还有许多有重要价值的矿产资源，目前已经发现的有磷酸盐、深海粘土、碳酸盐以及海水中大量的溶解矿物等，这些都等待着人类去开发和利用。人类对深海的探索和研究相对于探索地球表面来说才刚刚开始，随着人类新需求的出现和科学技术的进步，还会在深海底发现更多新的矿产、新的资源。

第二节 次生性资源的开发与利用

根据第一章的论述,次生性资源主要是指城市经济中基础设施的投资、建设与开发。其范围不仅包括公路、铁路、机场、通信、水煤电气等硬件公共设施,而且包括教育、科技、医疗卫生、体育、文化等软件公共基础设施,并且伴随着城市现代化的进程,还包括更进一步的智能城市的系列开发和建设等。因此,本节论述的次生性资源的开发与利用主要是指基础设施的投资、建设与利用。

次生性资源的开发之所以重要,是因为其是支撑一个国家或地区经济运行的基础部门,决定着工业、农业、商业等直接生产活动的发展水平。一国的基础设施建设越发达、有效,该国的国民经济运行就越顺畅,人民生活也就越便利,生活质量就越高。

一、次生性资源的特点

在社会经济活动中,次生性资源所涵盖范围的投资与其他行业相比,具有不同的特征。从整个社会运转的角度来看,以城市基础设施为代表的次生性资源为整个社会的生产、生活活动主体提供共同的基础条件。马克思曾把生产条件分为共同生产条件与特殊生产条件,与之相对应的,固定资产也可以分为两类:一类是以机器的形式直接进入生产过程的固定资产;另一类是以铁路、公路、厂房、农业改良、排水设备等形式参与生产的固定资产。次生性资源的生成明显属于后者,其特点主要包括以下四个方面。

(一)先行性和基础性

次生性资源所提供的社会公共服务是所有商品和服务生产、流通、消费所必需的条件,若缺少这样的公共服务,其他商品与服务的经济活动就难以展开。经济发展史上,在技术不发达的年代,经济发达的区域主要分为农业和商业两类,农业区域主要依靠肥沃、平整的土地等初级要素条件,而商业发达的区域一般背靠河港、海港或者是陆上交通枢纽。也就是说,商业发达的区域是建立在优越的交通位置之上的,便利的交通为其提

供了天然的基础设施。随着技术的进步，人们有足够的力量进行基础设施的建设，而不必囿于单纯的自然条件。因此，次生性资源的建设程度也一定程度上反映着一国或者一个地区的经济发展潜力，也就是说，次生性资源应在一定程度上领先于本地经济发展水平，防止因经济发展过快导致次生性资源相对落后而阻碍经济发展。而在我国，对于基础设施这一特点的认识早已深入人心，"要想富，先修路"这样的口号已是人尽皆知。

一个典型的例子就是中国互联网的发展。根据中国互联网信息中心发布的第48次《中国互联网发展状况统计报告》可知，截至2021年6月，我国网民规模达10.11亿，互联网普及率达71.6%，手机网民规模达10.07亿，网民使用手机上网的比例为99.6%。加入互联网人数的提升也促进了数字经济和互联网经济的发展，根据国家互联网信息办公室发布的《数字中国发展报告（2020年）》可知，2020年我国数字经济总量跃居世界第二，数字经济核心产业增加值占国内生产总值比重达到7.8%。其中，电子商务交易额由2015年的21.8万亿元增长到2020年的37.2万亿元。数字经济和互联网产业的蓬勃发展离不开信息基础设施的发展，与之相对应的是，我国建成了全球规模最大的光纤网络和4G网络，固定宽带家庭普及率由2015年年底的52.6%提升到2020年年底的96%，移动宽带用户普及率由2015年年底的57.4%提升到2020年年底的108%，全国行政村、贫困村通光纤和通4G比例均超过98%；5G网络建设速度和规模位居全球第一，已建成的5G基站达到71.8万个，5G终端连接数超过2亿；移动互联网用户接入流量由2015年年底的41.9亿GB增长到2020年的1656亿GB。

（二）强外部性

次生性资源的开发和建设不仅能够促进国民经济发展，而且能够便利居民生活、增进民生福祉，具有极强的外部性。换言之，基础设施的外部性是指其对经济发展的带动作用，这种带动效应主要来自以下三个方面。

（1）有助于统一市场的形成。基础设施的建设有助于区域内或者区域间的互联互通，加强各区域间的沟通交流，促进统一市场的形成。而统一市场的形成将使得消费品与生产要素的流通更为便捷，有效提升竞争程度和资源配置效率，进而促进经济增长。

（2）有助于降低成本。这一点主要是针对经营性资源的经营者而言的，基础设施的配套能够使得其在投入相对少的资本的情况下达到预期的效果，从而提升其资本报酬率。如在水、电、交通基础设施齐全的工业园区建设工厂，不用接水、接电、修建公路即可达到生产状态。

（3）产业链带动效应。次生性资源的生成和建设，往往是非常大的工程，该过程能够有效吸引就业、带动上下游产业发展。

（三）整体不可分割性

由于次生性资源规模大、配套性强，必须同时建成才能发挥作用，因此对次生性资源的投资需要一个最低限度的创始资本，而这个"最低限度"相对于其他项目来说，金额非常巨大。以修建一个水力发电站为例，首先要整修河道、建筑水坝和水库，其次要建设电站建筑物、购买电机设备、建设输电系统、修筑公路、安装通信设施，最后还要建造有关生产服务设施等配套设施。这样，在工程筹备之初就需要一个非常庞大的投资预算，而且这些投资缺一不可，没有其中的任何一部分，都将无法使该设施正常运转，也无法按建设目标提供服务。以上关于水电站的案例相对简单，而全国高速公路网、铁路网、电网等系统性工程的建设更加复杂，也需要更多的资本投入。因此，次生性资源必须有一个最小规模的大额投资才能启动，并且要有相应的辅助设施才能投入使用并形成生产力，这就是其"不可分割性"。次生性资源的整体不可分割性也是其开发建设中的一个难题。

（四）不可贸易性

次生性资源属于非贸易部门，其提供的服务一般来说无法通过对外贸易获得。比如在水、电、通信领域，相关的设备、器材和技术可以从国外进口，但终究还是要在本国或者本区域组成水、电、通信网络后才可提供相关的服务。也就是说，一个国家无论如何依赖国际市场，为了本国经济发展，都必须进行次生性资源的开发与建设。

二、次生性资源开发的目标：城市群

城市群，是城市发展到成熟阶段的最高空间组织形式，是指在特定地域范围内，一般以一个以上特大城市为核心，由三个以上大城市为构成单元，依托发达的交通、通信等基础设施网络所形成的空间组织紧凑、经济

联系紧密并最终实现高度同城化和高度一体化的城市群体。城市群是由在地域上集中分布的若干特大城市和大城市集聚而成的庞大的、多核心的、多层次的城市集团，是大都市区的联合体。由于规模效应和集聚效应的存在，城市的边界将不断扩大。同时，由于次生性资源的开发和建设，地理位置较近的城市之间联系更加紧密，将使得城市集聚和城市族群形成——这既是生成性资源开发带来的结果，同时也是次生性资源开发的目标。

规模效应又称规模经济，即因规模增大、单位产品的固定成本不断降低而带来的经济效益的提高，但是规模过大可能造成信息传递速度慢且信息失真、管理官僚化等弊端，反而导致"规模不经济"。城市经济发展同样具有规模经济效应。随着城市的发展壮大，城市管理单位成本的下降，为减轻税负和增加公共服务支出奠定了经济基础，吸引了更多资本和劳动的投入，使产出效率和发展速度进入快车道，城市经济发展的规模效应越来越突出。区域政府的"超前引领"也应该将着力点放在城市规模上，为政府管理成本的降低、管理效率的提高创造先决条件。此外，要借助区域政府的预测、规划能力防止出现因规模过大而产生的"规模不经济"，在防微杜渐上也要发挥好"超前引领"的作用。

城市经济发展中的规模效应还只是在成本上说明了城市经济的优势，产业的集聚效应才真正代表了城市的创新和引领能力。"集聚效应"是指各种产业和经济活动在空间上集中产生的经济效果以及吸引经济活动向一定地区靠近的向心力，是导致城市形成和不断扩大的基本因素。产业的集聚效应是城市经济集聚效应的主要表现形式，是创新因素的集聚和竞争动力的放大。从世界市场的竞争来看，那些具有国际竞争优势的产品，其产业内的企业往往是群居在一起的而不是分居的。产业的集中也在不断地扩大城市规模和提升城市经济实力。

因此，在区域经济的发展中，应科学合理地进行次生性资源的开发，推动城市群的形成。

【案例3-2】

中国七大城市群

2018年11月18日，中共中央、国务院发布《关于建立更加有效的区域协调发展新机制的意见》。该文件明确指出，未来将以粤港澳大湾区、长三角城市群、京津冀城市群、成渝城市群、长江中游城市群、中原城市群、关中平原城市群等城市群推动国家重大区域战略融合发展，建立以中心城市引领城市群发展、城市群带动区域发展的新模式，推动区域板块之间融合互动发展。根据2020年的数据，中国七大城市群覆盖人口超过7.7亿，GDP总额超过63.6万亿元，占全国GDP总量的63%。

1. 粤港澳大湾区

粤港澳大湾区的总面积达5.6万平方千米，这其中包括了香港、澳门两个特别行政区，还有广东省的广州、深圳、珠海、中山、佛山、东莞、惠州、江门、肇庆这九个城市。目前是以港澳广深作为中心。粤港澳大湾区是中国经济活力最强的区域之一，也是中国开放程度最高的区域之一。

2. 长三角城市群

长三角城市群，全称长江三角洲城市群。它的面积有22.5万平方千米，包括了苏、浙、皖、沪三省一市。目前将上海作为中心，南京、杭州、苏州、合肥作为副中心，以此来带动长江三角洲地区的发展。

3. 京津冀城市群

京津冀城市群是中国政治、文化的中心，同时也是中国北方经济的重要核心区域。它是由北京、天津两大直辖市和河北省的保定、唐山、廊坊、石家庄、秦皇岛、张家口、承德、沧州、衡水、邢台、邯郸共同组成的城市群。

4. 成渝城市群

成渝城市群是由重庆市和四川省的成都、自贡、泸州、德阳、绵阳（除北川县、平武县）、遂宁、内江、乐山、南充、眉山、宜宾、广安、达州（除万源市）、雅安（除天全县、宝兴县）、资阳等15个市共同组成的城市群。目前是以重庆市、成都市作为中心，从而辐射城市群内其他落后地区。

5. 长江中游城市群

长江中游城市群是由湖北省的武汉、黄石、鄂州、黄冈、孝感、咸宁、仙桃、潜江、天门、襄阳、宜昌、荆州、荆门，湖南省的长沙、株洲、湘潭、岳阳、益阳、常德、衡阳、娄底，江西省的南昌、九江、景德镇、鹰潭、新余、宜春、萍乡、上饶及抚州、吉安的部分县（区）共同组成的城市群。目前以武汉、长沙、南昌为中心，以此带动城市群内其他城市的经济和建设。

6. 中原城市群

中原城市群是由河南省的郑州、开封、洛阳、南阳、安阳、商丘、新乡、平顶山、许昌、焦作、周口、信阳、驻马店、鹤壁、濮阳、漯河、三门峡、济源，山西省的长治、晋城、运城，河北省的邢台、邯郸，山东省的聊城、菏泽，安徽省的淮北、蚌埠、宿州、阜阳、亳州等五省的30座地级市共同组成的城市群。目前以郑州为中心，辐射和带动整个中原城市群。

7. 关中平原城市群

关中平原城市群是由陕西省的西安、宝鸡、咸阳、铜川、渭南五个市，山西省的运城市（除平陆县、垣曲县）及临汾市的尧都区、侯马市、襄汾县、霍州市、曲沃县、翼城县、洪洞县、浮山县，甘肃省的天水市及平凉市的崆峒区、华亭县、泾川县、崇信县、灵台县和庆阳市区组成的城市群。目前以西安作为中心城市，带动周边城市的经济和建设。

七大战略性城市群的构建能够更好地服务国家战略，优化我国城市群的总体空间构架。七大战略性城市群与京津冀、长三角、粤港澳、长江经济带和黄河生态保护带五大国家重点区域战略总体布局高度契合；有利于进一步引领人口和现代要素向中部和西部城市群集中，推动我国城市群和城镇化的均衡发展；也与国外大型城市群从"单中心—多中心"以及"点—轴—面"的空间发展路径和经验相一致，进而形成以强带弱、以群带圈的区域协调发展新格局。

（资料来源：由作者根据相关材料整理）

三、次生性资源开发的手段与方式

次生性资源的先行性和基础性、强外部性等特征决定了其在国家或地区经济发展和人民生活中扮演着极其重要的角色，因此，对于该国家或地区的政府来说，属于"不可不为"的内容；但是次生性资源的整体不可分割性和不可贸易性又决定了其开发和建设具有很高的难度，属于"难为"的部分。次生性资源作为生成性资源或准经营性资源的一种，具有双重属性，即次生性资源的开发、建设、配置可以由政府主导，也可以交由企业主体承担，处于市场资源配置机制和政府资源配置机制发挥作用的交叉领域。因此，次生性资源的开发首先要解决的问题是确定其由市场还是政府来承担，即"边界确定"问题。而第二个更为重要的问题是解决投入资金从何而来的问题,即"资金来源"问题。为了解决上述问题,有以下三个方面的方式可供借鉴。

(一)遵循市场规律

由于区域政府无法承担过多的赤字,区域政府在行使其职能时,也是有预算约束的,即财政资金用于解决某一问题时,就必须将其他部分的事项延后处理。因此,在次生性资源的开发过程中,应充分借助市场的力量。具体而言,应根据区域发展状况、财政状况、资金流量、市场需求等因素来决定哪部分由政府主导建设,哪部分引导市场进行建设。但是无论采取何种方式进行次生性资源的开发和建设,都应遵循市场规律。

区域政府本身就其职能而言也具有双重属性——"准宏观"和"准微观"的属性。"准宏观"的属性指其承担一定的国家政府职能;"准微观"的属性是指其作为市场的一个参与主体的属性。"准微观"的性质决定了区域政府在次生性资源的生成和配置中参与竞争,但区域政府对该资源的配置必须充分尊重市场进行资源配置的主导地位,按照市场规律发挥管理职能,强化区域政府行为的市场适应性,展开区域间政府的良性竞争。遵循市场规律主要体现在以下两个层面。

1. "边界确定"问题

"边界确定"问题即按照市场规律确定政府进行次生性资源开发、建设、配置、运营的边界。对于次生性资源,政府和市场主体都可以介入,二者的边界关系可以看作是互相替代的,呈现一种"非此即彼"和"此消彼长"的关系。此时,在次生性资源总需求不变的情况下,通过政府职能实现一定的供给,就意味着必须放弃一定的市场机制的作用;反之,通过市场机制实现一定的供给,也必须放弃一定的政府职能作用。而政府和市场的边界一定存在一个最优组合,为了社会福利最大化和资源配置最优化,这个边界的确定必须按照市场规律来进行。如果将这个问题转换为产出最大化或者成本最小化问题,最优点应该出现在二者边际产出或者边际成本相等的地方。我们可以建立一个模型来说明这个问题。

(1)模型假设。

次生性资源的生成是一个持续不断的过程,但是为了简化分析过程,我们就某一阶段或某一时间段进行讨论。在限定的时间段内,次生性资源的需求是由区域社会经济的发展程度决定的,我们将其看作给定的外生变量。对于一个负责任的区域政府来说，应努力让次生性资源的供给等于社会需求，为社会经济发展和人民生活提供足够的支撑。在这里我们假设二者相等，该时间段内次生性资源的供给数量以 S 表示，由于供给等于需求的假设，变量 S 也可以看作给定的外生变量。在这个假设下，我们要分析的问题就变成了供给给定情况下的成本最小化问题。

在次生性资源的供给中，区域政府可以选择由自己进行开发和建设，也可以交由市场主体进行开发和建设。假设由政府自行建设的次生性资源数量为 S_G，交由市场主体进行建设的次生性资源数量为 S_M，可以得出 $S_G + S_M = S$。在后边的分析中，我们也会使用 G 表示区域政府，以 M 表示市场主体。

假设次生性资源的成本为 C，则政府和市场主体的成本函数为：

$$C_i = R_i f_i(S), i = G, M \qquad (3-1)$$

其中，C_i 表示区域政府或者市场主体提供 S 数量所要付出的成本，该成本受两种因素的影响：R_i 表示不同主体所面临的融资成本，由于次生性资源的开发和建设需要规模巨大的资金，因此，融资成本是各方都需要考虑的重要因素，我们的成本函数中也必须包含这一要素。之所以将两种主体的资金成本分开表示，是因为政府的信用情况往往更好，因此，其面对的融资成本往往较低，而市场主体的融资成本相对较高，由此可知 $R_G < R_M$。$f_i(S)$ 表示各主体提供 S 数量的次生性资源实际需要的建设和运营成本，与各主体的组织运转效率、项目管理经验、专业技术能力等因素相关。就次生性资源的开发、建设与运营而言，市场主体具有更高的效率，即对于给定数量的次生性资源 S，有 $f_M(S) < f_G(S)$。在数学上，我们假设它是连续且二阶可导的。

同时，我们假设边际成本 $f_i'(S) > 0$，这是比较容易理解的假设，每多增加一单位次生性资源的供给，就增加一部分成本。此外，我们假设边际成本递增，即 $f_i''(S) > 0$。在现实生活中的边际成本曲线一般符合"倒 U 形"曲线，一般会先经历边际成本递减到达最小边际成本，而后随着生产数量的增加出现边际成本递增的情况。由于次生性资源的供给数量非常庞大，我们分析的问题可以视作发生在 U 形曲线的右侧，因此，假设边际成本递增是合理的。

（2）模型结果与比较静态分析。

根据上述假设，我们所分析的问题可以转化为如下所示的成本最小化问题：

$$\begin{cases} \min\limits_{S_G,S_M} C = R_G f_G(S_G) + R_M f_M(S_M) \\ \text{s. t. } S_G + S_M = S \end{cases} \quad (3-2)$$

这个问题可以使用拉格朗日法解出，由于没有设定具体的成本函数形式，我们可以得到各主体最优的次生性资源供给数量 S_G^* 与 S_M^* 满足以下公式：

$$R_G f'_G(S_G^*) = R_M f'_i(S_M^*) \quad (3-3)$$

可以看到，由于边际成本大于 0 的假设，这个问题不存在角点解。

相对于绝对数量，我们更关心各主体在给定次生性资源供给数量的情况下，其承担开发和建设的比例，因此，我们对 $S_G + S_M = S$ 进行变形，使用下式来表示它：

$$\theta_G + \theta_M = 1 \quad (3-4)$$

其中 $\theta_G = \dfrac{S_G}{S}$，表示政府部门直接提供的次生性资源的供给数量占区域内次生性资源总供给的比例，$\theta_M = \dfrac{S_M}{S}$，表示社会主体提供的次生性资源的供给数量占区域内次生性资源总供给的比例。

我们使用 θ_G^* 与 θ_M^* 表示对应的最优供给数量 S_G^* 与 S_M^*，我们更关心成本最小化情况下的社会主体应提供的次生性资源数量比例 θ_M^*，由于最优解由公式决定，因此市场主体的最优比例可以看作该式中因素的函数，即：

$$\theta_M^* = \theta[R_G, f'_G(S_G^*), R_M, f'_i(S_M^*)] \quad (3-5)$$

下面我们使用比较静态分析来探讨函数中各因素对 θ_M^* 的影响。

首先考虑在其他因素不变的情况下，政府的融资成本 R_G 下降，此时等式左边的值变小，必须在增加 S_G^* 取值的同时降低 S_M^* 的取值，从而使得两边取值满足成本最小化的条件，此时 θ_M^* 也下降，因此，政府融资成本水平 R_G 对 θ_M^* 为负向影响。市场主体的融资成本的影响恰好相反，考虑其他因素不变的情况下，市场主体的融资成本 R_M 下降，此时，等式右边的值变小，必须在增加 S_M^* 取值的同时降低 S_G^* 的取值，以使得两边满足产出最小化的最优条件。此时，θ_M^* 上升，因此市场主体融资成本水平 R_M 对 θ_M^* 为正向影响。

接下来，我们假设其他因素不变的情况下，政府在供给水平 S_G^* 处的边际成本 $f_G'(S_G^*)$ 下降，此时等式左边变小，S_G^* 就存在上升的空间，同时在供给约束下 S_M^* 下降，进一步使 θ_M^* 下降，也就是说政府在供给水平 S_G^* 处的边际成本 $f_G'(S_G^*)$ 对 θ_M^* 为负向影响。最后，我们考虑其他因素不变的情况下，市场主体在供给水平 S_M^* 处的边际成本 $f_i'(S_M^*)$ 下降，此时等式右边变小，S_M^* 上升的同时 S_G^* 下降，此时 θ_M^* 上升，因此市场主体在供给水平 S_M^* 处的边际成本 $f_i'(S_M^*)$ 对 θ_M^* 为正向影响。

综合上述结论，我们可以将式（3-5）进行如下改写：

$$\theta_M^* = \theta\left[\frac{R_G}{R_M}, \frac{f_i'(S_M^*)}{f_G'(S_G^*)}\right] \tag{3-6}$$

公式（3-6）表示 θ_M^* 是由政府与市场主体的比较优势决定的。$\frac{R_G}{R_M}$ 可以看作政府在融资成本方面的比较优势，该指标越小，表明政府在融资方面的比较优势越大，市场主体承建比例 θ_M^* 越小；$\frac{f_i'(S_M^*)}{f_G'(S_G^*)}$ 可以看作市场主体在次生性资源项目中组织管理效率、专业技术能力和项目管理经验中的优势，该指标越小，其比较优势越强，市场主体承建比例 θ_M^* 越大。

（3）关于总成本的讨论。

对于成本最小化下的成本水平 C^* 我们得出：

$$C^* = R_G f_G(S_G^*) + R_M f_M(S_M^*) \tag{3-7}$$

为了进一步确定其范围，我们引入 θ_M^*，将其改写为：

$$C^* = R_G f_G[(1-\theta_M^*)S] + R_M f_M(\theta_M^* S) \tag{3-8}$$

我们可以看到，完全由政府进行次生性资源建设时的总成本 $R_G f_G(S)$ 和完全由市场主体进行次生性资源建设时的总成本 $R_M f_M(S)$ 都是大于 C^* 的，因为这二者可以分别看作 $\theta_M = 0$ 和 $\theta_M = 1$ 时的情形。而在上文分析中我们得出结论，这个最优化问题不存在角点解，即 S_G^* 与 S_M^* 都不可能为0，这意味着存在严格的空间即 $0 < \theta_M^* < 1$，因此 $C^* = C(\theta_M^*) > C(\theta_M)$，$\theta_M \neq \theta_M^*$，是成本最小化问题最优解的本质涵义。这个结论进一步说明了区域政府在进行次生性资源的开发和建设中引入社会资本参与，能够充分发挥各方优势，有效降低次生性资源供给总成本，增进社会总福利，提升资源配置效率。完全由政府进行次生性资源建设时的总成本 $R_G f_G(S)$ 和完全由市场主体进行次生性资源建设时的总成本 $R_M f_M(S)$ 孰大孰小，根据我们目前的假设尚无法判断，但是由于次生性资源具有较强的公益性，为了保障公共利益，不应完全由社会资本进行建设。

根据我们的假设，易证明：

$$C^* = R_G f_G[(1 - \theta_M^*)S] + R_M f_M(\theta_M^* S) > R_G f_M(S) \qquad (3-9)$$

从实践意义而言，区域政府和市场主体分别拿出自己的比较优势进行合作的最优解，要优于其互相竞争的最优解，这也是下文中将提到的PPP模式的理论基础。

在此模型中，我们假设对于不同的次生性资源项目，其成本函数是相同的。但是在实际操作中，不同类别的次生性资源项目对应的区域政府和市场主体的成本函数可能不同。例如，对于收益性较差的公益性项目，若由市场主体来建设，金融机构可能会因为担心还款来源没有保障，从而提高市场主体对该项目融资的资金成本；而市场主体也会由于缺乏动力和建设、管理、运营经验不足，导致其建设和运营的成本函数变大。对于此类问题，解决方案是首先对次生性资源项目进行分类，按照项目类别分别设定各方成本函数，得到各分类的最优解，这样就可以得知总的次生性资源的供给如何在区域政府和市场主体间进行分配。

2. 政府主导项目

在政府主导的次生性资源建设和开发项目中，应充分利用市场力量和尊重市场规则。在政府主导的项目中，主要需要解决的是"载体确定"和"资金运营"两个问题。

"载体确定"问题是指在次生性资源的运营中以何种方式组建运营主体。在这个过程中，可以采取独资、合资、合作、股份制甚至是国有民营的方式。这种灵活的形式能够根据区域发展水平、社会需求和市场供给等情况进行有效投资，优化次生性资源结构，为社会和经济发展提供有效支撑。同时，也能够避免以往政府在城市建设和发展中存在的只为社会提供无偿型、共享型的公共产品，只投入而不收益，只建设而不经营，只注重社会性而忽视经济性，只注重公益性而忽视效益性，从而造成城市资源的大量损耗，城市建设的重复浪费，城市管理的低层次、低水平和无序运转等问题。

因此，在次生性资源的配置、开发、运营和管理中，对于城市新增项目或"增量次生性资源"，应从一开始就按照具体情况以多种形式组建，

为其适应市场规则奠定基础，成为市场竞争的参与者，防止区域"增量次生性资源"的配置和开发重复走上政府作为唯一管理载体的老路。不仅如此，对于原有的城市资源或"存量次生性资源"则应对其载体进行改造，通过将所有制改制为国有民营、股份制、合资、合作等形式，使其能够符合市场运行规律和市场经济发展要求，进一步参与市场竞争，提升次生性资源的运行效率。而这种改造是非常典型的次生性资源生成的例子。

"资金运营"问题主要解决次生性资源开发项目的资金来源问题，主要方法是借助资本市场进行融资。由于这部分非常重要，本书将在下节进行详细讲解。

（二）创新资金运营模式

次生性资源的"整体不可分割性"，决定了次生性资源项目所需的资金数量非常巨大；次生性资源的"先行性和基础性"决定了其建设和开发必须适度领先于该地区的经济发展程度，即次生性资源的开发进度应该取决于经济发展程度与人民生活需要，而不是受限于地方政府的财政约束，并且事实上市场对次生性资源的需求，往往远大于地方政府财政所能提供的供给。基于上述两方面的原因，在次生性资源的开发与建设中，"资金运营"问题是最难解决同时也是必须解决的首要问题。

为了解决"资金运营"问题，必须对次生性资源开发过程中的金融模式进行创新，借助金融手段放大财政资金的作用，在保证公共权益的前提下引导社会资本有序参与，为区域内经济发展和人民生活提供更好的支撑。具体而言，主要有创新项目运作模式和创新融资金融工具这两方面的手段。

1. 创新项目运作模式

在创新项目运作模式方面，经过世界各国的理论探讨和实践探索，学界普遍认为PPP模式是能够较为有效地解决次生性资源生成中的资金问题，并且兼顾其公益性和效率性的模式。

（1）PPP模式的概念与内涵。

PPP模式是"Public-Private Partnership"的英文缩写，有多种译法，如公私伙伴关系、公私合作伙伴模式、公私机构的伙伴合作、民间开放公共服务、公共民营合作制等，就本书而言，结合我国PPP模式实践，采用"政府与社会资本合作"模式的译法。虽然译法不同，但其指代的内容都是相同的，即政府公共部门通过与非政府主体的合作，引导非政府部门凭借所掌握的资源参与公共产品与服务的提供，从而在实现政府公共部门职能的同时为参与的非政府部门带来一定的收益。广义的PPP模式指公共部门与社会投资者为提供公共产品或服务而建立的各种合作关系。狭义的PPP模式是一系列项目融资模式的总称，指政府部门与社会投资者共同将资金或资源投入项目，并由社会投资者建设并运营该项目的方式，包含BOT、BTO等模式。

PPP模式在运行的过程中具有三个重要特征：伙伴关系、利益共享和风险分担。

1）伙伴关系。伙伴关系是PPP模式的首要特征，各个参与方平等协商的关系和机制是PPP模式得以顺利进行的基础所在。参与各方必须遵从法治环境下的"契约精神"，建立具有法律意义的契约伙伴关系，即政府和非政府的市场主体应以平等民事主体的身份协商订立法律协议，双方的履约责任和权益均受到相关法律、法规的确认和保护。这个观念对于政府部门来说尤其重要，也是"遵循市场规律"原则的重要体现。

2）利益共享。PPP模式一般具有很强的公益性，同时也具有较高的垄断性（在PPP模式中一般体现为政府特许经营许可）。建立利益共享机制，即政府和社会资本之间的共享项目所带来利润的分配机制是PPP模式的第二个基本特征。为了保证PPP模式的顺利进行和可持续发展，一方面，政府和非政府市场主体要建立合理的利润分配机制，确保社会资本按照协议规定的方式取得合理的投资回报；另一方面，政府和非政府的市场主体应当在合作协议中确立科学合理的利润调节机制，避免项目运营中因可能出现的问题造成社会资本无法收回投资回报或者政府违约的情况。PPP模式以"风险共担、利益共享、合理利润"为基准优化利益调节机制，但由于PPP模式的公益性，该模式表现为价格的利益分配，一般不宜用涨价的方式实现必要的利益调整，需要政府综合考虑以其他方式（如补助方式）做出必要替代。

3）风险分担。伙伴关系不仅意味着利益共享，还意味着风险分担。在次生性资源的生成过程中使用PPP模式，一般会存在政府信用、市场收益不足、市场需求变化、融资困难、收费变更、替代项目建设、法律变更、配套设施建设、不可抗力等多重风险。对于PPP模式中合作双方的风险分担更多是考虑双方风险的最优应对、最佳分担，尽可能做到每一种风险都能由最善于应对该风险的合作方承担,进而达到项目整体风险的最小化。项目设计、建设、融资、运营维护等商业风险原则上由社会资本承担,政策、法律和最低需求风险等由政府承担。

综合 PPP 模式的概念与特点,在次生性资源生成领域,通过 PPP 机制引进民间资本、吸引社会资金参与供给,一方面可以减轻政府的财政压力,减少政府部门承担的项目风险,在更好地发挥其作用的同时,使社会公众得到更高质量的公共工程和公共服务的有效供给;另一方面将为日益壮大的民间资本、社会资金创造市场发展空间,使市场主体在市场体系中更好地发挥其优势和创造力。进一步实现社会效益与经济效益的"双赢"。

(2) PPP 模式的运行模式。

就参与主体而言,主要有公共部门实体、政府授权代表、社会资本主体、特殊目的载体和金融机构等,其基本结构如图 3-2 所示。

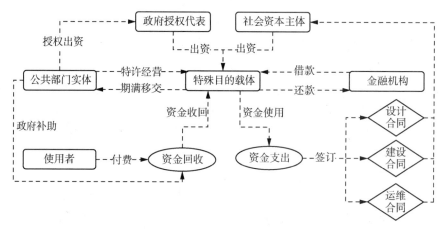

图 3-2　PPP 模式的基本结构

(图片来源:由作者整理制作)

在我国 PPP 模式的实践中,公共部门实体一般为县、区级及以上人民政府或其授权机构。公共部门实体在 PPP 模式中的责任主要有提出项目建设总体需求、监督项目的合同履行、协助社会资本履行合同义务、支付规定的费用和保障公共权益等。公共部门实体的名义主体为政府,但在实际执行中,一般由政府某个职能部门实施,并代表本级人民政府进行签约,如北京地铁 4 号线的政府签约主体为北京市交通委员会。

政府授权代表一般是本级政府职能部门,如行业主管部门,或本级政府所属国有企业，如各行业运营公司等，经政府授权后对特殊目的载体进行出资。若为所属国有企业，且特殊目的载体在融资过程中有增信的必要，还要对特殊目的载体的融资进行担保。

社会资本主体是指市场主体，一般为公司形式的企业，合作组织不在社会资本主体范围内。社会资本主体的数量视项目情况而定，可以是一家企业，也可以是联合体。社会资本主体应该通过竞争方式选拔而来，竞争方式包括公开招标、邀请招标、竞争性谈判和单一来源采购等。在选定过程中应充分考虑社会资本主体的公司规模、管理经验、专业能力、融资实力、工程项目资质、信用状况等情况。社会资本主体除了负有对特殊目的载体出资的责任外，还应负责项目的融资、设计、运营和移交。

特殊目的载体（Special Purpose Vehicle，SPV），在实践中也称为项目公司，是为 PPP 模式的实施而设立的公司，通常作为项目建设的实施者和运营者。理论上 SPV 的形式可以是合伙企业，也可以是公司，但是一般采取有限责任公司的形式，原因有三：一是设立程序简单；二是管理机构与组织机构灵活，能够适应不同的项目情况；三是股东以出资额为限对债务承担有限责任，能够达到风险隔离的效果。SPV 一般由政府授权代表与社会资本主体共同出资设立，也有完全由社会资本主体出资设立的情形，但是社会资本控股、政府授权代表参股的形式无疑是最优的。若由政府授权代表控股，政府授权代表作为代表本级政府进行项目具体实施的主体，将具有"裁判员"和"运动员"双重身份，不利于社会资本主体活力的发挥；若政府授权代表完全不出资，将使 SPV 经营管理活动监管困难，可能会出现公共利益受损的情况，同时也不利于 SPV 融资。采取社会资本主体控股、政府授权代表参股的方式，一方面能够充分发挥社会资本的活力，提升项目建设运营的效率；另一方面，政府授权代表可以以股东身份委派、推荐管理人员进入项目公司，进而从公司微观层面对项目公司的履约行为进行监督和管理。SPV 或项目公司是整个 PPP 模式的核心，公共部门与私人部门的合作关系均在其章程中予以规定，从图 3-2 中也可以看出，集资金流动和项目管理于一体。

除了通过 SPV 进行股权融资外，在 PPP 模式中也需要进行债权融资，以充分利用社会资金进行次生性资源的开发与建设。目前 PPP 模式下的融资方式已经较为丰富，相关的金融机构包括银行、基金公司、信托机构等。此处的金融机构涉及融资金融工具的创新，将在下一小节详细讲解。

就执行流程而言，PPP模式一般要经历项目识别、项目准备、项目采购、项目执行和项目移交等流程。在项目识别阶段，由区域政府根据本地区经济社会发展需要和财政状况，提出项目需求，并且对该项目是否适合PPP模式做出判断。一般要求项目规模较大、需求较稳定、长期合同较明晰，如供水、供电、通信、修建桥梁、医院等。在项目准备阶段，主要进行管理架构组建和实施方案的编制。在项目采购阶段，主要通过竞争方式筛选社会资本主体，并就合作细节进行谈判，最终签署合作合同。在项目执行阶段，首先设立项目公司，并以项目公司为主体通过金融市场进行融资，然后使用其股本与债务融资所得资金进行项目设计、建设、运营与维护，并按照约定方式获得收入。在项目移交阶段，主要进行性能测试、资产交割、绩效评价等工作。移交结束后，PPP模式正式完成。

（3）常见的PPP模式类型。

按照社会发展服务的不同方面，PPP模式大致可分为经济、社会和政府三类。经济类包括交通运输、市政公用事业、园区开发、节能环保等领域；社会类包括保障性住房、教育、文化、卫生等领域；政府类主要服务于司法执法、行政、防务等领域。

按照项目公司获得收入的方式，PPP模式可分为使用者付费方式、政府付费方式和可行性缺口补助方式（Viability Gap Funding/Subsidy，VGF）三类。使用者付费方式通常用于可经营性系数较高、财务效益良好、直接向终端用户提供服务的基础设施项目，如市政供水、城市管道燃气和收费公路等。政府付费方式通常用于不直接向终端用户提供服务的终端型基础设施项目，如市政污水处理厂、垃圾焚烧发电厂等，或者不具备收益性的基础设施项目，如市政道路、河道治理等。VGF方式指用户付费不足的部分由政府以财政补贴、股本投入、优惠贷款、融资担保和其他优惠政策给予社会资本经济补助。VGF方式通常用于可经营性系数较低、财务效益欠佳、直接向终端用户提供服务但收费无法覆盖投资和运营回报的基础设施项目，如医院、学校、文化及体育场馆、保障房、价格调整之后或需求不足的网络型市政公用项目、交通流量不足的收费公路等。

按照PPP模式的运作方式，可以分为管理外包类，如O&M、MC等模式；特许经营类，如BLT、BOT/BOOT、TOT、ROT、BTO等模式；私有化类（永久类），如BOO、TOO等模式。上述运作方式的命名以公共资产的所有权/使用权等的控制状态为基础，在我国国内实践中应用较多。具体运作方式的选择主要由 PPP 模式类型、融资需求、改扩建需求、收费定价机制、投资收益水平、风险分配基本框架和期满处置等因素决定。

1）管理外包类。管理外包模式中，社会资本或者公司仅负责项目的运营、维护与服务，不参与项目建设，在执行过程中也不涉及项目资产所有权的转移，一般用于存量项目。

O&M（Operations & Maintenance）即"运营—维护"模式，是指政府将存量公共资产的运营维护职责委托给社会资本或项目公司的 PPP 运作方式，其与 MC 的区别在于社会资本或项目公司并不负责用户服务。政府保留资产所有权，只向社会资本或项目公司支付委托运营费。一般适用于存量项目，合同期限一般不超过 8 年。

MC（Management Contract）即"管理合同"模式，是指政府将存量公共资产的运营、维护及用户服务职责授权给社会资本或项目公司的项目运作方式。政府保留资产所有权，只向社会资本或项目公司支付管理费。管理合同通常作为 TOT 的过渡方式，期限一般不超过 3 年。

2）特许经营类。特许经营类下的各模式主要特征为通过政府授予社会资本或项目公司特许经营权来收回项目投资、获取合理报酬，项目执行中可能涉及项目资产所有权的转移，但该资产所有权及其他权利的最终归属一定属于政府。

BLT（Build-Lease-Transfer）即"建设—租赁—移交"模式，是指政府出让项目建设权，由社会资本或项目公司负责项目的融资和建设，在项目建成后租赁给政府，并由政府负责项目运行和日常维护，社会资本或项目公司用政府付给的租金收入回收项目投资、获得合理回报，租赁期结束后，项目所有权移交给政府，适用于新建项目。

BOT（Build-Operate-Transfer）即"建设—运营—移交"模式，或 BOOT（Build-Own-Operate-Transfer）"建设—拥有—运营—移交"模式，是指由社会资本或项目公司承担项目的设计、融资、建设、运营、维护和用户服务职责，合同期满后项目资产及相关权利等完全移交给政府的运作方式。一般适用于新建项目，根据项目回收期，合同期限长达 20～30 年。

TOT（Transfer-Operate-Transfer）即"移交—运营—移交"模式，是指政府将资产有偿转让给社会资本或项目公司，由其负责经营、维护和用户服务，合同期满后将资产所有权及其他权利移交给政府的项目运作方式。适用于存量项目，合同期限一般为 20～30 年。

ROT（Renovate-Operate-Transfer）即"改建—运营—移交"模式，是指政府在 TOT 模式的基础上，增加改扩建内容的项目运作方式，同样适用于存量项目，合同期限为 20～30 年。

BTO（Build-Transfer-Operate）即"建设—移交—运营"模式，是指社会资本或项目公司为建设项目融资并实施建设，完成建设后将建设项目所有权移交给政府，政府再授予该项目特许经营权，适用于新建项目。

3）私有化类。在私有化类的模式下，项目资产的所有权最终归属于社会资本或者项目公司，为了保障项目的社会效益，必须在项目合同中注明保证公益性的约束条款。

BOO（Build-Own-Operate）即"建设—拥有—运营"模式，由 BOT 模式演变而来，区别在于在 BOO 模式下，社会资本或项目公司拥有资产所有权，一般不涉及资产移交，通常适用于新建项目。

TOO（Transfer-Own-Operate）即"移交—拥有—运营"模式，是指政府将所有权及其他权利有偿转让给社会资本或项目公司，由其负责项目的运行、维护和服务等工作的项目运作方式。一般适用于存量项目。

【案例 3-3】
北京地铁 4 号线的建设

随着北京成功申办 2008 年奥运会，北京市轨道交通迎来了前所未有的发展机遇。根据《北京轨道交通发展规划（2004—2015）》，从 2004 年至 2015 年，北京市将建设约 260 千米市内轨道交通，总投资额达 1000 亿元。但北京地铁当时的经营体制已无法承担这一资金重担，如何在全球地铁经营不景气的情况下，创造出一条经营体制的新路，成了当时北京市必须解决的一个问题。

从所有权与经营权的关系上看，当时北京地铁的运营模式属于典型的"国有国营"模式，即由政府负责地铁投资建设，所有权归政府所有，运营由政府部门或国有企业负责的一种传统运营模式。在当时，采用此运营模式的城市地铁没有一家是盈利的。此外，当时北京地铁的亏损人人皆知，要解决地铁亏损就必须改变其融资模式与运营模式。其实，在地铁的运营模式上，不同国家或地区有不少可以参考的案例，如中国香港的"公私合营"模式、新加坡的"国有民营"模式、泰国的"民有民营"模式等。为此，国家发展改革委核准北京地铁 4 号线特许经营 PPP 项目，这是国家核准的第一个中外合作特许经营城市轨道交通项目。

1. 规划与预算

北京地铁4号线是北京市轨道交通线网中的骨干线路和南北交通的大动脉。按照规划，4号线途经丰台区、宣武区、西城区和海淀区。线路起点位于南四环路北侧马家楼路与马家堡西路交叉口的南侧，之后线路向西转向北，经由北京南站后，偏西北方向行进，逐步转向北，进入菜市口大街至陶然亭站，向北沿菜市口大街、宣武门外大街、宣武门内大街、西单北大街、西四南大街、西四北大街、新街口南大街至新街口，转向西，沿西直门内大街、西直门外大街至首都体育馆后转向北，沿中关村大街至清华西门，向西经圆明园、颐和园、北宫门后向北至龙背村。地铁4号线正线长度为28.65千米，共设23座地下车站和1座地面车站，平均站间距1.18千米，全线采用地下线的敷设方式。

根据初步设计概算，北京地铁4号线项目总投资约153亿元。按建设责任主体，将北京地铁4号线全部建设内容划分为A、B两部分。其中，A部分主要为土建工程部分，投资额约为107亿元，占4号线项目总投资的70%，由已成立的4号线公司（北京基础设施投资有限公司全资子公司）负责投资建设；B部分主要包括车辆、信号、自动售检票系统等机电设备，投资额约为46亿元，占4号线项目总投资的30%，由社会投资者组建的项目特许经营公司（以下简称"特许公司"）负责投资建设。

2. 运作过程

（1）前期准备阶段（2003年7月至12月）。

2003年年底，北京市政府转发北京市发展改革委《关于本市深化城市基础设施投融资体制改革的实施意见》，明确了轨道交通可以按照政府与社会投资7∶3的基础比例，吸收社会投资者参与建设。

2003年11月，北京市基础设施投资有限公司作为北京市基础设施投融资平台正式成立。成立之后便着手制定了4号线市场化运作的初步方案，并开始与香港地铁等多家战略投资者进行接触，项目前期工作全面展开。在此阶段，形成了项目运作的初步框架，以后各阶段的工作均在此框架基础上拓展。

（2）方案研究和审批阶段（2004年1月至9月）。

2004年2月开始至4月，国际客流顾问对4号线的客流与收入进行预测，提出专业意见和报告；聘请技术顾问评估4号线的建设和技术方案。

2004年4月、6月，北京市发展改革委分别组织召开了奥运经济市场推介会、北京地铁4号线、5号线、9号线、10号线国际融资研讨会等一系列大型招商推介会，面向国内外投资者对以4号线为重点的北京地铁项目进行了广泛深入的招商活动。

2004年9月发布《北京地铁4号线特许经营实施方案》，北京市发展改革委对方案进行了评审并上报市政府。11月，北京市政府批准了特许经营实施方案，4号线特许经营项目取得实质性进展。通过研究和沟通，各方就项目主要原则和框架形成了初步的一致意见，形成了特许经营方案，并完成了《北京地铁4号线特许经营协议》等法律文件的编制和初步沟通工作。

(3) 竞争性谈判阶段（2004年10月至2005年2月）。

2004年11月底，北京市交通委牵头成立了4号线特许经营项目政府谈判工作组，正式开始与香港地铁有限公司—北京首创集团有限公司（以下简称"港铁—首创联合体"）、西门子公司交通技术集团—中国铁道建筑总公司—北京市地铁运营有限公司等社会投资者的竞争性谈判。

2005年2月初，政府谈判工作组与优先谈判对象"港铁—首创联合体"就《北京地铁4号线特许经营协议》等项目条件达成了一致意见。

(4) 协议签署阶段（2005年2月至2006年4月）。

2005年2月7日，北京市交通委代表市政府与"港铁—首创联合体"草签了《北京地铁4号线特许经营协议》。

2005年9月，国家发展改革委核准批复了北京地铁4号线PPP融资项目。

2006年1月，北京京港地铁有限公司注册成立，注册资本13.8亿元人民币，由北京市基础设施投资有限公司出资2%，北京首都创业集团有限公司和香港铁路有限公司各出资49%组建。

2006年4月，北京市交通委与北京京港地铁有限公司正式签署了《北京地铁4号线特许经营协议》。

3. 融资方案与风险补偿机制

(1) 融资方案。

北京地铁4号线工程总投资额为153亿元，分为A、B两个部分。其中，A部分主要为土建工程部分，投资额约为107亿元，占项目总投资的70%，由北京基础设施投资有限公司（以下简称"京投公司"）全资子公司4号线公司负责投资建设,属于政府投资部分;B部分主要包括车辆、信号、自动售检票系统等机电设备,投资额约为46亿元,占总投资的30%,由北京京港地铁有限公司(以下简称"京港地铁")负责投资建设。京港地铁成立于2006年1月,注册资本为13.8亿元人民币,由京投公司、香港地铁公司和首创集团按照2∶49∶49的出资比例组建。项目竣工后,京港地铁与4号线公司签订《资产租赁协议》,以取得A部分资产的使用权,在30年特许经营期内,京港地铁将追加投资32亿元用于设备的更新和维护,并支付A部分租赁费用15亿元。京港地铁公司负责地铁4号线的运营管理、全部设施(A、B两部分)的维护和除洞体外的资产更新以及站内的商业经营,通过地铁票款收入即站内商业经营收入回收投资。特许经营期结束后,京港地铁公司将B部分项目设施无偿移交给北京市政府,将A部分项目设施归还给4号线公司。

按照《北京地铁4号线特许经营协议》(以下简称"《特许协议》")的规定,北京市政府对项目建设和运营过程进行监管,确保项目按期、按质完工和安全运营;在发生涉及公共安全等紧急事件时,市政府拥有介入权,以保护公共利益;特许公司违反《特许协议》规定的义务时,市政府有权采取包括收回特许权在内的制裁措施。政府出资的地铁公司在定价、运作模式、管理结构等方面受到政府全面的管制,而北京市政府仅拥有4号线定价权、建设和运营监管权以及特殊情况下的介入权。

在确定回收期方面,按照8%的回报率计算,新建地铁项目30年财务净现值的总额约占总投资的30%,净现值计算公式为 $NPV = \sum (P_i Q_i + I_i)(1+8\%)^i$,其中 P_i 为第 i 年的票价;Q_i 为第 i 年的预测客流量;I_i 为第 i 年的其他收入(附属产业收入和补贴收入等)。$NPV=46$ 亿元,特许经营期是根据客流预测、票价预测、附属产业预测、补贴收入预测等要素综合确定的,最终确定特许经营期为30年。

(2)风险补偿机制。

为了体现收益共享、风险共担的原则,北京市政府与社会合作方还规定了风险补偿机制,由于收益测算主要基于票价和客流,因此,风险补偿机制主要包括票价补偿机制和客流补偿机制。

1)票价补偿机制。北京市地铁的票价政策由北京市政府统一制定,地铁4号线运营的收入包括相关广告费由京港地铁公司所有。在特许经营协议中根据风险共担原则，构建了票价差额补偿和收益分享机制。京港地铁公司的项目年收入如果低于测算水平，北京市政府会基于收益差额情况予以补偿，如果高于测算水平，京港地铁公司应将其差额的70%返还给政府。若实际人均票价低于协议规定的预测票价，政府将票价差额部分补贴给京港地铁；若实际人均票价高于协议规定的预测票价，政府将分享超过部分70%的收益。

2) 客流补偿机制。客流风险由京港地铁和北京市政府共同承担，如果连续3年实际客流量都不及前期预测客流量的80%，政府应向京港地铁提供补贴，补贴额由双方协商决定，如果双方2年内没有达成一致，京港地铁有权提出终止协议。

4. 项目运行效果

在北京地铁4号线的建设中，政府是项目的直接参与方，但并不对地铁公司的日常运营进行干涉，而是让其独立运营，保证了运营公司的效率。京港地铁2∶49∶49的股权没有绝对控股方，能够发挥各方优势，可调动股东积极性，各方合作组建的管理层也有利于发挥各自资源与经验优势。项目于2004年开始动工，于2009年正式投入运营，项目至今运营良好，客流量不断增加，取得了阶段性的成功。在4号线项目中，北京市政府引入的社会资本方为香港铁路，其财务实力雄厚，2015年实现收入417.01亿港元、利润190.11亿港元，在建设及运营方面的专业能力突出，经验丰富。

在京港地铁正式开通运营以后，实际客流量与预测客流量有较大偏差，北京地铁4号线在运营的第3年客流量已经达到3.5亿人次，高出2017年预测客流量0.73亿人次，高出2032年预测客流量0.23亿人次，而且北京4号线从运营至今，客流量一直呈上升趋势，截至2014年，累计客流量已到达17.82亿人次。北京4号线的客流增长幅度远超预期，加之京港地铁高效的经营与管理，京港地铁实际收入水平远高于预测值，据香港地铁公司年报显示，北京地铁4号线在2010年亏损500万港元，自2011年以后开始盈利。

（资料来源：杜盼盼、韩陈林、林晓言《北京地铁4号线与伦敦地铁PPP项目案例分析》，载《都市快轨交通》2016年第29期，第41～45页，并经作者修改整理）

第三章 政府在资源生成领域大有作为

2. 创新融资金融工具

除了财政融资政策上的超前引领外,政府更要鼓励金融机构积极创新融资管理方式和融资产品,比如运用商业银行贷款、信托、基金、项目收益债券、资产证券化等金融工具,建立多元化的项目融资渠道,根据项目建设内容匹配相适应的融资方式,降低融资成本,提升资本运作效率,发挥 PPP 模式的优势。从目前来看,银行贷款是次生性资源生成中应用最广泛的金融工具,但其受限制较多,如主体信用评级、资金期限配置等。较为值得探索的方面是基础设施资产证券化基金,或称基础设施 REITs。

(1) 基础设施 REITs 的概念与内涵。

REITs(Real Estate Investment Trusts),即不动产投资信托基金,是一种以发行收益凭证的方式汇集特定多数投资者的资金,由专门投资机构进行房地产投资经营管理,并将投资综合收益按很高的比例(通常高于90%)分配给投资者的信托基金。从投资形式的角度,REITs 可分为权益型、抵押型和混合型。其中,权益型 REITs 主要投资于不动产的所有权,收益来源为不动产的运营收益(如租金、使用费)和不动产市场价值增值;抵押型 REITs 主要投资于房地产抵押贷款和抵押贷款支持证券,其收益来源为房地产抵押贷款利息;混合型 REITs 是前两者的组合,既投资于房地产股权也投资于房地产抵押贷款及房地产抵押贷款支持证券。

对于不动产投资信托基金中的"不动产",在过去一直被理解为"房地产"。但其实,铁路、高速公路、通信设施、电力配送网络、污水处理设施及其他具备经济价值的土地附着物等资产在多方面的特征上都等同于"不动产"。而基础设施 REITs 就是将不动产的概念扩大化,使用其交易结构为基础设施的建设进行融资。

(2) 基础设施 REITs 的结构与特点。

基础设施 REITs 的基本结构如图 3-3 所示,基本要素包括基金管理人、市场投资者、专项计划、项目公司和基础资产等,在实际使用中可以根据项目具体情况或者参与各方的殊要求进行调整。由于其他方面与其他类型 REITs 相同,此处我们着重介绍其具有不同特点的基础资产和基金管理人。

对于基础设施 REITs 的基础资产而言,其可以为资产支持证券(Asset-Backed Security,ABS)或项目公司股权。由于其核心资产为基础设施的所有权或特许经营权,可能出现在没有特许人同意的情况下,项目公司

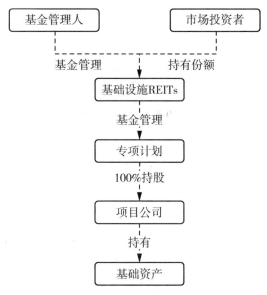

图3-3 基础设施REITs的基本结构

（图片来源：由作者整理制作）

无转让、出租、质押、抵押或者以其他方式擅自处分特许经营权、与特许经营活动相关的资产、设施和企业股权的权利，此时需要通过对项目公司的收益权资产证券化来推进基础设施REITs。此外，基础资产须为存量优质项目，应稳定运营3年以上，已产生存量、现金流稳定、投资回报良好，也就是说，基础资产应该为使用者付费项目，政府付费和可行性缺口补助项目过于依赖政府信用会导致风险增加。

对于基金管理人，不同于其他类型REITs通过合资成立新的基金子公司进行项目运营，基础设施REITs管理人需具备同类资产投资、管理或运营的专业经验，要求相对更高。

（3）基础设施REITs的意义。

将基础设施作为基础资产进行资产证券化并上市交易，借助REITs在资金端实现金融资本的集合投资，在资产端实现基础资产的组合持有，通过规范运营和风险管理，获取稳健回报，实现长期资本与长期资产对接，可以极大地提升金融服务实体经济的效率，推动供给侧结构性改革深入发展。其意义体现在以下五个方面。

1) 有效盘活国内基础设施存量资产，降低宏观杠杆率，防范系统性金融风险，降低地方政府和国有企业债务负担，激活地方投融资效率。REITs 作为权益类的金融工具，对底层资产的负债率一般有明确要求，通常不超过 45%，在实践中，美国、新加坡等国家和中国香港等地区 REITs 的负债率长期保持在 30% 左右。因此，REITs 能够有效起到降低宏观杠杆率，防范系统性金融风险的作用。企业以基础设施存量资产发行 REITs，在不增加债务的情况下收回前期投资，可用于归还其他债务或补充其他投资项目的资本金，从而在整体上降低宏观杠杆率。

2) 基础设施 REITs 将为基础设施行业提供定价的"锚"，有助于中国新型城镇化背景下基础设施的投融资体制改革。长期以来，国内基础设施项目的投融资主要通过政府的行政手段来完成，而资源配置最有效率的市场手段并没有得到充分发挥，从而导致投资的持续力度不足，影响了资金的使用效率。当 REITs 深度参与国内基础设施领域时，市场价格可以成为基础设施资产定价的锚，并传导至前期投资，成为前期权益型资金配置的重要指引。而前期权益型资本的高效引入，将极大地促进中国基础设施的投融资模式改革，使得高杠杆、长周期、重建设的传统模式得到改变。

3) PPP + REITs 的有效组合，有利于提高 PPP 项目的落地数量和项目质量。PPP + REITs 可为 PPP 项目的社会资本方提供退出渠道和闭环的商业盈利模式。无论是债权型资本还是股权型资本，均可以在 PPP 项目成熟后通过 REITs 产品实现退出，从而形成新的资本金和持续投资能力。REITs 上市后，资本市场在监管、信息披露、投资者等方面的要求，以及 REITs 注重分红的商业逻辑，均可促使基础设施项目的管理和营运更为专业化，构成对地方政府的有效约束，提升 PPP 项目的建设和运营质量。

4) 在企业层面上，基础设施 REITs 为项目提供了退出渠道，成为新的商业模式和核心竞争力。基础设施项目一般具有投资周期较长、投资规模较大等特点，在缺乏有效退出机制的情况下，企业及其他类型社会资本的前期投资风险较大。REITs 的存在可以使企业形成完整的业务模式，在为企业提供有效退出渠道的同时，还能成为企业投资和融资的双平台；同时，借助 REITs 对资产运营能力的实施将倒逼企业建立精细化、市场化和长期化的经营管理机制，助力企业在新形势下打造核心竞争力。

5) 推动公募基金、养老金、保险资金等投资于优质基础资产，为全民共享经济发展成果提供理想渠道。公募基金、全国社保基金、基本养老金、企业年金/职业年金、未来的第三支柱个人养老账户,以及大量以养老为目的的理财和保险资金,都需要足够丰富、分散、有效的配置工具和资产标的,以满足其长期安全性与回报率的要求,从而真正实现经济增长成果的全民共享,夯实社会可持续发展的根基。传统二级市场对于养老资金而言,存在波动大、风险高、价值投资的吸引力不强的弊端,难以提供与长期经济增长相一致的投资回报。对此,应将有稳健现金流的基础设施和公共服务项目进行资产证券化,通过公募 REITs 向全民提供具有稳定回报和长期增值预期的集合投资工具,将为全民共享经济发展成果提供理想渠道。

(4)基础设施 REITs 与 PPP 模式。

在次生性资源的生成中引入 PPP 模式,能够有效提升次生性资源的运营管理水平、扩大项目资金来源,基础设施 REITs 为次生性资源项目的融资提供了进一步的渠道,二者在次生性资源中的灵活使用不仅是可行的,而且是有现实意义的。

1)二者配套使用的可行性。一是应用领域的相似性。PPP 模式主要应用于铁路、高速公路、通信设施、电力配送网络、污水处理设施等基础设施,这些标的资产与 REITs 投资范围相一致。二是收益分配的相似性。PPP 模式对项目进行全生命周期管理,强调在项目运营中有稳定的现金流入和资产的保值增值,并得到合理回报,与同样比较稳定的 REITs 以标的资产为依托的收益模式相似。三是风险管理的相似性。PPP 模式的原则是风险共担、利益共享,通过设立 SPV 进行项目的投资与运营,REITs 也是通过成立 SPV 实现风险的隔离。另外,二者的风险都是运营风险。

2)二者配套使用的意义。一是有利于盘活 PPP 项目的存量资产,提高落地率。PPP 项目投资大,资产流动性较低,因此,社会资本在建设期会面临较大的资金需求,资金投入后难以退出,不利于存量资产盘活。REITs 可以选择有稳定现金流的项目,以项目公司股权为基础形成金融产品,通过交易释放资本金,提高再投资能力和项目落地率。二是有利于拓宽融资渠道,降低融资成本。REITs 作为再融资的方式,为投资者增加投资选择,拓宽融资渠道,有利于解决资金与信贷期限错配问题。另外,以 PPP 项目公司股权或股权收益权开展 REITs 能够实现真正的权益融资,降低融资成本。三是有利于信息的公开透明,促进项目的规范发展。REITs

以公募形式在交易所流通，需要遵守证监会的监管要求，进行信息披露，接受公众投资者的监督，这有利于PPP项目规范性的提升，促进项目高质量发展。

（三）加强政策配套

上文所述的借助市场力量和金融手段的次生性资源生成措施的顺利执行，必须有相应的制度和政策予以保证，以规范资源生成过程中各方的行为，保障各方的利益，推动次生性资源的开发和建设过程的规范化、制度化和可持续化。

1. 健全法律法规体系

次生性资源的配置需要市场主体和区域政府的共同参与，双方行为界限和合作模式都必须建立在高度法治化、规范化和良好契约精神的基础之上。实践中，区域政府和市场主体共同参与的准公共项目的运作往往非常复杂，体现在投资额巨大、合作周期长，国有与非国有资本交织，区域政府管理和市场周期变化交错等方面，总体而言，不确定因素多、风险大。在此情况下，完备的合同体系和良好的争议解决协调机制是项目长期顺利进行的重要保障。因此，必须加快法律法规建设，争取先行完善政府制度的约束，并在制定法律法规时注重保障非政府主体的利益。

从PPP模式在中国的运行来看，准经营性资源的配置还缺乏国家层面的政策制度，一些地方性或行业性的管理办法或规定的权威性不够，需要区域政府发挥"超前引领"的优势制定统一的基础性、规范的法律体系，明确界定部门之间的分工、协调、审批、监管等诸多问题，以及对准公共项目的立项、投标、建设、运营、管理、质量、收费标准及其调整机制、项目排他性、争端解决机制，以及移交等环节做出全面、系统的规定。

2. 强化契约文化制度体系

次生性资源的配置中要想大力引入市场机制，就必须强化市场经济所强调的契约精神，以自由、平等、互利、理性的原则建立区域政府与非政府主体的契约合作关系。这种契约是多重的，包括区域政府与公众之间、区域政府与私人部门之间、参与准公共项目的非政府企业和专业机构以及社会组织之间形成契约关系，尤其重要的是区域政府与私人部门之间的契约关系，这种契约关系以双方就具体项目或事项签订的合同为基础，由政

府部门与私人部门通过合作来提供公共产品与服务，以诚信的商业文化和契约精神为铺垫，本身是对传统的政府单纯行政权力意识的一种冲破，对法治化水平要求较高，区域政府必须加强对自身的制度约束，提高对契约精神和契约约束力的认同，引导全社会培育契约精神。

3. 完善监督管理机制

次生性资源项目本质上仍有较强的公共产品性质，涉及公众利益，而区域政府有义务维护公众利益，对项目的全周期运行负有监管责任。区域政府在PPP模式中，既是履约方，又是监管方，在保证市场参与方能够得到合理收益的同时，必须要代表公众利益对代表市场利益的非政府主体的利润进行调节，强化政府对准经营资源配置项目的监管职责，防范一切可能发生的风险。

四、新时代的次生性资源开发：新基建

（一）新基建的概念与内涵

"新基建"即新型基础设施建设，是以新发展理念为引领，以技术创新为驱动，以信息网络为基础，面向高质量发展需要，提供数字转型、智能升级、融合创新等服务的基础设施体系。它具有数字驱动、技术迭代、产业赋能等特点，主要包括信息基础设施、融合基础设施和创新基础设施等三类。信息基础设施主要是指基于新一代信息技术演化生成的基础设施，如5G、物联网、数据中心、人工智能、卫星通信、区块链基础设施等。融合基础设施主要是指传统基础设施在应用新一代信息技术进行智能化改造后所形成的基础设施形态，包括以工业互联网、智慧交通物流设施、智慧能源系统为代表的新型生产性设施和以智慧民生基础设施、智慧环境资源设施、智慧城市基础设施等为代表的新型社会性设施。创新基础设施是指支撑科学研究、技术开发、新产品和新服务研制的具有公益属性的基础设施。从细分领域来看，新基建包括5G基建、特高压、城际高速铁路和城市轨道交通、新能源汽车充电桩、大数据中心、人工智能、工业互联网等七大领域。

新基建的"新"主要是相对传统基础设施建设而言的。传统的基础设施建设，主要指的是铁路、公路、机场、港口、水利设施等建设项目，因此也被称之为"铁公基"，它们在我国经济发展过程中发挥了重要的基础

作用。但是在我国经济步入新常态和新技术蓬勃发展、新业态大爆发的新时代，传统基础设施已经无法满足经济发展和居民生活的需求，因此需要开展新一轮基础设施建设。新型基础设施建设的"新"主要体现在以下五个方面。

（1）新的领域。新型基础设施建设，是在补齐铁路、公路、桥梁等传统基建的基础上大力发展5G、特高压、人工智能、工业互联网、智慧城市、城际高速铁路、城际轨道交通、大数据中心、新能源汽车充电桩、教育、医疗等新型基建，以改革创新稳定增长，发展创新型产业，培育新的经济增长点。

（2）新的地区。基础设施建设最终是为人口和产业服务的，未来城镇化的人口将更多地聚集到城市群和都市圈，比如长三角、粤港澳、京津冀等，未来上述地区的轨道交通、城际铁路、教育、医疗、5G等基础设施将面临严重短缺的问题，在上述地区进行适度超前的基础设施建设能够使经济社会效益最大化。对人口流入地区，要适当放松地方债务要求，以推进大规模基建；但对人口流出地区，要加强债务约束，避免因大规模基建造成明显的浪费。

（3）新的方式。新基建需要新的配套制度变革，新基建大多属于新技术、新产业、新经济，需要不同于传统基建的财政、金融、产业等配套制度的支持。如在财政政策和会计政策方面，研发支出应加计扣除，并降低高新技术企业税率；在货币金融政策方面，应在贷款、多层次资本市场、并购、首次公开募股（Initial Public Offering，IPO）、发债等方面给予相关产业支持，推动开展规范的PPP模式；在产业政策方面，将新基建纳入国家战略和各地经济社会发展规划中。

（4）新的主体。新型基础设施建设需要更高的技术水平和资金数量，因此，必须进一步放开基础设施建设领域市场，扩大投资主体，由政府提供金融、财政政策等基础支持，同时利用民间资本的技术和资金，充分发挥市场主体的活力，推动新型基础设施建设加速发展。

（5）新的内涵。除了硬的"新基建"外，还应该包括软的"新基建"，即制度改革。加强信息公开透明，补齐医疗短板，改革医疗体制，加大汽车、金融、电信、电力等基础行业开放，加大知识产权保护力度，改善营商环境，大幅减税降费尤其是社保费率和企业所得税，落实竞争中性，发展多层次资本市场，建立新激励机制，调动地方政府和企业家的积

极性等。

新型基础设施建设除了内容上的"新",还呈现出许多新的特点。主要体现在以下四个方面。

(1) 多数新型基础设施尚处于发展的初级阶段。与传统基础设施经过百年的演化发展而逐渐成熟不同,新型基础设施是近些年才出现的,其主导技术、产品形态、市场需求、配套产业、商业模式等都处于培育阶段,尚未稳定成型。这意味着新型基础设施的规划建设要着眼于长远,很多新型基础设施尚不具备大规模商用部署的基础,应从技术和应用方面培育新型基础设施。

(2) 多数新型基础设施的自然垄断性大幅下降。从技术工程的角度看,传统基础设施必须进行一次性大规模投资之后才可使用,初始投资成本巨大。而新型基础设施多在信息网络之上构建,可实现"一点接入,全网服务",这使得其投资规模可视需求变化弹性增加,初始投资门槛显著降低。更多企业可进入新型基础设施市场开展竞争,但同时也会带来盲目投资、重复建设、技术标准难以统一等问题。

(3) 新型基础设施的技术创新速度快。传统基础设施技术较为成熟、升级缓慢,而新型基础设施所依托的信息技术快速演进升级,并不断与传统基础设施技术交织融合,整体技术体系持续创新优化,基础设施需迭代式的开发和升级。建设和运营新型基础设施需要大批创新性强的高技术公司和人才,并形成与之相适应的融资、监管和发展环境,这是一项长期的系统工程。

(4) 数据和网络安全的重要性进一步突出。一方面,必须构建可以有效促进数据流通的制度环境和技术标准体系。数据是新型基础设施正常运行的血液,在以市场力量为主的建设模式下,既需要加快健全数字治理体系,更需要形成统一的建设标准、技术规范等,推动不同所有者设施之间的互联互通。另一方面,对基础设施的安全可靠性要求更高。信息基础设施和融合基础设施都是联网运行的,数字世界和物理世界高度融合,人们生活生产的有序运转将取决于这些新型基础设施安全可靠的运行。

(二) 新基建的背景与意义

从历史上来看,基础设施建设在历次经济危机中都发挥了重要的促进投资、稳定增长的作用,为经济社会长期稳定发展提供了重要支撑。例如,1998年亚洲爆发金融危机时,我国增发特别国债以加强基础设施建设;2008年全球爆发金融危机时,我国推出大规模基建投资,尽管当时引起了很大争议,但是从现实结果来看,其效果理想且意义重大。通过两轮基础设施建设,我国大幅降低了运输、用电、通信成本,提升了中国制造的全球竞争力,释放了中国经济高增长的巨大潜力。同时,进入21世纪以来,出现了以新一代信息技术为引领、以新科技革命和新产业变革为主要特征的新工业革命,世界进入了"智能时代"。世界各国纷纷制定新的工业发展战略和规划来推动制造业智能化改造与提升,并开展信息基础设施对区域经济影响的研究,信息化对经济增长的促进作用基本都得到了各个国家和行业层面的关注和肯定。在全球经济低迷、外需萎缩和科技竞争加剧的背景下,提出面向新一轮信息技术革命的新型基础设施建设,不但可以带动产业链上下游的高速发展,还有利于为我国在全球产业变革中打造核心竞争力。因此,我国自2018年12月首次提出新型基础设施建设以来,在国家层面的布局逐渐明晰,形成围绕强化数字转型、智能升级、融合创新支撑,布局建设信息基础设施、融合基础设施、创新基础设施等新型基础设施的概念。主要会议精神与政策文件详见表3-1。

表3-1 新基建会议及政策一览

时间	会议或政策文件	内容
2018年12月	中央经济工作会议	首次提出新型基础设施建设,加快5G商用步伐,加强人工智能、工业互联网、物联网等新型基础设施建设,加大城际交通、物流、市政基础设施等投资力度,补齐农村设施和公共服务设施建设短板
2019年3月	第十三届全国人民代表大会和中国人民政治协商会议	加大城际交通、物流、市政、灾害防治、民用和通用航空等基础设施投资力度,加强新一代信息基础设施建设

续表 3-1

时间	会议或政策文件	内　容
2019年12月	中央经济工作会议	要着眼国家长远发展，加强战略性、网络型基础设施建设，推进川藏铁路等重大项目建设，稳步推进通信网络建设，加快自然灾害防治重大工程实施，加强市政管网、城市停车场、冷链物流等设施建设，加快农村公路、信息、水利等设施建设
2020年1月3日	国务院常务会议	大力发展先进制造业，出台信息网络等新型基础设施投资支持政策，推进智能、绿色制造
2020年2月14日	中共中央全面深化改革领导小组第十二次会议	统筹存量和增量、传统和新型基础设施发展，打造集约高效、经济适用、智能绿色、安全可靠的现代化基础设施体系
2020年2月21日	中央政治局会议	加大试剂、药品、疫苗研发支持力度，推动生物医药、医疗设备、5G网络、工业互联网等加快发展
2020年3月4日	中央政治局常务委员会会议	加快5G网络、数据中心等新型基础设施建设进度
2020年4月20日	国家发改委新闻发布会	首次明确新型基础设施建设的范围，即包括信息基础设施、融合基础设施和创新基础设施三方面
2021年3月	《中华人民共和国国民经济和社会发展第十四个五年规划和2035年远景目标纲要》	围绕强化数字转型、智能升级、融合创新支撑，布局建设信息基础设施、融合基础设施、创新基础设施等新型基础设施

（数据来源：中国政府网，并经作者整理）

新型基础设施建设不仅是我国引领经济新常态、实现高质量发展的中长期战略决策，更是我国立足当前、着眼未来的重大战略部署，具有重大意义,具体体现在以下五个方面。

(1) 有助于我国应对当前国内外复杂的经济形势。当前全球经济持续下行,使本就动荡不安的国际经济秩序面临重大挑战。作为拉动我国经济增长"三驾马车"的投资、消费和进出口贸易都受到了消极的影响,其中消费和进出口贸易受到的影响最为严重。国内外多重影响的叠加作用,促使我国在投资转型、拉动内需等方面加快了结构性调整的步伐,所以,推动新型基础设施建设投资是保证我国经济保持长期稳定增长的重要战略。

(2) 有助于推动我国数字经济的发展。目前,我国经济增长已经进入高质量发展的阶段,数字经济是我国经济提质增效的重要支撑,蕴含着巨大的发展潜力,对我国经济社会转型升级和提升国际综合竞争力具有重要的战略意义。数字经济的发展离不开信息技术的支撑,而新型基础设施又是实现信息技术大规模应用的必要保障。因此,大力发展新型基础设施建设,能够加强我国数字经济的后发优势,支撑并推动我国数字经济的快速、高质量发展。

(3) 有助于提升我国产业转型升级的内在动力。传统产业正在加速数字化转型,产业的新模式、新业态不断兴起。随着我国经济结构调整的逐步深入,消费互联网和产业互联网的融合创新正在成为经济社会发展的新动力。但是,目前传统产业发展的信息化、数字化程度远远不足,需要通过新型基础设施的建设,从内推动产业链延伸,提高产业效率,重塑产业价值,提升我国在全球价值链中的地位。

(4) 有助于为技术发展与融合打好基础。新技术的发展具有跨学科、跨行业、跨区域等特点,对优化我国经济结构、引领产业转型升级、促进数字经济增长等方面具有巨大的价值。如5G与人工智能、大数据、云计算、边缘计算等新技术之间的协同融合,以及新基建的内容技术与新材料、新能源、高端制造等不同产业的交叉融合,不断引发乘数效应。同时,新技术的发展需要一个完善且强大的基础平台,新型基础设施就是这个平台的主体,只有这个平台建立且强大起来,新技术才能在提高国家综合竞争力方面发挥催化作用。

(5) 有助于满足人民对美好生活的需求。在中国特色社会主义进入新时代的当下,我国社会主要矛盾已经转化为人民日益增长的美好生活需要和不平衡、不充分的发展之间的矛盾。目前,以5G、人工智能、大数据、工业互联网等为代表的新技术在便利生活和民生保障的工作中体现出强大

的先进性,人民对这些新技术的作用和能力达成了共识,并对网络信息技术服务具有越来越强烈的需求,因此可以说,现在发展新型基础设施建设恰逢其时。

(三) 新基建的主要领域

新型基础设施建设主要涵盖信息基础设施、融合基础设施和创新基础设施三个方面,包括5G基建、特高压、城际高速铁路和城市轨道交通、充电桩、大数据中心、人工智能、工业互联网等七个领域,各领域的应用方向详见表3-2。

表3-2 新基建七大领域建设内容及应用方向

领域	建设内容	应用方向
5G基建	1. 机房、供电、铁塔、管线等的升级、改造和储备; 2. 5G基站、核心网、传输等的基础网络设备研发与部署; 3. 5G新型云化业务应用平台的部署,与新业务以及各种垂直行业应用的协同; 4. 围绕5G的工业互联网新型先进制造网络环境,如物联网云、网、端等新型基础设施,围绕车联网的车、路、网协同的基础设施等	工业互联网、车联网、物联网、企业上云、人工智能、远程医疗等
特高压	换流站土建、电气设备安装、变电站扩容建设等	电力等能源行业
城际高速铁路和城市轨道交通	通车线路建设	交通行业
充电桩	充电场站、充电桩建设	新能源汽车
大数据中心	1. 机房楼、生产管理楼等数据中心基础配套设施; 2. 传输光纤、互联网交换中心、数据服务平台等支撑数据中心发展网络及服务设施; 3. 互联网数据中心业务部署与应用协同; 4. 车联网、卫星大数据等垂直领域的大数据研发及产业化项目	金融、安防、能源、科技领域及个人生活的方方面面(包括出行、购物、运动、理财等)

续表 3-2

领域	建设内容	应用方向
人工智能	1. AI 芯片等底层硬件发展； 2. 通用智能计算平台的搭建； 3. 智能感知处理、智能交互等基础研发中心建设； 4. 人工智能创新发展试验区建设	智能家居；服务机器人；移动设备；自动驾驶；其他行业应用：家居、金融、安防、医疗、企业服务、教育、客服、视频/娱乐、零售/电商、建筑、法律、新闻资讯、招聘
工业互联网	1. 工业互联网网络建设； 2. 工业互联网平台建设； 3. 工业互联网试点示范项目建设	企业内的智能化生产、企业和企业之间的网络化协同、企业和用户的个性化定制、企业与产品的服务化延伸

（资料来源：由作者根据中央电视台中文国际频道报道整理）

1. 5G 基建

5G 是指第五代移动通信技术（5th Generation Mobile Communication Technology），是具有高速率、低时延和大连接特点的新一代宽带移动通信技术，是实现人机物互联的网络基础设施。5G 作为移动通信领域的重大变革点，是当前"新基建"的领衔领域。无论是从未来承接的产业规模，还是对新兴产业所起的技术支撑作用，5G 都具有非常大的潜力，因此也被称为"经济发展的新动能"。实际上，我国重点发展的各大新兴产业，如工业互联网、车联网、企业上云、人工智能、远程医疗等，均需以 5G 作为产业支撑。

2. 特高压

特高压，指的是 ±800 千伏及以上的直流电和 1000 千伏及以上的交流电的电压等级。特高压能大大提升我国电网的输送能力。据国家电网公司提供的数据显示，一回路特高压直流电网可以送 600 万千瓦电量，相当于

现有500千伏直流电网的5～6倍,而且送电距离也是后者的2～3倍,因此效率大大提高。此外,据国家电网公司测算,输送同样功率的电量,如果采用特高压线路输电可以比采用500千伏高压线路节省60%的土地资源。早在1986年,我国就开始特高压建设,目前我国是世界上唯一一个将特高压输电项目投入商业运营的国家。我国特高压建设的潜力依然庞大,各类特高压项目仍在规划之中。

3. 城际高速铁路和城市轨道交通

城际高速铁路和城市轨道交通是推进城市群一体化、都市圈同城化的"血脉"。因各国的需求不断扩大,全球城际高铁和城市轨道交通持续处于扩张的发展阶段。目前,中国在这两个领域的建设都具有明显的领先优势。

根据国家统计局数据,2019年我国高速铁路覆盖80%以上的大城市,运营里程达到3.5万千米,相对2018年的2.9万千米,增速超过20%,占全球高铁运营里程的三分之二以上。不仅如此,中国高铁已经在泰国、巴西、墨西哥等国家和地区开展合作,辐射非洲、亚洲、欧洲、美洲等区域。

城市轨道交通包括地铁、有轨电车和轻轨三类,三者运营里程分别占总运营里程数的55.40%、39.65%和4.95%。其中,有轨电车主要集中分布在欧洲地区,轻轨相对集中在亚洲地区。截至2019年年底,全球共有75个国家和地区的520座城市开通了28198.09千米运营里程的城市轨道交通。中国城市轨道交通里程数为6730.30千米,为全球城市轨道交通里程数最高的经济体,其次为德国和美国,里程数分别为3615.10千米和1331.80千米。

就产业方向而言,城际高速铁路和城市轨道交通的产业链条很长,从原材料、机械到电气设备再到公用事业和运输服务,它将在推动整个社会发展和交通数字化、智能化方面起到基础性作用。

4. 充电桩

充电桩的功能类似于加油站里面的加油机,可以固定在地面或墙壁上,安装于公共建筑(公共商业楼宇、商场、公共停车场等)和居民小区停车场或充电站内,可以根据不同的电压等级为各种型号的电动汽车充电。截至2019年,全球公共充电桩保有量达到92.70万个,其中2019年新增29.90万个,包括美国的1.11万个、欧洲的5.37万个和中国的

21.60万个。但是随着新能源汽车数量的不断增长,充电桩的需求也日益扩大。

5. 大数据中心

数据中心是全球协作的特定设备网络,用来在互联网网络基础设施上传递、加速、展示、计算、存储数据信息。数据中心的产生致使人们的认识从定量、结构的世界进入不确定和非结构的世界中,它将和交通、网络通信一样逐渐成为现代社会基础设施的一部分,进而对很多产业都产生了积极影响。新兴产业的未来发展将大量依赖于数据资源,因此从国家政务到各大行业,建立数据中心将有助于促进行业转型和实现企业上云。在云计算之外,5G、产业互联网、人工智能等新兴领域飞速发展,亦在共同扩大着人类社会对数据中心的需求。

6. 人工智能

人工智能(Artificial Intelligence),英文缩写为 AI。它是研究、开发用于模拟、延伸和扩展人类智能的理论、方法、技术及应用系统的一门新的技术科学。人工智能是计算机科学的一个分支,它企图了解智能的实质,并生产出一种新的能以与人类智能相似的方式做出反应的智能机器。该领域的研究包括机器人、语言识别、图像识别、自然语言处理和专家系统等。

人工智能的重要性不言而喻。从宏观层面来看,人工智能是引领新一轮科技革命、产业变革、社会变革的战略性技术,正在对经济发展、社会进步、国际政治经济格局等方面产生重大深远的影响。而从产业发展的角度来看,人工智能作为新一轮产业变革的核心驱动力,正在释放历次科技革命和产业变革积蓄的巨大能量,持续探索新一代人工智能应用场景,将重构生产、分配、交换、消费等经济活动的各个环节,催生出新技术、新产品和新产业。

7. 工业互联网

工业互联网(Industrial Internet)是新一代信息通信技术与工业经济深度融合的新型基础设施、应用模式和工业生态,通过对人、机、物、系统等的全面连接,构建起覆盖全产业链、全价值链的全新制造和服务体系,为工业乃至产业数字化、网络化、智能化发展提供了实现途径,是第四次工业革命的重要基石。

工业互联网不是互联网在工业的简单应用,它具有更为丰富的内涵和

外延。它以网络为基础、平台为中枢、数据为要素、安全为保障,既是工业数字化、网络化、智能化转型的基础设施,也是互联网、大数据、人工智能与实体经济深度融合的应用模式,同时也是一种新业态、新产业,将重塑企业形态、供应链和产业链。

当前,工业互联网融合应用向国民经济重点行业广泛拓展,形成平台化设计、智能化制造、网络化协同、个性化定制、服务化延伸、数字化管理六大新模式,其赋能、赋智、赋值作用不断显现,有力地促进了实体经济的提质、增效、降本、绿色、安全发展。

(四)新基建实践

国家层面的新基建政策发布后,各区域政府开始积极行动,以期通过大力推进基础设施建设,紧紧抓住人工智能、机器人、无接触消费、大数据、云计算等新业态、新模式和新产业的发展机遇,启动高质量发展引擎,打造新的经济增长极。深圳作为一座以"科技"和"创新"著称的城市,在5G商用、人工智能、工业互联网、智能网联汽车、重大科技基础设施等各方面的建设和发展水平保持着全国领先地位。深圳市政府于2020年7月30日发布《深圳市人民政府关于加快推进新型基础设施建设的实施意见(2020—2025年)》,对辖区内新型基础设施的建设进行指导,对于新基建的建设工作具有非常重要的借鉴意义。

【案例3-4】
深圳市人民政府关于加快推进新型基础设施建设的实施意见
(2020—2025年)

一、总体要求

(一)总体思路。全面贯彻党的十九大和十九届二中、三中、四中全会精神,深入贯彻习近平总书记对广东、深圳工作的重要讲话和指示批示精神,把握全球新一轮科技革命和产业变革迅猛发展的重要战略机遇,面向国民经济主战场、我市重大产业发展需求和应用新场景,以信息基础设施、融合基础设施和创新基础设施为载体,构筑数字时代的关键基石;以体制机制创新为动力,构建形成政府社会协同投资、科技产业协同创新、社会经济融合发展的现代化新型基础设施体系;加快培育数字要素市场,以新型基础设施建设带动新技术、新业态、新模式和新消费发展,着力培育高质量发展新的增长点，为粤港澳大湾区建设和中国特色社会主义先行示范区建设注入强劲动力。

（二）基本原则。

科技引领。坚持把科技创新摆在核心地位，围绕新一轮科技革命和产业变革发展前沿，在战略必争的新型基础设施重点领域和关键环节超前谋划、主动布局，不断提升核心自主创新能力，实现高端引领发展。

应用驱动。瞄准经济社会数字化转型和新兴产业重大需求，着力推进新型基础设施建设与智能制造、民生服务、社会治理等应用场景深度融合，支撑数字经济等新兴产业高质量发展，形成重点突破、全面覆盖的应用格局。

协同建设。充分发挥市场配置资源的决定性作用，更好发挥政府作用，构建多元化投融资体系，加强用地、用电等资源保障，加快项目审核进度，为市场主体创造良好的投资环境，充分调动市场主体的积极性、创造性。

数字赋能。充分运用网络化、数字化、智能化技术，强化新型基础设施对工业、交通、能源、医疗等传统行业的赋能作用，提升创新链、产业链、价值链水平，发挥催化、倍增和叠加效应，促进数字经济蓬勃发展。

开放共享。鼓励数字创新要素资源集聚、开放、共享，提高资源配置效率，推动新型基础设施的资源、应用、产业、生态协同发展，形成共建共享、互联协作的建设模式，加快建立优势互补、合作共赢的开放型新型基础设施生态体系。

（三）发展目标。到2025年，新型基础设施建设规模和创新水平位居全球前列，数字化、网络化、智能化与经济社会发展深度融合，泛在智能、融合高效、科产协同的城市发展格局基本形成，为带动信息产业升级提供崭新机遇，为拉动新一轮经济增长提供强大动能，为推动高质量发展提供重要支撑。

一是打造全球领先的新型基础设施发展高地。率先建成"万物互联、数智融合、技术引领"的信息基础设施体系，5G网络及智能计算发展全球领先，人工智能、区块链等新一代数字技术应用达到国际一流水平。

二是构筑国际先进的新型基础设施融合典范。率先建成"数字化、网络化、智能化"的融合基础设施赋能体系，加速制造、交通、能源等领域数字化升级，打造具有国际影响力的工业互联网名城和智能交通创新示范基地。

资源生成理论

三是建设国内一流的新型基础设施创新标杆。率先建成"源头创新突破、产学研深度融合"的科技基础设施体系，新建5个以上重大科技基础设施、3个以上前沿交叉平台、20个以上重大功能型产业创新平台。

二、超前部署信息基础设施

大力发展基于新一代信息技术演化生成的通信网络基础设施、算力基础设施和数字技术基础设施，加快推进数字产业化和产业数字化，夯实数字经济发展基础，打造全球一流的信息基础设施高地。

（一）超常规建设通信网络基础设施。构建覆盖"5G+千兆光网+智慧专网+卫星网+物联网"的通信网络基础设施体系，为率先实现万物互联奠定坚实基础。全面开展5G网络建设，到2025年累计建成5G基站5万个，成为全球领先的5G之都。加快建设千兆光纤网络，全面部署10GPON光纤接入网，到2025年实现千兆宽带对家庭和重点场所的基本覆盖，打造"双千兆城市"。加快推进专用网络建设，建设5G政务专网、1.4GHz无线宽带专网和1.8GHz行业专网。加快北斗卫星地基增强系统建设，逐步构建无缝覆盖、安全可靠的卫星网络设施。加快推进公共服务、城市治理等物联网基础设施建设，利用窄带物联网、增强机器类通信、远距离无线传输等物联网通信技术，积极部署低成本、低功耗、高精度、高可靠的智能化传感器，探索建立健全物联网技术标准体系，规范数据采集、汇聚、管理与共享，推动万物互联发展。

（二）前瞻部署算力基础设施。以数据中心为基础支撑，加快构建"边缘计算+智算+超算"多元协同、数智融合的算力体系，为经济社会发展提供充足的算力资源。加快支撑数字经济发展的绿色数据中心建设，出台全市专项规划，集中布局建设适用于中时延类业务的超大型数据中心，分布布局PUE值小于1.25的适用于低时延类业务和边缘计算类业务的中小型数据中心。推进存算一体的边缘计算资源池节点建设，打造人工智能、自动驾驶等新兴产业的计算应用高地。加快鹏城云脑和深圳超算中心建设，打造全球智能计算和通用超算高地。加快粤港澳大湾区大数据中心建设，汇聚大湾区数据资源，构筑全国一体化大数据中心的华南核心节点。探索对新型数据中心单独核算能耗指标，不列入区政府年度绩效考核体系。

（三）高标准布局数字技术基础设施。把握数字技术快速迭代趋势，加快推广"上云、赋智、用链"等新技术应用，打造全球领先的数字技术标杆城市。积极发展安全可靠、弹性便捷的政务云、行业云平台及解决方案，鼓励创新"轻量应用""微服务"，全面提升中小企业和传统企业上云率。发挥医疗影像、普惠金融、基础软硬件以及智能无人系统等国家级和省级新一代人工智能开放创新平台的技术引领作用，加快开源开放，有力支撑国家新一代人工智能创新发展试验区和创新应用先导区建设。加快铺设集公共节点、共识集群等于一体的区块链服务网络，建设高效融通的区块链底层平台，推动区块链在防伪溯源、司法存证、内容保护、专利交易、信用管理等领域的应用，打造全球领先的区块链应用高地。

三、全面升级融合基础设施

深度应用数字化、网络化、智能化技术，加速智能制造基础设施建设，加快交通、能源、市政等传统基础设施信息化、智能化、网络化升级，促进数字经济与实体经济深度融合发展，形成适应智能经济和智能社会需要的融合基础设施体系，加快信息开放共享和综合集成利用，形成智能化运行组织和管理方式。

（一）全力建设智能制造基础设施。以工业互联网网络、节点和平台建设为核心，推进工业互联网与制造业深度融合创新，加快培育人、机、物全面互联的新兴业态，打造具有国际影响力的工业互联网名城。探索建立统一、综合、开放的工业互联网标准体系，加快工业互联网内外网改造和建设，构建覆盖全市重点工业区域的工业互联网网络体系。围绕电子信息、汽车、智能装备等重点领域，打造一批国家级工业互联网平台，培育一批创新活跃的解决方案商。积极争取国家标识解析二级节点落地，大力推广标识解析应用。围绕智能化生产、网络化协同、服务化延伸等工业互联网新模式新业态，每年扶持不少于50个典型应用项目，形成一批特色鲜明、亮点突出、可复制可推广的行业应用标杆。以宝安区为核心，加快建设工业互联网引领制造业转型示范区，支持龙岗、龙华、光明等区域发挥自身优势打造工业互联网特色示范区。

（二）加快布局智能交通基础设施。推动道路、港口、机场、口岸等交通设施及运载工具智能化升级，加快构建智能化、网络化现代交通体系。有序开展城市关键道路智能化改造，重点推进5G-V2X示范应用网络建设，建成全面覆盖的车用通信无线网络和高精度时空基准服务能力，到2025年，建成国内领先的综合性智能交通创新示范基地。在宝安、坪山、龙岗、龙华等有条件的区域加快云巴等新型有轨电车建设。推进智慧港口基础设施建设，加快重点港口装备及设施智能化升级，提升航运基础设施的数字化、智能化水平。加快实施机场和口岸智慧化改造，全面部署人脸登机、自助通关等智能服务设施。

（三）有序布局智慧能源基础设施。加强综合能源网络建设，推动能源与信息基础设施深度融合，营造安全可靠、互联互通、开放共享的智慧能源生态体系。加快推进开展数字化智能电网建设，推动智能电网与分布式能源、储能等技术深度融合。推进电动车充电网络和储能网络建设，实现对储能设备和充电桩设施的标准化、网络化、智能化管理。支持建立新型能源市场交易和运营平台，大力发展绿色能源交易、能源大数据服务应用、智慧用能和增值服务等新业态。

（四）高效升级智慧市政基础设施。以城市大脑为依托，以数字政府和应急管理平台为支撑，建设联动数字经济、数字社会和数字政府发展的城市数字化治理综合基础设施，打造国家新型智慧城市的标杆。推广多功能杆、智慧水务、智慧燃气、智慧环保、智慧安防等新型智慧城市公共服务领域物联网应用。加快建设统一、高效、智能、可信的城市大数据基础平台，打造数字政府。强化应急管理，提升智慧城市应急管理平台的疫情防控、网络安全、资源调配和社会管理能力。

四、统筹布局创新基础设施

聚焦深圳综合性国家科学中心建设，以源头创新突破和产业创新能力提升为主要抓手，加快布局产学研深度融合的创新基础设施体系，发挥基础性、公益性、先导性作用，有力支撑科技产业协同发展。

（一）精准谋划科技基础设施。围绕源头创新、技术突破，加快推进科技基础设施集群建设。对标国际一流，加快谋划布局标志性、稀缺性重大科技基础设施；加快推进信息、生命、材料等科学与技术领域的重大科技基础设施建设。加快建设鹏城实验室、深圳湾实验室、人工智能与数字经济等省级实验室、国家深海科考中心，积极争取国家实验室落地。到2025年，建成并投入运营不少于5个重大科技基础设施、不少于3个前沿交叉平台，推动跨学科、大协同的基础研究和应用基础研究，合成生物学、脑科学等技术实现重大突破。加快建立重大科技基础设施概念验证中心，为重大原始创新成果提供试验基地。

（二）集聚部署产业基础设施。围绕创新链部署产业链，构建"双链"融合的产业基础设施体系。围绕集成电路、8K超高清视频、智能网联等前沿领域,加快布局建设一批实验中试、应用验证、材料检测等重大功能型产业创新平台。瞄准未来通信技术、高端医疗器械等重点领域,加快布局一批制造业创新中心。以打造覆盖"基础研究+技术攻关+成果产业化+科技金融"的全过程创新生态链为目标,加快建设数字经济等若干集群公共服务综合体。建设国际科技信息平台和国际产业信息平台,开展全球科技产业扫描和溯源,构建国际化的科技产业情报网络。探索建立科学高效、开放协同的产业基础设施管理运行机制,提升运作效率和专业化水平。

五、高效配置关键要素资源

(一)激活资本要素多元供给。统筹政府各类资金支持力度,灵活运用专项债、贷款贴息、基金、企业债券、融资租赁等财政和金融工具,推进政府和社会资本合作(PPP模式),争取公募REITs发行试点。充分调动国有资本力量,激励国有企业带头和更多承担新型基础设施建设任务。加大深圳基础设施投资基金对新型基础设施项目的投入力度,完善覆盖全生命周期的资金保障制度。支持开发性和政策性金融机构为新型基础设施项目提供中长期贷款和融资担保,鼓励商业银行面向新型基础设施项目设立信贷优惠专项。

(二)加快培育数据要素市场。加快数据立法,探索建立数据确权、交易、流通等机制。完善政务数据开放共享机制,创造条件促进公共数据和社会数据资源开放。提升数据资源价值,搭建基于区块链技术的数据资源交易平台,推进数据要素资源深度开发利用。加强数据安全保护,加强对政务数据、企业商业秘密和个人数据的保护。

(三)强化技术要素有效支撑。围绕5G、人工智能、数据中心、工业互联网、车联网等重点领域,开展核心电子元器件、高端芯片、基础软件、半导体材料和设备等关键核心技术攻关,打造自主可控的新型基础设施技术体系。围绕信息、生命和材料等前沿领域,依托科技基础设施推动颠覆性技术突破,引领产业跨越式发展。

(四)推进人才要素精准引进培育。以深港科技创新合作区、光明科学城、西丽湖国际科教城等重大平台为载体,加快高层次人才引进,畅通海外科学家来华工作通道,鼓励双向挂职、短期工作、项目合作等柔性人员流动模式,加快推进"薪酬谈判制""薪酬包干制"和特设岗位试点,推动建立技术移民职业清单和积分评估制度。加强本土人才培育,鼓励科

研机构、高等院校、龙头企业开展专业人才培养项目，健全多层次人才培训体系。

六、构筑数字经济生态体系

（一）加速推进典型场景示范应用。围绕生产制造、民生服务、社会治理等重点领域，加快推进新型基础设施规模化、网络化部署，以开展"AI＋5G＋8K"示范应用为重要契机和先导，促进新型基础设施与各垂直应用场景的深度融合，依托华为、腾讯、平安、富士康等本地龙头企业打造自动驾驶、工厂、医疗、金融、教育、商务、物流、零售、家居、社区等重点场景示范应用标杆，加快实现经济社会数字化、网络化和智能化转型。2020年，新增创新型科技企业新技术、新产品政府采购规模约100亿元。

（二）积极培育数字经济新业态。大力促进新型基础设施与各行业的融合创新，加快"研发＋生产＋供应链"的数字化转型，构建"生产服务＋商业模式＋金融服务"跨界协同的数字生态，支持线上线下融合、"宅经济"、非接触式消费等新消费模式发展，加快培育"智慧＋"等新业态，充分发掘新内需，拓展经济发展新空间。

（三）打造国际一流数字经济产业集群。围绕5G通信、工业互联网、8K超高清视频、鲲鹏计算等重点领域，加速推进新型基础设施建设，强化对产业生态主导型企业的服务扶持力度，加快培育引进产业链缺失和薄弱环节。发挥产业生态主导型企业的引领作用，全方位拓展产业生态结构，带动产业链配套企业协同创新、数字转型和集聚发展。

七、强化保障安排

（一）加强统筹协调。成立市新型基础设施建设领导小组及专项工作组，协同市区两级力量，统筹协调解决跨区域、跨领域、跨部门的重大问题，领导小组办公室设在市发展改革委。各专项工作组及其牵头部门制定落实方案，明确责任分工、时间节点。

（二）建立项目库。编制我市新型基础设施项目库，对入库项目实行"滚动＋分类"标记管理方式，梯次推进实施。对入库项目建立"绿色通道"，实行"并联式"审批，协同推进环境评价、用地审批、工程方案审核等环节。

（三）优化发展环境。统筹用地需求，将新型基础设施建设纳入国土空间规划，保障空间供给。加强配套电力建设，精准提高电网设计容量，

第三章 政府在资源生成领域大有作为

适应新型基础设施未来新增用电需求。建立健全动态、弹性、包容、审慎的监管制度。推动通信管道共享开放,推进公共设施向5G基站、管线、机房等开放,支持免收基站租赁、资源占用等费用。

(四)强化安全保障。建立健全新型基础设施建设安全防护体系,确保安全技术措施同步规划、同步建设、同步使用,形成覆盖事前防范、事中监测和事后应急的全生命周期保障能力。开展主动防御试点,提高新型基础设施网络和信息安全事件动态响应和恢复处置能力,提升对自然灾害和突发事件的预防抵御、应急反应、快速修复能力。推广应用安全可信的网络产品和服务,推动安全技术、产品和服务创新,确保新型基础设施关键核心系统、部件安全可控。

(资料来源:深圳市人民政府网站:http://www.sz.gov.cn/zwgk/zfxxgk/zfwj/szfwj/content/post_7998881.html)

第三节 逆生性资源的开发与利用

逆生性资源是由区域经济发展中的外部溢出效应逆向形成的一种独特的生成性资源,即通过一定的制度安排,将发展对生态环境的负外部性成本化,其本质上凸显了对可持续发展和人类福祉的关注。

一、逆生性资源与社会总福利

(一)模型假设

在第一章中我们曾分析到,逆生性资源的本质是将负外部性成本化,从而降低这种负向公共产品的供给,最终提升社会的总福利。为了考察逆生性资源对社会福利的影响,我们从厂商角度构建一个"供给—需求"曲线进行讨论。

为了简化分析,我们假设在某个产品市场上的厂商都是价格接受者(Price Taker),即需求曲线是等于p^*的平直曲线。同时,我们假设各厂商之间是同质的,即其提供的产品是完全相同并且可以互相替代的,并且假设市场上的厂商生产函数也是相同的,这样我们就可以通过分析其中一

个代表厂商的情况从而得到整个市场的情况。

假设厂商生产产品的成本为 $f(q)$，该成本函数是连续且二阶可导的，并且在 $q > 0$ 时，有 $C = f(q) > 0$。同时，假设 $f'(q) > 0$、$f''(q) > 0$，这两个式子意味着边际成本是加速递增的，一般而言边际成本曲线会先递减后递增，但是厂商为了获取更多的利润，一般会将产量推动到边际成本递增的位置。为了方便分析，我们假设整条边际成本曲线都是递增的，而且这个假设不会影响我们最终的分析结果。此外，假设 $f'(0) < p^*$，这个假设是为了保证厂商在负外部性未被成本化时，在利润最大化的条件下提供的产品数量是大于 0 的，对于依旧留在市场上的厂商来说，这个假设是合理的。

同时，我们假设产品的生产具有负外部性，如会造成环境污染、生态破坏等。我们以生产每单位产品造成的社会福利损失来衡量这种外部性，并将这种社会福利损失的数量定义为 θ。这个价格由治理环境、恢复生态的花费所决定。这是一个比较理想化的假设，因为在现实生活中，诸如环境污染、生态破坏的负外部性的价值并不总是可以被计量的。

（二）负外部性未被成本化的情形

首先，我们来讨论负外部性未被成本化时的情形。此时，环境破坏的成本不需要厂商来承担，因此，厂商在决策时也不会考虑这个因素，此时厂商的总成本函数为：

$$C = f(q) \qquad (3-10)$$

其利润函数为：

$$\pi(q) = p^* q - f(q) \qquad (3-11)$$

在这种情形下，追求利润最大化的厂商的最优供给量 q_1^* 满足下式：

$$f'(q_1^*) = p^* \qquad (3-12)$$

可以看到，厂商的供给曲线实际上是由 $f'(q) = p$ 决定的。因此，上式不仅是厂商利润最大化的条件，也是市场均衡的条件。

下面我们来考虑此时的社会福利情况。众所周知，社会总福利等于消费者剩余加上生产者剩余，在图形上表现为需求曲线、供给曲线与竖轴围起来的近似三角形的面积。在需求曲线平直的情况下，消费者剩余为 0。因此，在本模型的假设下，社会总福利等于生产者剩余减去负外部性，即：

$$w_1 = \int_0^{q_1^*} p^* - f'(q)dq - \theta q_1^* \qquad (3-13)$$

进一步整理后,我们得出:

$$w_1 = p^* q_1^* - f(q_1^*) - \theta q_1^* \qquad (3-14)$$

我们发现社会总福利可以被分解成两部分:一部分是厂商在最优供给量下的净利润,即 $p^* q_1^* - f(q_1^*)$;另一部分是商品生产活动带来的负外部性,即 $-\theta q_1^*$。在我们的假设下,无法判断此时的社会总福利是正的还是负的,可以确定厂商利润为正,但是其能否覆盖负外部性却是不一定的。也就是说,即使看上去各企业都处在盈利的行业,但其对社会总福利的作用却是负的,可能的原因在于这些行业的盈利是以环境污染和生态破坏为代价的。

此时,厂商的利润为:

$$\pi_1(q_1^*) = p^* q_1^* - f(q_1^*) \qquad (3-15)$$

(三)负外部性被成本化的情形

我们假设政府规定负外部性的结果由企业来承担,此时,企业不得不将这部分因素纳入其成本函数,即:

$$C = f(q) - \theta q \qquad (3-16)$$

其利润函数为:

$$\pi(q) = p^* q - f(q) - \theta q \qquad (3-17)$$

在这种情形下,追求利润最大化的厂商的最优供给量 q_2^* 满足下式:

$$f'(q_2^*) + \theta = p^* \qquad (3-18)$$

同理,我们可以得到此时的社会总福利为:

$$w_2 = p^* q_2^* - f(q_2^*) - \theta q_2^* \qquad (3-19)$$

此时,厂商的利润为:

$$\pi_2(q_2^*) = p^* q_2^* - f(q_2^*) - \theta q_2^* \qquad (3-20)$$

可以看到,在负外部性被成本化的情况下,不仅供给量发生了变化,厂商的利润函数也发生了变化。

(四)两种情形的比较

通过比较两种情形,我们可以得到如下结论。

(1)在负外部性被成本化的情形下,商品供给量更小,因此,外部性带来的经济损失也更小。由 $f'(q_1^*) = p^*$、$f'(q_2^*) = p^* - \theta$ 的最优条件和 $f''(q) > 0$ 的假设，我们容易得出 $q_2^* < q_1^*$，同时有 $\theta q_2^* < \theta q_1^*$。也就是说，在负外部性被成本化后，不仅产品的供给量减少了，负外部性产品的供给量也减少了。因此，我们可以说通过制定政策将环境污染、生态破坏这种负外部性的后果交由对应主体承担，能够有效遏制这种行为。

(2) 负外部性被成本化后，社会总福利上升。我们可以看到，在两种情形下，福利函数的形式是相同的，均为 $w = p^* q - f(q) - \theta q$，区别在于二者产品供给数量不同，且有 $q_2^* < q_1^*$。为了考察供给数量由 q_1^* 减少为 q_2^* 时社会总福利的变化，我们对福利函数求关于供给数量 q 的偏导数，可以得到：

$$\frac{\partial w}{\partial q} = p^* - f'(q) - \theta \qquad (3-21)$$

上式表明了供给数量每增加一单位，社会福利的变化情况。由前述讨论我们可知 q_1^*、q_2^* 分别满足 $f'(q_1^*) = p^*$、$f'(q_2^*) = p^* - \theta$，因此，有 $\frac{\partial w}{\partial q}\big|_{q=q_1^*} = -\theta < 0$，$\frac{\partial w}{\partial q}\big|_{q=q_2^*} = 0$，因为 $\frac{\partial w}{\partial q}$ 在 $[q_2^*, q_1^*]$ 的区间上是连续且单调的，因此我们可以进一步得到 $\frac{\partial w}{\partial q} \leq 0, q \in [q_2^*, q_1^*]$。又因为 $q_2^* < q_1^*$，所以 $w(q_2^*) > w(q_1^*)$，即 $w_2 > w_1$。也就是说，在本书的假设下，负外部性成本化的政策总是可以提升社会总福利的。这里主要的原因在于厂商是价格接受者的假设，则此时厂商只能通过减少生产者剩余来弥补社会总福利的损失，具体表现为减少产量至 q_2^*；而如果需求曲线是斜向下的，厂商则可以将成本化的负外部性成本转嫁给消费者，造成消费者剩余的降低，最优产量会大于 q_2^*，此时社会总福利不一定会上升。

(3) 在需求价格不变的情况下，社会总福利的变化主要是由厂商成本函数形状和每单位产品的供给会给社会福利造成的破坏 θ 决定的。我们继续对社会总福利函数对产品供给数量的偏导数进行讨论，因为我们更关注于生产端的情况，需求价格 p^* 不是我们所关心的，所以我们假设它不发生改变。此时，在其他因素不变时，θ 越大，$\frac{\partial w}{\partial q}$ 越小，意味着当供给量减少时，社会总福利就上升得越多；同时，在其他因素不变时，厂商成本函数曲线越陡峭，当产品供给量下降相同单位时，$f'(q)$ 下降越快，$\frac{\partial w}{\partial q}$ 越小，意味着当供给量减少时社会总福利就上升得越多。对应到社会生产实际中,数值较大的 θ 往往意味着企业是高污染、高能耗的;陡峭的厂商生产函数曲线意味着该企业是低技术的。也就是说,对高污染、高能耗、低技术的企业实施负外部性成本化的政策对于提升社会总福利更为有效。

(4) 成本负外部性被成本化的情形下,厂商利润下降,甚至可能为负。由上面的分析,我们可得 $\pi_1(q_1^*) = p^* q_1^* - f(q_1^*)$,$\pi_2(q_2^*) = p^* q_2^* - f(q_2^*) - \theta q_2^*$。$\pi_2(q_2^*) - \pi_1(q_1^*) = -\{[p^* q_1^* - f(q_1^*)] - [p^* q_2^* - f(q_2^*)]\} - \theta q_2^*$。很明显,$-\theta q_2^* < 0$,接下来证明左边部分也是小于 0 的。$q_1^*$ 为成本函数是 $\pi(q) = p^* q - f(q)$ 时的最优供给量,也就是说 $p^* q_1^* - f(q_1^*) > p^* q - f(q), q \neq q_1^*$。因为 $q_2^* < q_1^*$,所以 $p^* q_1^* - f(q_1^*) > p^* q_2^* - f(q_2^*)$,进一步得出 $-\{[p^* q_1^* - f(q_1^*)] - [p^* q_2^* - f(q_2^*)]\} < 0$。综上所述,可得 $\pi_2(q_2^*) < \pi_1(q_1^*)$,即外部性成本化之后的厂商利润会出现下降。这种利润的下降可以被分解成两部分:一部分是因成本外部化政策导致的厂商决策的扭曲,即成本函数的变化使其最优供给量偏离了原来的最优供给量;另一部分是由于其承担了负外部性的成本。此时,厂商为了提升利润,只能提升技术能力和管理水平,推动成本下降。更进一步得出,在负外部性成本化的情形下,企业利润可能为负,此时行业内企业要么退出市场,由更高技术、更低能耗和污染的企业接替;要么自行改进技术,降低能耗和污染。

(5) 无论成本负外部性是否被成本化,社会总福利均可能为负。我们再次回到社会总福利函数 $w = p^* q - f(q) - \theta q$,并令其小于 0,可得到 $\theta > p^* - \dfrac{f(q)}{q}$。也就是说,在某种产品生产存在负外部性的情况下,当单位产品造成的负外部性带来的社会总福利损失足够大,具体而言,大于产品的平均收益与平均成本之差时,社会总福利总是为负的。这就导致了一个问题,即使经过负外部性成本化政策调整过后的市场带来的社会总福利依旧可能是负的。

(6) 某行业单位产品带来的社会福利与边际收益和厂商技术水平正相关,与负外部性带来的社会福利损失负相关。由上述分析可知,我们可以得到某行业的单位产品的社会平均福利为 $\dfrac{w}{q} = p^* - \dfrac{f(q)}{q} - \theta$,也就是说,单位产品带来的福利与边际收益正相关,与平均成本和负外部性负相关。

其中，边际收益水平在我们的模型中假定是外生的；平均成本的曲线与成本曲线有关，厂商成本曲线由其技术水平决定，而且厂商技术水平越高，其单位产品平均成本越低；而负外部性带来的社会福利损失主要与行业特征有关，但也部分与厂商技术水平有关，如厂商更多采用了环保节能技术，其负外部性可能就会较同行而言变得更低。这种单位产品福利的分析，可以让我们更好地了解行业带来的社会总福利。

（五）模型结论的现实意义

上述几节我们通过构建数学模型对负外部性成本化问题，也即本书中"逆生性资源生成"问题进行了分析。模型的假设基于现实世界的社会经济运行，最终也要回到社会经济运行当中去。本小节将对模型结论的现实意义进行总结，上述模型对逆生性资源的生成的启示和借鉴如下。

（1）负外部性的货币计量是逆生性资源生成的基础。在本节构建的模型中，其中一个重要的基础假设是每单位产品的生产导致的环境污染、生态破坏等负外部性带来的社会福利损失为 θ，注意 θ 是对环境污染、生态破坏的一个货币计量，如果没有这个假设的存在，整个模型的分析都无法进行。而在现实世界中，对环境污染和生态破坏的计量也是不容易的，要转化为以货币为单位进行计量就更为困难了，但这又是非常必要的。过去我们对一个国家和地区的发展的考察标准主要集中在国内生产总值，也就是说，更关注最终生产的产品和提供的服务，而不关心在这个过程中是否对环境和生态造成了破坏，其中一个重要的原因在于国内生产总值是一个量化指标，具有较好的科学性、准确性和稳定性，而后者是可以切身感受到却无法量化统计的。即使在保护环境和生态逐渐成为共识的今天，大家都知道要对环境污染问题进行管理和调控，但是以何手段进行调控、以何尺度进行调控、调控结果如何，都还停留在直观感受层面。因此，逆生性资源的生成应首先解决其计量的问题。目前，生态系统生产总值（Gross Ecosystem Product, GEP）在理论和实践层面中都展现了其优越性，下文将会对其进行详细介绍。

（2）负外部性成本化政策是有效的。负外部性成本化政策的有效性是逆生性资源生成的理论基础，该有效性主要体现在负外部性产品数量的降低和社会总福利的提升。在负外部性产品数量方面，我们假设了负外部性产品的数量与厂商生产产品的数量是相等的，在负外部性成本化的情形下，厂商提供的产品数量降低意味着负外部性产品数量的降低，这在现实生活中将表现为污染物的排放量和被破坏的生态环境数量（如被砍伐的树木数量、被破坏的草地平方数等）降低。社会总福利方面，在负外部性成本化的情形下，社会福利出现上升，这在前述内容中已经被证明，这里不再赘述。但值得注意的是，社会总福利是兼顾了社会财富积累和生存环境改善两个指标的，也就是说通过逆生性资源的生成，人民不仅更加富足，生活也更加幸福。碳排放交易作为逆生性资源生成的一个具体的实践和一个伟大的尝试，将在下文进行详细讨论。

（3）逆生性资源的生成应分门别类、逐步推进。在构造的模型中，我们使用了单一的企业类型，但是在现实中，应根据具有不同特点的不同行业进行分类，分别施策，在最大程度上兼顾经济发展与环境保护。通过上文讨论我们知道，对于一个行业而言，其产生的社会总福利的大小取决于 θ 与 $p^* - \dfrac{f(q)}{q}$ 的大小，我们可以根据其大小对各产业进行分类。具体而言，可分为"狭义绿色经济产业""广义绿色经济产业""可调整产业""落后产能产业"四种类型。

1）狭义绿色经济产业。狭义绿色经济产业在本书中的数学表达式是 $\theta \leq 0$，即该产业的生产活动对生态环境没有负外部性，甚至对总体社会福利具有正的外部性，如清洁生产技术产业、回收再生资源产业、环保技术相关产业以及生态农业、服务业等。这种类型的行业区域政府应鼓励其发展。但是对于严格正外部性的行业而言，其供给量往往是小于均衡数量的，因此区域政府应通过税收优惠、发放补贴等方式促进其发展。

2）广义绿色经济产业。准绿色经济产业在本书中的定义是即使不经过负外部性被成本化政策的调整，其社会总福利也是正的，也就是说综合经济效益和生态环境效益，该产业对社会的总体效益是正的，在模型中其特征为 $0 < \theta \leq p^* - \dfrac{f(q_1^*)}{q_1^*}$。根据上式，这类企业有在两种情况：①对环境的负外部性比较小，即 θ 比较小；②技术水平较高，即 $\dfrac{f(q_1^*)}{q_1^*}$ 比较低，换言之在其最优供给量时其平均成本依旧处于较低的水平。在实际中，由于行业本身的特征，在目前技术边界的限制下，大部分行业无法做到零负

外部性或正外部性,因此,广义绿色经济产业是大部分产业转型升级的目标,即在产业发展中至少应有一条底线,不能以环境和生态的过度破坏为代价以实现经济的发展,但是轻微的环境污染和产业发展之间可以根据影响大小进行取舍。

3) 可调整产业。可调整产业是指在不经过政策调整的情况下,该行业社会总福利为负,但经过负外部性成本化政策的调整后,其社会总福利为正的行业,在模型中的表现为 $p^* - \dfrac{f(q_1^*)}{q_1^*} < \theta \leq p^* - \dfrac{f(q_2^*)}{q_2^*}$。这类产业是负外部性成本化政策最有效的产业,在政策调整下,社会总福利将会有较大的提升。这类产业在现实中表现为具备一定的技术基础,但在完全的市场环境下以利润最大化为目标,没有动力进行生态环境保护等方面的尝试,因此必须由政府制定政策对其进行调整。

4) 落后产能产业。这种类型的企业是指即使经过负外部性成本化政策调整之后,其社会总福利依旧是负的。在实际经济活动中,这类产业往往意味着高能耗、高物耗、高污染、高排放、低效率,生产技术水平低下,经济发展方式落后。对于这类产业,如果直接施行负外部性成本化的政策,将导致该行业大部分企业破产倒闭。虽然从社会总福利的角度应坚决予以关停取缔,但是综合考虑就业、民生、地区发展平衡等问题,最重要的是要推动这类产业进行技术升级改造,改变发展方式,争取使之变成可调整产业,之后再进一步配合负外部性成本化政策,使之转化为广义绿色经济产业。

综上所述,逆生性资源的生成应坚持"鼓励扶持狭义绿色经济产业,发展壮大广义绿色经济产业,管理调控可调整产业,转型升级落后产能产业"的原则,根据不同的行业特点制定不同的调整政策,分门别类、逐步进行。同时,应配合金融工具等手段,让各企业根据其自身特点制定转型升级策略。

二、逆生性资源的生成:碳排放交易

在逆生性资源的生成中,各国之间达成共识最多、推动工作最深入的是碳排放交易。在《联合国气候变化框架公约》的框架下,各国先后签订《京都议定书》和《巴黎协定》,明确气候问题的目标和任务,确立履约手段与机制,并开展相应的实践探索。

(一)碳排放交易的背景

农业社会的生产方式使人类并未面临二氧化碳等温室气体排放的问题,但是随着工业社会的发展,全球气候变暖问题日益严重。近百年来,全球气候变化的最主要特征是变暖,从人类开始工业化以来,由于煤、石油等化石能源的广泛使用而排放了大量的二氧化碳,导致大气中二氧化碳的浓度升高,温室效应使得全球气候变暖。2019年,全球大气中主要温室气体即二氧化碳、甲烷、氧化亚氮的平均浓度分别较工业化前增加了48%、160%和23%,众多科学理论和模拟实验也在验证温室效应理论的正确性,更多研究证据表明,人类活动是全球气候变暖和极端温度事件的主要原因。目前,全球的平均温度较1850年的工业革命初期的平均温度上升了近1℃,且平均气温上升的速率明显提升。就我国气候变化的情况来看,近百年以来,我国地表温度显著上升,上升速率明显加快,北方冬季和春季增暖趋势明显。除此之外,气象数据显示自1950年以来,我国极端降水频率明显增加,极端天气发生的频率越来越高。

气候变化给人类的生产生活带来严重威胁。全球气候变暖导致冰川与冻土消融,影响下游大河的径流与水质,破坏了水资源系统的正常循环。气候的变化给农业生产造成不良后果,影响农作物的产量与品质,导致农业生产成本增加。极端天气事件频发,如洪水、干旱与森林火灾等更是对人类正常的生产生活产生严重冲击,造成了严重的经济损失和人员伤亡。2018年联合国政府间气候变化专门委员会(Intergovernmental Panel on Climate Change,IPCC)发布的《全球1.5℃增暖特别报告》指出,全球升温1.5℃将对陆地海洋生态、人类健康、食品安全、经济社会发展等产生诸多风险,如果全球升温2℃,风险将更大。总而言之,日益严峻的气候变化形势正在威胁着人类社会系统的稳定性,阻碍了全人类的可持续发展,人类必须通过行动减少温室气体的排放。

如何改变工业社会大量使用化石能源的生活方式、如何有效控制温室气体的大量排放、如何保护大气环境成为全人类面临的问题。在这一背景下,为了降低温室气体排放量,世界各国展开合作,采取一系列措施应对这一环境问题。为了应对气候问题,1992年,相关国家签署了《联合国气候变化框架条约》,并于1994年3月21日生效。《联合国气候变化框架条约》成为全球最早的国际气候合作框架。为通过市场经济手段降低各国碳减排中的经济成本，相关国家于1997年12月在日本京都签署了《京都议定书》。《京都议定书》在确定附件一中的发达国家碳减排额度和义务的同时，通过排放权交易（Emission Trading Scheme，ETS）、联合履约（Joint Implementation，JI）和清洁发展机制（Clean Development Mechanism，CDM）为碳减排设计了三个市场机制。正是在这三个机制的基础上，形成了快速发展的碳排放权交易体系。

作为全球应对气候变化、推动碳减排的先锋，欧盟在全球最早构建并运营了碳排放权交易体系，并已成为全球最大的碳排放权交易市场。此后，美国芝加哥气候交易所、澳大利亚碳交易所、印度碳交易所、日本碳交易所以及中国的试点碳交易所纷纷成立。碳排放权交易体系已成为相关国家促进减排与低碳化发展的重要经济手段。同时，作为低碳经济发展的金融支持体系，也已成为各国金融机构竞争的新领域。

(二) 碳排放交易的法律依据

1. 《联合国气候变化框架公约》

自20世纪80年代以来，人类逐渐认识并日益重视气候变化问题。为应对气候变化，1992年5月9日联合国通过了《联合国气候变化框架公约》（United Nations Framework Convention on Climate Change，UNFCCC，以下简称《公约》）。《公约》是指在联合国通过的旨在应对全球气候变化的一个国际公约，于1994年3月21日正式生效。

《公约》的核心内容有四点：①确立应对气候变化的最终目标。《公约》第2条规定："本公约以及缔约方会议可能通过的任何相关法律文书的最终目标是：根据本公约的各项有关规定，将大气中温室气体的浓度稳定在防止气候系统受到危险的人为干扰的水平上。这一水平应当在足以使生态系统能够自然地适应气候变化、确保粮食生产免受威胁并使经济发展能够可持续地进行的时间范围内实现。"②确立国际合作应对气候变化的基本原则，主要包括"共同但有区别的责任"原则、公平原则、各自能力原则和可持续发展原则等。③明确发达国家应承担率先减排和向发展中国家提供资金技术支持的义务。《公约》附件一中的国家缔约方（发达国家和经济转型国家）应率先减排。附件二中的国家（发达国家）应向发展中国家提供资金和技术，帮助发展中国家应对气候变化。④承认发展中国家有消除贫困、发展经济的优先需要。《公约》承认发展中国家的温室气体人均排放量仍相对较低，因此在全球排放中所占的份额将增加，经济和社会发展以及消除贫困是发展中国家首要和压倒一切的优先任务。

2.《京都议定书》

1997 年 12 月，在日本京都，《公约》缔约国基于大气中的温室气体排放量逐年增加、污染严重、对人类造成伤害等状况，首次在人类历史上提出以法规的形式限制世界各国温室气体的排放，这就是《公约》的补充条款——《京都议定书》。《京都议定书》的英文名称为 Kyoto Protocol，又译作《京都协议书》《京都议定书》《京都条约》，全称是《联合国气候变化框架公约的京都议定书》，是《公约》的补充条款，于 1997 年 12 月在日本京都由联合国气候变化框架公约参加国三次会议制定，于 2005 年 2 月 16 日开始生效，其目标是"将大气中的温室气体含量稳定在一个适当的水平，进而防止剧烈的气候改变对人类造成伤害"。

《京都议定书》的内容主要包括：①附件一中的国家整体在 2008 年至 2012 年间应将其年均温室气体排放总量在 1990 年的基础上至少减少 5%。欧盟 27 个成员国、澳大利亚、挪威、瑞士等 37 个发达国家缔约方和一个国家集团（欧盟）参加了第二承诺期，整体在 2013 年至 2020 年承诺期内将温室气体的全部排放量相较于 1990 年的水平至少减少 18%。②减排多种温室气体。《京都议定书》规定的温室气体有二氧化碳（CO_2）、甲烷（CH_4）、氧化亚氮（N_2O）、氢氟碳化物（HFCs）、全氟化碳（PFCs）和六氟化硫（SF_6）。《〈京都议定书〉多哈修正案》将三氟化氮（NF_3）纳入管控范围，使受管控的温室气体达到七种。③发达国家可采取"排放贸易""共同履行""清洁发展机制"三种"灵活履约机制"作为完成减排义务的补充手段。

《京都议定书》最大的成果是规定了"灵活履约机制"。按《京都议定书》的定义，温室气体包括二氧化碳、氧化亚氮、甲烷、氢氟碳化合物、全氟碳化合物、六氟化硫等六种需人为控制排放的气体，即"碳排放权"中的"碳"。所谓"碳排放权"，其表现形式为温室气体排放配额或排放许可证，即协议国家在一定时期内实现一定的碳排放减排的目标，将减排目标以上述形式分配给国内的不同企业。碳排放权交易（简称"碳交易"），即许可配额或排放许可证的交易，这形成了国际贸易中的系列碳商品，使环境资源可以像商品一样买卖。

为了促进世界各国完成温室气体减排目标,《京都议定书》允许各国政府采取以下四种减排方式:其一,两个发达国家之间可以进行排放额度买卖,即"排放权交易",难以完成削减任务的国家,可以花钱从超额完成任务的国家买进超出的额度;其二,以"净排放量"计算温室气体排放量,即从本国实际排放量中扣除森林所吸收的二氧化碳的数量;其三,可以采用绿色开发机制,促使发达国家和发展中国家共同减排温室气体;其四,可以采用"集团方式",比如欧盟内部的许多国家可被视为一个整体,采取有的国家削减、有的国家增加的方法,在总体上完成减排任务。

《京都议定书》建立了旨在减排的三个灵活合作机制:一是国际排放贸易机制(International Emission Trading, IET);二是联合履行机制;三是清洁发展机制。这些机制允许发达国家通过碳交易市场等灵活完成减排任务,而发展中国家可以从碳交易过程中获得相关技术和资金。为了深入了解碳排放问题,以下具体介绍这三大机制运行的规则。

首先是国际排放贸易机制。其核心是允许附件一中的缔约方以成本有效的方式,通过交易转让或者境外合作的方式获得温室气体排放权。这样,就能够在不影响全球环境完整性的同时,降低温室气体减排活动对经济的负面影响,实现全球减排成本效益最优化。这一机制主要作用于发达国家。

其次是联合履行机制。这是附件一中的缔约方之间以项目为基础的一种合作机制,目的是帮助附件一中的缔约方以较低的成本实现其量化的温室气体减排承诺。减排成本较高的附件一中的缔约方通过该机制在减排成本较低的附件一中的缔约方实施温室气体的减排项目。投资国可以获得项目活动产生的减排单位,从而用于履行其温室气体的减排承诺,而东道国可以通过项目获得一定的资金或有益于环境的先进技术,从而促进本国的发展。其特点是项目合作主要发生在经济转型国家和发达国家之间。

最后是清洁发展机制。其核心是允许承担温室气体减排任务的附件一中的缔约方在非附件一中的缔约方投资温室气体减排项目,获得核证减排量(Certified Emission Reduction, CER),并依此抵消其依据《京都议定书》所应承担的部分温室气体减排任务。这一机制主要作用于发达国家与发展中国家之间。

《京都议定书》规定了碳排放权是一种稀缺资源并且具备交易属性,因此其成为碳排放交易这类逆生性资源生成的法律基础。随着减排成为一种国际趋势,出现了各种区域性和自愿性减排计划,碳交易市场的交易工具也在不断增加,这个领域有着广阔的发展前景。可以说,作为资源生成领域的一种逆生性资源,碳排放交易资源正逐渐进入世界各国的经济发展之中。

3.《巴黎协定》

2011 年,气候变化德班会议设立"加强行动德班平台特设工作组",即"德班平台",负责在《公约》下制定适用于所有缔约方的议定书、其他法律文书或具有法律约束力的成果。德班会议同时决定,相关谈判需于 2015 年结束,谈判成果将自 2020 年起开始实施。

2015 年 11 月 30 日至 12 月 12 日,《公约》第 21 次缔约方大会暨《议定书》第 11 次缔约方大会(气候变化巴黎大会)在法国巴黎举行。包括中国国家主席习近平在内的 150 多位国家领导人出席大会开幕活动。巴黎大会最终达成《巴黎协定》,对 2020 年后应对气候变化国际机制做出安排,标志着全球应对气候变化进入新阶段。截至 2020 年 1 月,《巴黎协定》签署方达 195 个、缔约方达 187 个。中国于 2016 年 4 月 22 日签署《巴黎协定》,并于 2016 年 9 月 3 日批准《巴黎协定》。2016 年 11 月 4 日,《巴黎协定》正式生效。

2018 年 12 月,《公约》第 24 次缔约方大会、《京都议定书》第 14 次缔约方大会暨《巴黎协定》第 1 次缔约方会议第 3 阶段会议在波兰卡托维兹举行。经艰苦谈判,会议按计划通过《巴黎协定》实施细则一揽子决议,就如何履行《巴黎协定》"国家自主贡献"及其减缓、适应、资金、技术、透明度、遵约机制、全球盘点等实施细节做出具体安排,就履行协定相关义务分别制定细化导则、程序和时间表等,就市场机制等问题形成程序性决议。

《巴黎协定》主要内容包括:①长期目标。重申 2 ℃的全球温升控制目标,同时提出要努力实现 1.5 ℃的目标,并且提出在 21 世纪下半叶实现温室气体人为排放与清除之间的平衡。②国家自主贡献。各国应制定、通报并保持其"国家自主贡献",通报频率是每五年一次。新的贡献应比上一次贡献有所加强,并反映该国可实现的最大力度。③减缓。要求发达国家继续提出全经济范围绝对量减排目标,鼓励发展中国家根据自身国情

资源生成理论

逐步向全经济范围绝对量减排或限排目标迈进。④资金。明确发达国家要继续向发展中国家提供资金支持,鼓励其他国家在自愿的基础上出资。⑤透明度。建立"强化"的透明度框架,重申遵循非侵入性、非惩罚性的原则,并为发展中国家提供灵活性。透明度的具体模式、程序和指南将由后续谈判制订。⑥全球盘点。每五年进行定期盘点,推动各方不断提高行动力度,并于2023年进行首次全球盘点。

(三) 世界各国碳排放交易实践

1. 欧洲碳排放交易体系

欧盟碳交易市场是目前世界上运行时间最长的碳交易市场,可供交易的品类齐全,包括配额现货及其金融衍生品等,对于世界其他地区的碳交易市场建设具有借鉴意义。2003年10月13日,欧盟议会通过排放交易指令,欧盟排放交易体系(European Union Emission Trading Scheme,EU-ETS)得以建立并于2005年1月1日正式实施。目前,欧盟排放交易体系覆盖27个欧盟成员国,以及挪威、冰岛和列支敦士登等三个非欧盟国家,分四个阶段实施,具体信息详见表3-3。

表3-3 欧洲碳排放交易体系的四个阶段

阶段	目标	配额及上限分配	覆盖范围
第一阶段 (2005—2007年)	实验阶段,检验EU ETS的制度设计,建立基础设施和碳市场	起始约为22亿吨CO_2e/年,至少95%配额免费分配,其他拍卖。采用历史法分配配额	CO_2;20MW以上燃烧装置,约有11000多个工业设施,包括电力、炼油、炼焦、钢铁、水泥、玻璃、陶瓷、造纸等行业
第二阶段 (2008—2012年)	履行《京都议定书》的减排目标	约20.8亿吨CO_2e/年,至少90%配额免费分配	在第一阶段基础上,于2012年纳入航空行业排放;纳入三个非欧盟成员国

续表 3-3

阶段	目标	配额及上限分配	覆盖范围
第三阶段（2013—2020年）	2020年排放比2005年降低21%	由欧盟确定单一排放上限，超过50%的许可拍卖。2013年上限为20.8亿吨CO_2e，以后每年下降1.74%。基准线法分配免费配额	N_2O、SF_6、PFCs等其他温室气体被纳入，行业扩大到化工、石化、合成氨、有色和炼铝、己二酸等；约10744个设施，占欧盟温室气体排放总量的39%（2018年）
第四阶段（2021—2030年）	2030年排放比2005年降低43%	配额上限每年下降2.2%，57%配额拍卖，行业基准线每五年更新一次	与上个阶段相同

（数据来源：欧盟委员会官方网站，并经作者整理）

第一阶段（2005—2007年）为碳排放交易的试验性阶段，在此阶段的参与国家为27个欧盟成员国，覆盖气体仅局限于二氧化碳气体，覆盖领域主要为发电站及其他发电量≥20MW（兆瓦）的燃烧厂、炼油厂、钢铁厂等11个工业领域。碳配额的分配方式采用免费发放和拍卖相结合，以免费发放为主的方式分配到各个国家部门与企业。该阶段的碳配额总量为23亿吨，由于配额供给过剩，配额价格曾一度逼近0欧元/吨。

第二阶段（2008—2012年）的参与国家在第一阶段的27个欧盟成员国的基础上增加了挪威、冰岛、列支敦士登三个国家，覆盖气体可选择性地增加了二氧化氮气体，覆盖领域新增了航空行业。碳配额的方式与第一阶段保持不变，但配额总量略有下降，为22亿吨。该阶段恰逢全球金融危机和欧债危机，欧洲经济发展停滞，能源相关产业产能急剧下降，市场配额需求不足，交易价格持续低迷。

第三阶段（2013—2020年）在第二阶段基础上，参与国家新增克罗地亚，覆盖气体新增全氟化合物（PFCs），覆盖行业新增制铝业、石油化学、金属冶炼等产业。该阶段欧盟对碳排放额度的确定方法进行了改革，取消国家分配计划，实行统一的碳排放总量控制制度。欧盟自2013年起，逐年以每年1.74%的比例降低碳排量上限，确保2020年温室气体排放比

1990年降低20%以上，而在配额的发放上，逐渐以拍卖方式替代免费发放，拍卖配额占总配额比例约57%。

第四阶段（2021—2030年）总体与第三阶段保持一致，碳配额年降幅度从第三阶段的1.74%增至2.20%，计划在2030年年末碳配额总供应量下降至13亿吨。2019年，欧盟碳市场建立了市场稳定储备（The Market Stability Reserve，MSR），根据当前碳市场上流通的配额量进行MSR的碳配额调拨或提取，以平衡市场供需情况。MSR能够有效应对市场冲击，对于稳定碳交易价格有重要作用

2. 美国碳交易市场

目前，美国暂时缺乏联邦层面的碳交易政策，但地方行动较为活跃，出现了由一些州或企业发起，以限制温室气体排放、鼓励能源创新技术及绿色就业为目标的碳交易制度，其中以区域温室气体减排行动和加州碳交易体系最具影响力。

（1）区域温室气体减排行动。

区域温室气体减排行动（Regional Greenhouse Gas Initiative，RGGI）是美国地方政府在电力行业利用市场机制减排的措施之一。目前有康涅狄格州、特拉华州、缅因州、马里兰州、马萨诸塞州、新罕布什尔州、新泽西州、纽约州、罗得岛州、佛蒙特州和弗吉尼亚州等11个州参与，旨在限制和减少电力部门的二氧化碳排放，具体目标分三个阶段进行：到2018年将电力行业的二氧化碳排放量在2009年的基础上减少10%，到2020年相对于2005年削减50%，到2030年相对于2020年削减30%。

RGGI覆盖了装机容量25MW以上的化石燃料发电厂产生的二氧化碳排放。配额分配主要采用拍卖方式，拍卖配额占配额总量约90%。每年进行四次公开拍卖，在2021年第三次拍卖中，成交价格为9.3美元/短吨①二氧化碳，报价在2.38～12.51美元/短吨之间浮动，此次拍卖共成交2291.14万短吨二氧化碳配额，拍卖收入2.13亿美元，将用于能效提高、终端用户补贴、可再生能源技术、减排和适应项目等各类计划中。②

---

① 短吨：美制重量单位，1短吨约等于907.2千克。
② 数据来源于RGGI官方网站。

（2）加州碳交易体系。

以美国加利福尼亚州为引领的北美碳市场覆盖范围广、影响大，是北美重要的地区碳市场。在2006年和2017年，加州先后通过了《全球变暖解决法案》（AB32）和《AB398》法案，为加州规定了2020年、2030年和2050年温室气体排放大幅减排目标。实现减排目标的核心措施之一是加州碳交易体系。2013年1月，加州碳交易体系正式启动，并于2014年与加拿大魁北克省的碳市场实行了连接。

加州碳交易市场的目的并不限于二氧化碳的排放，因此使用二氧化碳排放当量（Carbon Dioxide Equivalent，CO_2e）作为计量单位，某种温室气体的二氧化碳当量为这种气体的吨数乘以其产生温室效应的指数。加州碳交易体系分为2013—2014年、2015—2017年、2018—2020年三个履约期。第一期覆盖了发电行业和工业排放源，年度排放上限约1.6亿吨CO_2e，占加州温室气体排放总量的35%左右；第二期增加了交通燃料、天然气销售业等部门，排放上限增加至3.95亿吨CO_2e，占总排放量的比例上升至80%左右；2018—2020年是加州碳交易体系的第三个履约期，各年度排放上限分别为3.58亿、3.46亿和3.34亿吨CO_2e，覆盖了该州约80%的温室气体排放和500个工厂设施。其配额分配主要采用免费分配与拍卖相结合的方式。

3. 加拿大碳交易市场

加拿大魁北克省是北美西部气候行动的成员，于2012年建立碳交易体系，2013年1月正式运行。魁北克碳交易体系覆盖化石燃料燃烧、电力、建筑、交通和工业等行业排放的二氧化碳等多种温室气体，目前年度配额总量为5685万吨二氧化碳，占其温室气体排放总量的80%~85%。魁北克碳交易体系已实施了2013—2014年、2015—2017年、2018—2020年三个履约期。魁北克碳市场与加州碳市场于2014年1月起实现连接，两者进行联合拍卖和履约。

4. 新西兰碳交易市场

自2008年实施排放交易体系以来，经过多次立法修订后，新西兰已形成了覆盖化石燃料燃烧、工业过程、废弃物、林业等多个行业，包括二氧化碳等六种温室气体的完整的排放交易体系。但新西兰温室气体排放总量小，因而交易体系不设排放上限，纳入的强制履约单位只有221家左右。运行十多年来，受管制企业面临每排放2吨温室气体需要上缴1个配

额的责任义务,从2019年1月开始,必须按照实际排放量全额上缴配额,或者向政府按照固定价格17.3美元/吨购买。

5. 韩国碳交易市场

韩国是温室气体排放量增长最快的经济合作与发展组织国家,其排放主要来自化石能源消费,人均温室气体排放量接近世界平均水平的三倍。韩国政府出台了一系列举措应对气候变化。2010年1月,韩国颁布了《低碳绿色增长基本法》,设定了到2020年温室气体排放比"趋势照常情景"减少30%的目标,并提出采用"总量控制与交易"形式的碳排放权交易机制为主要手段实现排放目标。2015年1月,韩国碳市场正式启动。韩国碳交易体系覆盖六种温室气体,电力、工业、交通、建筑业等六大行业的23个子行业,约占全国温室气体排放总量的70%。

(四)中国碳排放现状与目标

1. 中国碳排放现状

从碳排放的贡献度来看,英国石油公司(BP)的统计数据显示,中国2019年碳排放量为98.25亿吨,约占全球碳排放量的29%,位列全球之首;从碳排放强度来看,2019年我国创造了全球约16.27%的国内生产总值,但是一次能源消费约占全世界的24%,碳排放达到了29%,显然,碳排放强度比较高。根据世界银行的统计数据测算,我国单位国内生产总值的能耗约99焦耳/美元,是世界平均水平的1.47倍,单位国内生产总值碳排放0.69千克,是世界平均水平的1.77倍,碳排放强度显著高于世界平均水平。

煤炭在我国一次能源消费中的比重远超其他国家。在2019年我国一次能源消费中,化石能源的占比为85.1%、美国为83.3%、欧盟和日本分别为74.1%和87.4%,可见化石能源依旧是各国消费主力,各国之间的差异并不大。但是对比化石能源的消费结构不难发现,我国的煤炭消费占一次能源消费的比重为57.6%。相对应地,美国为12.0%、欧盟和日本分别为11.2%和26.3%。相比较而言,欧美与日本等发达国家和地区的石油与天然气消费占据了一次能源消费的主要位置。

我国煤炭的消费主力在电热行业,而煤炭的碳排放强度远高于油气能源。根据国家统计局数据显示,2018年我国煤炭消费中占比最大的是电力、热力、燃气及水生产和供应业,占比高达48.1%;其次是石油、煤炭及其他燃料加工业，占12.2%；黑色金属冶炼占7.4%、煤炭采选占6.1%、化工和有色金属冶炼分别占5.9%与5.5%。上述六个行业的煤炭消费占据了煤炭总消费的85%。对比欧美、日本的电力来源，可明显发现我国的电力供应主要是煤电，而美国、欧盟和日本的电力供应中使用了大量的天然气与核能。

发电与供热、制造与建筑、交通运输是我国三大主要碳源。根据国际能源署的统计，这三大领域占据了我国89%的二氧化碳排放量，其中发电与供热占51%、制造与建筑占28%、交通运输占10%。这意味着未来要实现碳达峰、碳中和，就要着力在上述三个重点领域进行变革。

从细分行业看，电力、黑色金属、非金属矿产、运输仓储与化工是我国碳排放的前五大行业。具体来看，生产和供应电力、蒸汽和热水行业占碳排放的44.4%，位居第一；黑色金属冶炼及压延加工次之，占比18.0%；非金属矿产和运输仓储、邮电服务分别占12.5%与7.8%，分别居于第三、第四位；化学原料和化学制品占2.6%，位列第五，这五大行业合计碳排放约占总排放的85.2%。

2. 中国碳排放目标

虽然《联合国气候变化框架公约》《京都议定书》和《巴黎协定》这些国际法律文件确定了碳排放交易的机制，但是对于减排量是非强制性的，各国根据自身发展情况进行自愿性承诺。我国在早些年已经开始重视生态和环境问题，并在国际上承担起一个发展中大国应有的责任。在2009年哥本哈根会议上，我国政府承诺到2020年二氧化碳排放强度与2005年相比减少40%～50%，而在2019年年底，我国提前超额完成2020年气候行动目标，树立了信守承诺的大国形象；2012年11月，中国共产党第十八次全国代表大会在北京召开，生态文明建设作为治国理政的一项重要内容第一次被写入党章；2013年11月，中国发布第一部专门针对适应气候变化的战略规划《国家适应气候变化战略》，使应对气候变化的各项制度、政策更加系统化；2015年6月，中国在《强化应对气候变化行动——中国国家自主贡献》中进一步提出到2030年的目标是，二氧化碳排放量达到峰值、二氧化碳排放强度比2005年减少60%～65%；2020年9月，习近平总书记在第七十五届联合国大会一般性辩论上宣布，中国将提高国家自主贡献力度，采取更加有力的政策和措施，二氧化碳排放力争于2030年前达到峰值，努力争取在2060年前实现碳中和，这一目标又被称为

"双碳"目标。

实现2030年前碳达峰、2060年前碳中和（简称"双碳"目标）是党中央经过深思熟虑后做出的重大战略部署。全球气候治理是科学问题，但归根结底是发展问题，碳排放权关乎国家的发展权。长期以来，全球气候治理事务由欧洲后工业化国家引领和推进，由其主导的减排方案也势必基于本国后工业化阶段的基本国情。反观中国，在现阶段提出"双碳"目标的承诺也与本国的基本国情密切相关。中国已处于工业化后期并逐步向后工业化阶段迈进，具备了实现"双碳"目标的底气。同时，"双碳"目标对于催生新兴低碳产业、推动产业结构转型、提高经济发展质量、提升人民生活水平等方面均存在着积极的意义。

因此，在气候治理方面，我国主要基于"双碳"目标展开行动，包括发展低碳技术、加强污染治理、使用清洁能源等，在这之中，碳排放交易安排是非常重要的手段。

（五）中国碳交易市场的体系设计与发展现状

1. 中国碳交易市场交易体系设计

碳排放交易体系设计的核心由覆盖范围、交易种类、碳配额发放机制、交易模式、监测报告核查机制、违规处罚机制等因素共同构成。

（1）覆盖范围。

目前，我国《碳排放权交易管理办法（试行）》（以下简称《管理办法》）中规定的温室气体是指大气中吸收和重新放出红外辐射的自然和人为的气态成分，包括二氧化碳（CO_2）、甲烷（CH_4）、氧化亚氮（N_2O）、氢氟碳化物（HFCs）、全氟化合物（PFCs）、六氟化硫（SF_6）和三氟化氮（NF_3）。

中国碳市场的第一阶段将包括2200家电力企业，包括热电联产和纯凝发电机组。该体系仅覆盖电力行业，每年将控制40亿吨二氧化碳排放量，占全中国碳排放总量的40%。将碳市场拓展到水泥和电解铝行业的提案正在制定中，这些行业的交易预计将于2022年开始。除碳市场覆盖的单位外，生态环境部还负责监管所有重点排放单位的排放量，预计这些单位最终都将纳入全国碳市场。重点排放单位为全国碳市场将覆盖的八个行业内年度温室气体排放量达到2.6万吨二氧化碳当量及以上的企业或其他经济组织。连续两年温室气体年排放量未达到2.6万吨二氧化碳当量，或因停业、关闭或者其他原因不再从事生产经营活动的单位,将从重点排放单位名录中移出。

根据《管理办法》,碳市场以外的自愿减排量最多可抵销应清缴碳排放配额的5%,用于抵销的自愿减排量应来自可再生能源、碳汇、甲烷利用等领域减排项目。所有自愿减排量必须在国家自愿减排交易平台中进行登记。

(2) 交易种类。

目前我国碳交易市场有两类基础产品,一类为政府分配给企业的碳排放配额,另一类为国家核证自愿减排量(China Certified Emission Reduction,CCER)。

碳排放配额又称碳配额,是政府为完成控排目标采用的一种政策手段,即在一定的空间和时间内,将该控排目标转化为碳排放配额并分配给下级政府和企业,若企业实际碳排放量小于政府分配的配额,则企业可以通过交易多余碳配额来实现碳配额在不同企业的合理分配,最终以相对较低的成本实现控排目标。碳配额采用的是总量控制,即在总体排放目标下,通过无偿或有偿的方式对排放额度进行分配。

CCER作为碳配额的一种补充,是指对我国境内可再生能源、林业碳汇、甲烷利用等项目的温室气体减排效果进行量化核证,并在国家温室气体自愿减排交易注册登记系统中登记的温室气体减排量。CCER采用的是基线控制,项目实施主体通过采用环保技术、使用清洁能源等手段使得项目碳排放量低于项目排放基线,即可通过核证获得CCER。碳市场按照1∶1的比例来使用CCER兑换碳排放配额,即1个CCER等同于1个配额,可以抵消1吨二氧化碳当量的排放。《管理办法》规定重点排放单位每年可以使用国家核证自愿减排量抵消碳排放配额的清缴,抵消比例不得超过应清缴碳排放配额的5%。但是从清洁发展机制的角度,该减排凭证无论是否由境内政府机构认证,仍属于自愿减排的范畴,无法被前述附件一所列国家主体用于履行《京都议定书》项下的减排义务。碳排放权配额与国家核证自愿减排量比较详见表3-4。

表3-4 碳排放权配额与国家核证自愿减排量比较

名称	强制性	法律依据	基本机制
碳排放权配额	强制	《碳排放权交易管理办法（试行）》	在国家层面确定的各省、直辖市和自治区排放配额总量的基础上，省级政府免费或有偿分配给排放单位一定时期内的排放额度，并由各个试点地区的交易所根据自身情况制定不同的交易规则
国家核证自愿减排量	自愿	《温室气体自愿减排交易管理办法》	（1）参与自愿减排交易的项目应由有资质的审定机构审定，并向国家发改委申请自愿减排项目备案； （2）经备案的自愿减排项目产生减排量后，应经有资质的核证机构核证，而后再向国家相关机构申请减排量备案； （3）经国家相关机构备案的自愿减排量即为"核证自愿减排量"或"CCER"

（数据来源：中国政府网，并经作者整理）

（3）碳配额发放机制。

碳配额的发放主要有拍卖、免费分配和混合模式三种。拍卖是指政府通过拍卖的形式让企业有偿地获得配额，政府不需要事先决定每一家企业应该获得的配额量，拍卖的价格和各个企业的配额分配过程由市场自发形成。免费分配是指政府将碳排放总量通过一定的计算方法免费分配给企业。从国际经验来看，大部分碳交易体系都没有采取纯粹的拍卖或纯粹的免费分配，而是采用配额分配到第三种模式，即"混合模式"。混合模式既可以随时间逐步提高拍卖的比例，即"渐进混合模式"，也可以针对不同行业采用不同的分配方法。

对于初步建立的碳市场，更多采用免费发放的方式。免费发放的方式在实际操作中又可采取历史总量法、历史强度法和基准线法等方法。

历史总量法以企业过去的碳排放数据为依据进行分配。通常根据企业过去3~5年的二氧化碳排放量得出该企业的年均历史排放量，而这一数字就是企业下一年度可得的排放配额。历史总量法对数据要求较低，方法简单，但忽视了企业在碳交易体系之前已采取的减排行为，同时企业还有可能在市场机制的影响下采取进一步的减排行为。

历史强度法以企业历史碳排放数据为基础,并通过在其后乘以多项调整因子将多种因素考虑在内的一种计算方法,如前期减排奖励、减排潜力、对清洁技术的鼓励、行业增长趋势等。历史强度法要求企业年度碳排放强度要比自身的历史碳排放强度有所降低。

基准线法是将不同企业(设施)的同种产品的单位产品碳排放量按顺序从小到大排列,选择其中前 X% 作为基准线(可以为 5%、10% 等等),每个企业(设施)获得的配额量等于其产量乘以基准线值。对于数据基础好、产品单一、可比性较强的行业可采用基准线法进行分配,如发电行业、电解铝等。

目前,碳排放权交易配额总量的设定与分配由生态环境部确定。全国碳市场的配额分配考虑了控制温室气体排放行动目标、经济增长预期、经济结构调整、能源结构优化和大气污染物排放控制等因素。分配方案包括根据历史碳排放水平和产出向所覆盖的单位预分配碳配额,然后在履约期末进行调整,即为与实际产出挂钩的排放量提供配额,其中配额所对应的排放量是根据各类别机组的碳排放基准值计算出来的。排放配额分配初期以免费分配为主,但《管理办法》表明,将适时引入有偿分配,并逐步扩大有偿分配比例。

碳配额的发放与 CCER 的核证可以看作碳交易市场的一级市场。

(4)交易模式。

在碳交易的二级市场上,进行交易产品的主要是碳配额与实际排放量之间的盈余和 CCER,交易方式有两种:一是在强制减排市场中,配额不足的企业通过交易所向配额盈余的企业支付一定金额的资金来购买碳配额,而配额盈余的企业可以通过这种方式来获取额外收益;二是在自愿减排市场中,碳资源开发公司为新能源项目提供申报 CCER 服务,而新能源项目配额不足时利用 CCER 来抵消配额不足的部分,配额盈余时出售 CCER 来获得额外收益。

从成交机制上看,目前碳排放权交易所的交易方式大致包括竞价交易、双边协议交易、挂牌点选交易和申报匹配交易这四种类型。各交易所在此基础上发展出了公开交易、拍卖交易、挂牌交易、网络现货交易、挂牌点选、电子竞价和大宗交易等多种交易方式。

从结算机制上看,交易所一般会对会员统一进行交易资金清算和划付

并实行第三方（即结算银行）存管制度。结算银行协助交易所办理碳排放交易资金的结算业务，根据交易所提供的交易凭证和数据划转会员的交易资金，并及时将交易资金划转凭证和相关账户变动信息反馈给交易所。

从风控机制上看，为了加强各碳排放权交易所的交易风险管理，各交易所均在不同程度上针对相关交易模式建立了多种风险控制机制，包括涨跌幅限制制度、配额最大持有量限制制度、大户报告制度、风险警示制度、风险准备金制度等以控制在交易中可能产生的风险。

（5）监测、报告、核查机制。

MRV 是指碳排放的量化与数据质量保证的过程，包括监测（Monitoring）、报告（Reporting）、核查（Verfication）。科学完善的 MRV 体系是碳交易机制建设运营的基本要素，也是企业低碳转型、区域低碳宏观决策的重要依据。只有当全国碳市场能准确计算其所覆盖的碳排放量，其作用才能有效发挥。MRV 将确定排放单位的历史碳排放量和排放强度，并对其随时间变化的情况进行测算。

《管理办法》规定政府部门应使用"双随机、一公开"的方式进行检查和监督，这也是中国监管机构倡导的一种普遍做法，包括随机抽查核查人员与被核查企业之间的匹配关系（"双随机"）并公布核查结果（"一公开"）。目前，超过 400 名排放核查员已通过认证，可以为全国碳市场中的企业提供服务。申请纳入碳市场的单位必须先对其排放情况进行核查，然后由政府部门批准。

（6）违规处罚机制。

违规处罚机制是碳交易市场强制性的体现，也是碳交易市场存在的权力基础。《管理办法》规定，重点排放单位虚报、瞒报温室气体排放报告，或者拒绝履行温室气体排放报告义务的，由其生产经营场所所在地设区的市级以上地方生态环境主管部门责令限期改正，处 1 万元以上 3 万元以下的罚款。逾期未改正的，由重点排放单位生产经营场所所在地的省级生态环境主管部门测算其温室气体实际排放量，并将该排放量作为碳排放配额清缴的依据；对虚报、瞒报部分，等量核减其下一年度碳排放配额。重点排放单位未按时足额清缴碳排放配额的，由其生产经营场所所在地设区的市级以上地方生态环境主管部门责令限期改正，处 2 万元以上 3 万元以下的罚款；逾期未改正的，对欠缴部分，由重点排放单位生产经营场所所在地的省级生态环境主管部门等量核减其下一年度碳排放配额。

2. 中国碳交易市场发展状况

（1）中国碳交易市场发展概览。

2011年11月，中华人民共和国国家发展和改革委员会（以下简称"国家发改委"）批准北京、天津、上海、重庆、湖北、广东、深圳等七个地市开展碳排放权交易试点工作。

2012年6月，国家发改委印发《温室气体自愿减排交易管理暂行办法》，确立国家自愿减排交易机制，提出国家核证自愿减排量交易。

2013年6月，中国第一个碳排放权交易所在深圳开市。

2014年6月，北京、天津、上海、重庆、湖北、广东、深圳等七个试点地区的碳排放交易所均完成开市并开始进行碳排放权交易，纳入企业总数约2000多家。

2014年12月，国家发改委出台《碳排放交易管理暂行办法》，明确了"五统一"原则，初步统一了中国碳排放市场的基本框架。

2017年1月，新增福建碳排放交易市场，福建碳排放权交易所正式开市。

2020年12月，生态环境部发布《2019—2020年全国碳排放权交易配额总量设定与分配实施方案（发电行业）》，发电行业率先启动全国性碳交易市场体系建设。

2021年1月，生态环境部公布《碳排放权交易管理办法（试行）》，中国全国性碳排放交易市场加速落地。

2021年7月16日，全国碳市场在北京、上海、武汉三地同时开市，第一批交易正式开启。从交易机制看，全国碳排放交易所仍将采用和各区域试点一样以配额交易为主导、以核证自愿减排量为补充的双轨体系。从交易主体看，全国交易系统在上线初期仅囊括电力行业的2225家企业。

（2）中国碳交易市场情况。

从我国2014—2020年碳交易市场成交量情况来看，成交量整体呈现先增后减再增的波动趋势。2017年，我国碳交易成交量最大，为4900.31万吨二氧化碳当量；2020年全年，我国碳交易市场完成成交量4340.09万吨二氧化碳当量，同比增长40.85%。2014—2020年我国碳排放交易市场配额成交量如图3-4所示。

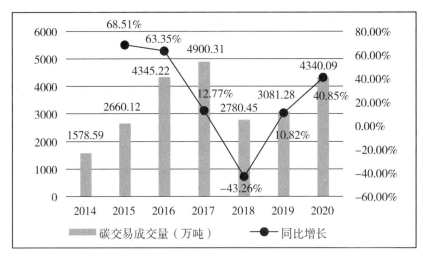

图 3-4　2014—2020 年我国碳排放交易市场配额成交量

（数据来源：中国碳交易网，并经作者整理）

从我国碳交易市场的成交金额变化情况来看，2014—2020 年我国碳交易市场成交额整体呈现增长趋势，仅在 2017 年、2018 年两年有小幅度减少。2020 年，我国碳交易市场成交额达到了 12.67 亿元人民币，同比增长了 33.49%，创下碳交易市场成交额新高。2014—2020 年我国碳排放交易市场配额成交额如图 3-5 所示。

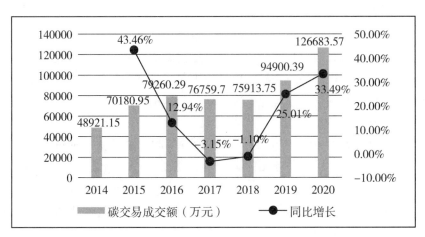

图 3-5　2014—2020 年我国碳排放交易市场配额成交额

（数据来源：中国碳交易网，并经作者整理）

第三章 政府在资源生成领域大有作为

(六) 碳排放交易的意义

前文讨论提到,碳交易市场是实现"双碳"目标的重要手段。推动碳市场建设对我国实现"双碳"目标的重要作用和意义主要体现在以下五个方面。

(1) 形成明确的减排目标及总量控制分解机制。碳市场的核心是"总量控制与交易"机制。政府部门根据国家温室气体排放控制要求,综合考虑经济增长、产业结构调整、能源结构优化、大气污染物排放协同控制等因素,制定碳排放配额总量确定与分配方案。通过将整体减排目标分解到对碳市场覆盖行业和受到管控的相关重点排放单位,以企业为微观单元,倒逼产业结构低碳化、能源消费绿色低碳化,促进高排放行业率先达峰,进而促进部分地区率先达峰。

(2) 通过交易机制为碳减排释放价格信号。低碳转型从长远看有利于提高行业与企业的竞争力,短期受行业和技术水平的影响,减排成本存在差异。全国碳市场在初始分配的配额和企业实际排放量之间建立供求关系,交易系统汇集大量的市场主体交易信息,形成公开透明的市场化碳价,并提供经济激励机制,将资金引导至减排潜力大的行业与企业,在促进减排的同时,也能刺激前沿技术创新和市场创新,降低行业的总体减排成本,给经济增长注入新的低碳动力。

(3) 压实碳减排责任,强化激励约束机制。气候变化问题具有外部性,碳市场通过建立"国家—地方—行业—企业"等多层级的碳排放管理机制,将碳达峰、碳中和相关工作层层落实。达到一定排放规模的行业和企业将被纳入碳排放管理,通过碳交易机制把控制和减少碳排放的社会责任转变为企业内部碳排放管理要求,进一步压实企业碳排放管理责任,促使经济主体主动降低排放,形成全社会有效的碳排放激励和约束机制。

(4) 构建碳减排抵消机制,推动全社会绿色低碳发展。通过构建全国碳市场温室气体自愿减排交易机制、碳普惠机制等,促进增加林业碳汇,促进可再生能源的发展,助力区域协调发展和生态保护补偿,倡导绿色低碳的生产和消费方式,形成碳配额市场和碳减排市场互为补充、协同发展、集聚效应凸显的全国碳市场格局,加快形成有效的减污降碳的激励机制,调动全社会自觉、自愿参与碳减排活动的积极性。

(5) 促进碳金融发展,积极树立负责任的国际减排形象。依托全国碳

145

市场有序发展具有国际影响力的碳交易中心、碳定价中心、碳金融中心，为绿色低碳发展转型和实现碳达峰、碳中和提供投融资渠道，体现低碳投资的长期价值。同时，也为我国积极参与国际碳定价机制提供途径，进一步倒逼我国能源结构、产业结构的调整优化，带动绿色产业强劲增长，实现高质量发展，树立我国积极控制碳排放、构建人类命运共同体的负责任的大国形象。

（七）推动完善碳排放市场建设的手段

涵盖全国范围并符合我国国情的碳排放交易体系是一项重大的制度创新，也是一项复杂的系统工程，需要完善的法规制度、完备的管理机制、有效的市场机制、真实的排放数据等要素的配套支撑。碳排放交易体系的建设并非一朝一夕之功，需要实事求是、稳步推进才能发挥其应有的作用。结合"双碳"目标及目前我国碳排放交易市场现状，我国应从以下九个方面进一步推进。

1. 建立健全全国碳市场顶层制度设计

以碳达峰、碳中和目标为引领，进一步建立健全全国碳市场顶层制度设计，制定清晰的路线图和时间表，明确国务院各部门、地方生态环境主管部门、重点排放单位、全国碳排放权交易机构及注册登记机构等支撑机构的职能分工，坚持市场主导和政府引领相结合，加强协调和沟通，统筹做好深化全国碳市场建设的相关工作。在合适的时机出台碳排放相关行政法规或法律，完善配额分配机制、核查工作、信用监管、联合惩戒等方面的内容，推动各部门之间形成协调机制，确保全国碳市场各项政策维持长期稳定。

2. 推动能耗"双控"向碳排放总量和强度"双控"转变

总量目标在碳排放控制中具有最基本的锚定作用，是减排政策制定、实施、评估的主要依据。应在全国碳市场初期碳排放强度控制的基础上，统筹建立碳排放总量控制制度。在政府层面上，统一碳排放标准，制定长期、清晰的排放控制目标，形成确保"双碳"目标实现的导向体系。依托全国碳市场碳排放配额总量和分配制度，早日实现由能耗"双控"向碳排放总量和强度"双控"转变，并根据经济社会发展形势的变化进行适度动态调节，从而对碳排放强度控制指标和总量控制指标实行刚性和弹性相结合的协同管理、协同分解和协同考核。

3. 逐步扩大行业覆盖范围，形成多行业参与格局

在发电行业重点排放单位有序参与全国碳市场的基础上，基于我国碳达峰目标的紧迫性，稳步加快将钢铁、化工、水泥等其他重点排放源行业纳入全国碳市场，逐步将全国碳市场行业覆盖排放源占比提高到50%以上。组织其他行业强化碳排放核算，夯实数据基础。同时，应明确行业扩容的时间表，给市场以较为明确稳定的预期，争取早日将发电、石化、化工、建材、钢铁、有色、造纸、航空等八大行业全部纳入全国碳市场，将碳交易体系作为工业行业碳达峰目标实现的核心政策工具。

4. 逐步引入有偿分配机制，完善配额分配方法

从国内外碳市场经验来看，通过配额有偿分配的实施，企业能够快速积累对碳排放的认识，体现"污染者付费"的环境管理理念，在一定程度上弥补了免费发放所导致的效率和公平的缺失，同时也起到了减排的促进作用。应该在目前免费发放配额的基础上，适时引入有偿分配机制并逐步提高有偿分配比例，不断优化配额分配方法，充分发挥市场对资源的配置作用，有效调节碳价，提高企业参与碳市场的积极性，促进企业更加科学高效地实施减排方案，推动节能降碳新技术、新产业、新业态的发展。

5. 推动非履约主体入市，形成多层次市场结构

在满足监管要求的前提下，按照分层分类、分步推进、审慎稳妥的原则有序引入非履约主体，逐步引入金融机构（银行、基金、证券等机构）参与碳市场，实现全国碳排放交易市场主体多元化，持续提升市场的覆盖面、流动性和有效性。推动金融机构积极稳妥地参与碳市场建设，促进碳市场标准体系的研究和制定，优化金融机构碳市场业绩的评价标准。同时，随着全国碳市场的不断成熟，逐步扩大非履约主体的种类和数量。

6. 发展碳金融创新，形成有效的碳定价体系和多层次碳市场

依托现有的绿色金融和资本市场体系，丰富交易产品和交易机制，进一步促进全国碳市场价格发现，提升市场流动性。以全国碳交易市场为基础，打造国际碳金融中心。推动金融市场与碳市场的合作与联动发展，促进以碳排放权为基础的各类场外和场内衍生产品创新，为交易主体提供多样化的风险管理工具。有序推进碳质押（抵押）、碳租借（借碳）、碳回购等多样化的碳金融工具。鼓励探索碳远期、碳期货、碳期权等金融产品

交易。支持碳基金、碳债券、碳保险、碳信托、碳资产支持证券等金融创新产品，充分发挥碳排放权融资功能，满足交易主体多元的融资需求。鼓励建立碳市场发展基金和低碳导向的政府投资基金，支持绿色低碳产业发展，形成绿色资金的主要供给来源。适时发布全国碳市场价格指数，推进形成多层次碳市场和打造有国际影响力的碳市场定价中心。鼓励建立气候投融资基金，引导国内外资金更好地应对气候变化领域，打造全球绿色金融资产配置中心。探索引入中央对手方清算机制，降低市场参与者的信用风险，加强风险管理体系的建设。建立健全市场监管制度，完善风控体系，防范市场风险。

7. 统筹处理好全国碳市场与地方碳市场及其他市场的联动和协同

重点研究和总结地方碳市场在市场建设、碳金融创新等方面的经验，依托地方碳市场的建设经验发展和壮大全国碳市场，加快全国碳配额市场和自愿减排市场、碳普惠市场的整合，加快构建完整的现货产品体系，在全国碳排放配额的基础上，尽快规划将国家核证自愿减排量、碳普惠等集中统一到全国碳排放权交易平台。搭建有效的全国碳市场服务网络，推动全国市场对地方市场、碳减排市场的吸收、联动和融合，实现全国碳市场平台的功能集聚，打造多层次的复合型碳市场格局。加强碳市场与能源、环境市场的联动分析，探索碳排放价格信号在碳关联产业之间的传导机制，促进全国碳市场与其他市场的联动发展。

8. 加强国际协作，逐步建设全球碳市场核心枢纽

立足全国碳市场和碳减排市场，结合《巴黎协定》《格拉斯哥气候公约》等新形势下的国际碳交易市场建设要求，研究在清洁发展机制、国际航空碳抵消和减排计划（CORSIA）、《巴黎协定》第六条等不同机制下的交易对接机制和标准体系。加快国内与国际碳交易机制间的政策协调。鼓励相关行业企业开展低碳领域的国际化实践，探索碳市场的国际区域性联动，拓展碳交易人民币跨境结算业务。加强对未来全球碳价机制、碳市场发展趋势和管理机制的研究和参与，并发挥积极引领作用，通过对国内外不同碳定价机制的探索实践，为后续扩大我国参与的国际碳市场积累经验。

9. 捆绑人民币进行国际结算，助力人民币国际化弯道超车

捆绑碳期货交易与人民币国际结算，碳排放权捆绑人民币结算交易或可演绎成为人民币国际化的弯道超车新路径。与大宗商品尤其是能源的计

价和结算捆绑，常常是货币崛起的起点。人民币跨境发展的路径之一也是与大宗商品捆绑结算。而碳已经和石油、天然气等大宗商品一样，成为全球贸易的能源商品，其在能源中的核心地位愈发地凸显。

在国际货币依次经历了煤炭捆绑英镑、石油捆绑美元的体系之后，若能以碳排放权捆绑人民币结算交易，将有望建成中国与东南亚国家（地区）的低碳经济发展的金融体系。尽管全球碳交易的计价仍暂时以欧元为主，但还没有形成牢固的捆绑体系。目前，亚洲地区仅日本、印度等国开展了规模较小的碳交易，整体看来，亚洲地区基于强制减排机制运行的碳市场还处于起步阶段。因此，中国在加快碳期货交易所建设的同时，应尽可能地吸纳亚太国家（地区），人民币一旦成为碳交易的主要结算货币，将有利于建立中国与东南亚等国家（地区）的低碳经济发展的金融体系。这不仅可以改变中国目前在全球碳市场价值链中所处的不利地位，还可以为实现人民币国际化创造"弯道超车"的机会，加速人民币国际化的发展步伐，进一步提升中国在国际金融中的地位。

三、逆生性资源的统计与计量标准

（一）GDP、绿色 GDP 与 GEP

GDP 即国内生产总值，是英文 Gross Domestic Product 的缩写，指经济社会（一个国家或地区）在一定时期内应用生产要素所生产的所有最终产品（产品和服务）的市场价值。GDP 由于其统计相对统一、数据准确和重复计算少等优点而被广泛接受和使用，GDP 和其变动率被看做反映一国经济发展情况的重要指标，在宏观经济管理、经济学学术研究、国家或地区经济实力评估等方面起着重要作用。因此，也被诺贝尔经济学奖获得者保罗·萨缪尔森（Paul A. Samuelson）称为 20 世纪最伟大的发明之一。但是，随着时代的进步和发展观念的转变，GDP 的缺陷逐步显露出来，单纯依靠 GDP 的核算方法也带来了很多问题。其中非常重要的一点是 GDP 无法反映经济发展方式，即无法衡量经济增长带来的对生态环境的破坏和自然资源的消耗。这样一来，"唯 GDP 论"就可能导致为了盲目追求高经济增长速度而忽视环境破坏和资源损耗，进一步出现经济正增长而全社会福利反而下降的情况。尤其我国作为后发的现代化国家，长期存在"以经济发展为纲，忽视生态退化与环境污染"的观念，导致经济发展方式粗放、自然资源消耗过度，也出现了很多"先破坏、后保护；先污染、后治理；先耗竭、后节约；先砍树、后种树"的现象。这固然是由经济发展阶段决定的，但是在实质上也造成了我国国民财富的巨大损失。本书将逆生性资源作为三大生成性资源之一，目的也是在于将这部分国民财富反映出来，扭转此种发展观念。

随着时代的发展，我国逐渐转向高质量发展和可持续发展的道路上来，生态和环境保护问题也日渐被重视。特别是党的十八大以来，以习近平同志为核心的党中央将生态文明建设纳入"五位一体"总体布局、新时代基本方略、新发展理念和三大攻坚战中。就如GDP核算在经济发展建设中的作用一样，生态环境建设中也需要一个可统计、可量化、可比较的总量指标。

在此背景下提出的绿色GDP的概念，即在GDP的基础上，扣除资源耗减成本与环境降级成本之后的余额，它反映了一个国家或地区在考虑了自然资源与环境因素后经济活动的最终成果，其计算公式为：绿色GDP = GDP − 固定资产折旧 − 自然资源损耗 − 环境资源损耗（环境污染损失）。由于考虑了自然资源与环境污染，绿色GDP能够更好地反映经济增长对社会福利的正向效应。如海上钻井平台发生事故导致原油泄漏，这部分原油储量的减少并不会对GDP产生负面影响，并且为清理泄漏石油而支付的工人工资和使用的机器设备还会算作GDP的增加，这显然是不合理的。此外，GDP也无法反映因石油泄漏对海洋生态和海洋产业的负面影响。而绿色GDP将这两部分损失分别在自然资源损耗和环境资源损耗中扣减，更加真实地反映了事件的影响。但是绿色GDP仍是在GDP的核算框架之内，基于生产活动进行核算，无法对生态环境的整体进行反映。此外，由于环境减值损失仅局限在部分领域，现存统计方法存在不全面、成本高、结果质量低等问题，仍停留在学术讨论和地方试点的阶段。

从另一个角度来讲，人类社会与其赖以发展的生态环境构成"经济—社会—自然"复合的生态系统。针对经济子系统，各国以"国内生产总值"为主要指标，衡量一国或一个地区在一定时间内最终产品和服务的总价值；对于社会子系统，联合国建立了"人类发展指数（Human Development Index，HDI）"，反映了一个国家或地区居民的平均寿命、受教育水平与生活水平等方面的情况；而对于生态子系统，经过多年发展，联合国推出了"环境经济核算体系（System of Environmental Economic Accounting，SEEA）"系列文件，得到了中国、英国、澳大利亚、荷兰等国的广泛应用和参与。我国基于 SEEA 体系，进一步提出了 GEP 核算体系。

在逆生性资源的视角中，相对于绿色 GDP，GEP 无疑是更为优良的指标。GEP 是指生态系统生产总值（Gross Ecosystem Product），即生态系统为人类福祉的经济社会发展提供的最终产品与服务价值的总和。GEP 核算体系为一个国家或地区生态系统的发展状况提供了科学全面的评估体系，其与 GDP 相结合，能够更为全面、深刻地反映该地区社会福利的变化情况。

（二）GEP 核算体系

GEP 的核算主要采用欧阳志云等人的观点，从生态功能量和生态经济量两个角度进行核算。生态功能量是生态系统提供生态产品和生态服务的直观表现，如粮食产量、污染净化量、固碳量等，该角度的优点是能够直观反映生态状况，缺点是因生态系统功能多种多样，各分散指标无法加总和比较；生态经济量则是生态功能量的货币化表达。显而易见，从生态功能量到生态经济量，还需要生态功能量的价格。因此，GEP 核算主要分为三步：第一步确定生态功能量，第二步按细分类别确定生态功能量的价格，第三步加总得到生态系统生产总值。

根据我国《生态系统评估生态系统生产总值（GEP）核算技术规范》，生态系统生产总值核算包括生态系统物质产品价值、调节服务价值和文化服务价值，不包括生态系统支持服务价值。其中，物质产品是指人类从生态系统获取的可在市场交换的各种物质，主要包括农业产品、林业产品、畜牧业产品、渔业产品、淡水资源和生态能源；调节服务是指生态系统提供改善人类生存与生活环境的惠益，主要包括水源涵养、土壤保持、防风固沙、海岸带防护、洪水调蓄、碳固定、氧气提供、空气净化、水质净化、气候调节和授粉服务；文化服务是指人类通过精神感受、知识获取、休闲娱乐和美学体验从生态系统获得的非物质惠益，主要包括休闲旅游和景观价值。生态产品清单详见表 3-5，生态产品功能量及价值量核算指标体系详见表 3-6。

表 3-5 生态产品清单

序号	一级指标	二级指标	指标说明
1	农业产品	野生农业产品	从自然生态系统中获得的野生初级农业产品,如稻谷、玉米、豆类、薯类、油料、棉花、麻类、糖料作物、烟叶、茶叶、药材、蔬菜、水果等
		集约化种植的农业产品	集约化种植的生态系统生产的初级农业产品,如稻谷、玉米、豆类、薯类、油料、棉花、麻类、糖料作物、烟叶、茶叶、药材、蔬菜、水果等
2	林业产品	野生林业产品	从自然生态系统中获得的林木产品、林产品以及与森林资源相关的初级产品,如木材、竹材、松脂、生漆、油桐籽等
		集约化种植的林业产品	从集约化管理的森林生态系统中获得的林木产品、林产品以及与森林资源相关的初级产品,如木材、竹材、松脂、生漆、油桐籽等
3	物质产品 畜牧业产品	放牧畜牧业产品	利用放牧获得的畜牧产品,如牛、羊、猪、家禽、奶类、禽蛋、蜂蜜等
		集约化养殖的畜牧业产品	利用圈养方式,饲养禽畜获得的畜牧产品,如牛、羊、猪、家禽、奶类、禽蛋、蜂蜜等
4	渔业产品	野生渔业产品	在自然水域中通过捕捞获取的水产品,如鱼类、贝类、其他水生动物等
		集约化养殖的渔业产品	在人工管理的水生态系统中养殖生产的水产品,如鱼类、贝类、其他水生动物等
5		淡水资源	生态系统为人类提供的用于工农业生产、居民生活等的淡水资源
6		生态能源	来自自然生态系统的水电、秸秆、薪柴和潮汐能等
7		其他物质产品	从自然生态系统获得的一些其他装饰产品和花卉、苗木等
			从集约化管理的生态系统获得的一些其他装饰产品和花卉、苗木等

续表 3-5

序号	一级指标	二级指标	指标说明
8	调节服务	水源涵养	生态系统通过其结构和过程拦截滞蓄降水，增强土壤下渗，涵养土壤水分和补充地下水、调节河川流量，增加可利用水资源量的功能
9		土壤保持	生态系统通过其结构与过程保护土壤、降低雨水的侵蚀能力，减少土壤流失的功能
10		防风固沙	生态系统通过增加土壤抗风能力，降低风力侵蚀和风沙危害的功能
11		海岸带防护	生态系统减轻海浪对海岸、堤坝、工程设施的破坏，避免或减小海堤或海岸被侵蚀的功能
12		洪水调蓄	生态系统通过调节暴雨径流、削减洪峰，从而减轻水危害的功能
13		碳固定	生态系统吸收二氧化碳合成有机物质，将碳固定在植物和土壤中，降低大气中二氧化碳浓度的功能
14		氧气提供	生态系统通过光合作用释放出氧气，维持大气氧气浓度稳定的功能
15		空气净化	生态系统吸收、阻滤大气中的污染物，如 SO_2、NO_x、粉尘等，降低空气污染浓度，改善空气环境的功能
16		水质净化	生态系统通过物理和生化过程对水体污染物吸附、降解以及生物吸收等，降低水体污染物浓度、净化水环境的功能
17		气候调节	生态系统通过植被蒸腾作用和水面蒸发过程吸收能量、降低气温、提高湿度的功能
18		病虫害控制	生态系统通过提高物种多样性水平增加天敌而降低病虫害危害的功能
19		授粉服务	通过昆虫的授粉服务，提高作物的坐果率、结实率和结籽率，增加产量、改善品质

续表 3-5

序号	一级指标	二级指标	指标说明
20	文化服务	休闲旅游	人类通过精神感受、知识获取、休闲娱乐和美学体验等旅游方式，从生态系统获得的非物质惠益
21		景观价值	生态系统为人类提供美学体验、精神愉悦，从而提高周边土地、房产价值的功能

（数据来源：《中国生态系统评估生态系统生产总值（GEP）核算技术规范》）

表 3-6 生态产品功能量及价值量核算指标体系

序号	服务类别	核算科目	功能量指标	价值量指标
1	物质产品	农业产品	野生农业产品	野生农业产品产量	野生农业产品产值
			集约化种植的农业产品	集约化种植农业产品产量	集约化种植农业产品产值
2		林业产品	野生林业产品	野生林业产品产量	野生林业产品产值
			集约化种植的林业产品	集约化种植林业产品产量	集约化种植林业产品产值
3		畜牧业产品	放牧畜牧业产品	放牧畜牧业产品产量	放牧畜牧业产品产值
			集约化养殖的畜牧业产品	集约化养殖畜牧业产品产量	集约化养殖畜牧业产品产值
4		渔业产品	野生渔业产品	野生渔业产品产量	野生渔业产品产值
			集约化养殖的渔业产品	集约化养殖渔业产品产量	集约化养殖渔业产品产值
5			淡水资源	工业、农业、居民生活用水量	工业、农业、居民生活用水价值
6			生态能源	秸秆、薪柴、水电发电、潮汐能量	生态能源产值
7			其他物质产品	其他物质产品产量	其他物质产品产值

续表 3-6

序号	服务类别	核算科目	功能量指标	价值量指标
8	调节服务	水源涵养	水源涵养量	水源涵养价值
9		土壤保持	土壤保持量	减少泥沙淤积价值
				减少面源污染价值
10		防风固沙	固沙量	防风固沙价值
11		海岸带防护	海岸带防护面积	海岸带防护价值
12		洪水调蓄	洪水调蓄量	调蓄洪水价值
13		碳固定	固定二氧化碳量	碳固定价值
14		氧气提供	氧气提供量	氧气提供价值
15		空气净化	净化二氧化硫量	净化二氧化硫价值
			净化氮氧化物量	净化氮氧化物价值
			净化工业粉尘量	净化工业粉尘治理价值
16		水质净化	净化COD量	净化COD价值
			净化总氮量	净化总氮价值
			净化总磷量	净化总磷价值
17		气候调节	植被蒸腾消耗能量	植被蒸腾调节温湿度价值
			水面蒸发消耗能量	水面蒸发调节温湿度价值
18		病虫害控制	自我防治病虫害的生态系统面积	病虫害控制价值
19		授粉服务	作物增产量	作物增产价值
20	文化服务	休闲旅游	景点游客人数	景观游憩价值
21		景观价值	受益土地与房产面积	土地、房产升值

(数据来源:《中国生态系统评估生态系统生产总值(GEP)核算技术规范》)

在具体核算中,生态系统生产总值由以下公式确定:

$$GEP = EPV + ERV + ECV \qquad (3-22)$$

其中，GEP 为生态系统生产总值，EPV 为生态系统产品价值，ERV 为生态系统调节服务价值，ECV 为生态文化服务价值。而这三者又由下式确定：

$$EPV = \sum_{i=1}^{n} EP_i \times P_i \qquad (3-23)$$

$$ERV = \sum_{j=1}^{m} ER_j \times P_j \qquad (3-24)$$

$$EPV = \sum_{k=1}^{l} EP_k \times P_k \qquad (3-25)$$

其中，EP_i 为第 i 类生态物质产品的产量，P_i 为第 i 类生态产品的价格；ER_j 为第 j 类生态调解服务的产量，P_j 为第 j 类生态调节服务的价格；EP_k 为第 k 类生态文化服务的产量，P_k 为第 k 类生态文化服务的价格。

对于生态系统产品和服务的物质总量，根据我国目前环境监测数据基本可以获得，且基本不属于经济学的范畴，本书不做赘述。对于经济学的研究，更多关注点在于如何获得其价格。生态物质产品价格相对简单，可以按照市场价值法来确定，即对比相应产品的市场价格即可，如秸秆柴薪可按照热量密度换算成标准煤，再以标准煤单价来确定其总价；对于风力、水力发电，在发电量已经确定的情况下，直接乘以电价即可。调节服务和文化服务的价格则相对复杂，需要通过处理一系列理论来获取，使用的方法主要有替代成本法、旅行费用法和享乐价格法。

替代成本法是指使用人工达成自然生态系统所提供服务的效果的成本来核算其价值，能够适用于大部分生态系统服务价值的估算，同时在使用时需根据不同的情况进行调整。如水源涵养量的价值，可以通过模拟修建同样蓄水量的水利设施，以该水利设施的建设和维护费用来确定。固碳量可采用的价格更为多样，可以采取造林固碳成本、工业碳减排成本、碳交易市场价格等，但是一般认为碳交易市场价格更为科学和公允。在此处也可以看到，正如资本市场的出现使得资本的机会成本得以显现，碳排放交易对于碳污染的价格的确定也做出了很大贡献。气候调节服务价值则参照居民使用空调的情况来核算，其价值等于生态调节温湿度所需的能量总量乘以居民消费电价。

旅行费用法是指使用人们到某地旅游的总费用来核算该地因环境变化而带来的收益或损失的方法，在 GEP 核算中，主要用于生态服务中休闲旅游的价值评估。具体而言，旅行费用法将人们旅游的花费分为直接花费和时间成本，直接花费包括交通费用、门票费用、餐饮费用、住宿费用等，时间成本主要由旅行花费时间和旅行者所在地薪资水平决定，通过统计上述情况，加总之后即可得到生态系统的休闲旅游价值。

享乐价格法则是从支付者意愿的角度来评估生态系统的价值，主要应用于生态文化服务中的景观价值。通过评估因生态景观为周边人群提供美学体验、精神愉悦的功能而带来周边房地产的溢价来评估其价值，这种溢价主要通过调查问卷的方式获得。

（三）GEP 的优势

1. 核算结果的开创性

当今世界各国在保护生态环境、推动可持续发展等问题上已达成很多共识，但是在如何推动具体措施实施落地方面，依旧存在很多争议。其中一个重要问题就是，至今尚缺乏被普遍接受且对生态系统为人类生存与发展提供服务的核算指标，以及与国民经济统计相匹配的核算制度。面对不成系统的生态环境监测指标，人们的注意力被分散，从而使得生态环境保护无从下手。此外，现有环境监测指标一般以物质量为主，不与国民经济、社会财富挂钩，使得生态保护和生态治理只能看见投入成本而不见收入效益，导致各国、各地区对生态环境的保护与治理积极性不高。建立 GEP 核算体系，一是可将多种生态环境数据纳入同一套核算体系之下，有助于明确目标、统一思想、集中治理；二是可将生态系统价值货币化，更直观地反映了生态系统作为社会总财富一部分的价值，更深入地阐释了"绿水青山就是金山银山"理念，为各国、各地区的主动作为注入了动力；三是为宏观管理、政策调控提供了目标体系和考核办法，为政府引导全社会保护生态系统、恢复生态功能、遏制生存环境的恶化提供了政策工具。

2. 数据的可得性

根据前文介绍，GEP 核算的基础数据主要有两部分：一是生态系统产品和服务的功能量；二是基于不同类型产品和服务的价格。生态系统产品和服务的功能量依靠当前环境监测数据基本可以获得，如《生态系统评估生态系统生产总值（GEP）核算技术规范》主要通过引用《地表水环境质量标准（GB 3838—2002）》《环境空气质量标准（GB 3095—2012）》《国家基本比例尺地图编绘规范（GB/T 12343.1—2008）》《基础地理信息要素分类与代码（GB/T 13923—2006）》《基础地理信息数据库基本规定

（CH/T 9005—2009）》《森林生态系统服务功能评估规范（GB/T 38582—2020）》《湿地生态系统服务评估规范（LY/T 2899—2017）》等八项既有标准进行生态系统产品和服务功能量的确定。对于生态系统产品和服务的价格，可以通过市场法、替代成本法、旅行费用法和享乐价格法进行确定。因此，GEP核算的第二大优势是数据的可得性。

3. 核算体系的灵活性

在GEP核算体系中，生态系统的物质产品价值、调节服务价值和文化服务价值互相独立，因此可以根据不同的目的和用途选用不同的指标。如核算生态系统对人类福祉和经济社会发展的支撑作用时，应核算物质产品价值、调节服务价值和文化服务价值之和；如核算自然生态系统对人类福祉和经济社会发展的支撑作用时，则应在三大指标之和中扣减集约化种植、养殖的物质产品的价值。如果想要考察某一区域环境保护成效和生态恢复效益，则可以核算生态系统调节服务和文化服务价值之和。调节服务的价值是生态系统生产总值核算的重点，其中水源涵养、土壤保持、生态固碳、氧气生产、大气净化、水质净化、气候调节等七个指标必须进行核算；防风固沙、洪水调蓄、海岸带防护和病虫害防治等四个指标根据核算区生态系统特征和生态系统服务供给情况进行核算；授粉服务是可选指标，可根据实际情况和核算目的需求选择核算。在文化服务中，休闲旅游为必选指标，景观价值为可选指标，根据实际情况选择核算。

（四）GEP核算的实践

GEP的概念自2013年被提出以来，全国各地都在实践中进行了试点和探索，参与的地区包括浙江丽水、广东深圳、内蒙古阿尔山、云南普洱等。2021年3月23日，深圳市发布全国首个完整的生态系统生产总值核算制度体系——"1+3"GEP核算制度体系，使得深圳在GEP核算和应用上走在了全国前列。

深圳市建立的"1+3"GEP核算制度体系包括一个统领、一项标准、一套报表、一个平台，是全国第一个完整的生态系统生产总值核算制度体系。

一个统领——GEP核算实施方案。2021年2月9日，深圳市生态环境局与市统计局、市发改委联合出台GEP核算实施方案（试行），明确了核算方法，要求GEP核算按技术规范统一核算，按统计报表制度统一填报；

规范了核算流程,确定每年核算结果于次年 7 月底前正式发布;理清了部门职责,明确 GEP 核算责任分工和工作要求。

一项标准——GEP 核算地方标准。2021 年 2 月 23 日,深圳市市场监督管理局发布了《深圳市生态系统生产总值(GEP)核算技术规范》,确立了 GEP 核算两级指标体系,以及每项指标的技术参数和核算方法。

一套报表——GEP 核算统计报表制度。2020 年 10 月 12 日,深圳市统计局批准实施了 GEP 核算统计报表制度(2019 年度)。将 200 多项核算数据分解为生态系统监测、环境与气象监测、社会经济活动与定价、地理信息四类数据,全面规范了数据来源和填报要求,数据来源涉及 18 个部门,共有 48 张表单。

一个平台——GEP 自动核算平台。2020 年 8 月,深圳率先上线了 GEP 在线自动核算平台,核算平台设计了部门数据的报送、一键自动计算、任意范围圈图核算、结果展示分析等功能模块,可以实现数据在线填报和核算结果的一键生成,极大提高了核算效率和准确性。该核算平台是全球首个 GEP 自动核算平台。

实施 GEP 核算,为 GDP 勒上生态指数的缰绳,形成以 GDP 增长为目标、以 GEP 增长为底线的政绩观,是推动高质量增长,促使政府不以破坏环境为代价发展经济、政府决策不偏离可持续发展道路的重要手段。

2021 年 10 月 22 日,深圳市政府发布《深圳市 2020 年度生态系统生态总值(GEP)核算报告》。该报告显示,深圳市 2020 年度 GEP 为 1303.82 亿元,其中,物质产品价值 23.55 亿元、调节服务价值 699.52 亿元、文化旅游服务价值 580.75 亿元,占比分别为 1.8%、53.7% 和 44.5%。同期深圳市 GDP 为 27670.24 亿元,GEP 与 GDP 的比值为 4.71%。

具体来看,2020 年深圳生态系统服务价值占比最大的是:调节气候服务价值 488.24 亿元,约占 GEP 的 37.4%,生态系统提供的气候调节服务可节能 680.95 亿千瓦时,相当于深圳当年用电量的 69%;旅游休闲服务价值 419.39 亿元,约占 GEP 的 32.2%;2020 年深圳市特色生态景区接待游客数 2618.77 万人次,自然公园、城市公园、社区公园和绿道等免费生态空间约为 10 亿人次提供休闲游憩服务;自然景观溢价价值 109.75 亿元,约占 GEP 的 8.4%;涵养水源服务价值 117.19 亿元,约占 GEP 的 9.0%,涵养水源量达 19.18 亿吨,相当于 2020 年度全市本地水资源供应

量的 16 倍。

此外，深圳市生态环境局还组织对深圳市"十三五"期间其他年份的 GEP 进行了试算。结果显示，"十三五"期间深圳市 GEP 总体稳步提升，其中调节服务价值逐年递增，直接反映生态环境保护的成效，实现了 GEP 与 GDP 的双提升。

第四节 资源生成三大领域密切相关且互相促进

在本章中，我们将原生性资源、次生性资源和逆生性资源分开论述，并不意味着这三者是互相分割、互相独立的个体，正相反，这三者是互相联系、互相影响的辩证统一的整体，它们分属于资源生成的不同方向，但也共同服务于社会经济持续发展、人民生活水平不断提高这一共同目标。在另一方面，这三者也互相制约，其中一个领域的落后有可能会导致其他领域无法向前发展。三者的联系体现在以下三个方面。

（1）原生性资源的开发为次生性资源和逆生性资源提供物质支撑。原生性资源的开发本质上是不断拓展人类可利用物质世界的边界，即将非经济资源转化为经济资源。对于次生性资源而言，其开发和建设所需求的要素为资本、人才、技术等，但这是在人类社会中的表现，而人类社会是建立在物质世界上的，因此，次生性资源的生成归根结底需要一定的物质基础，如土地、能源、矿产等。而原生性资源的开发，一方面能够为可以预见即将耗竭的资源找到替代品，另一方面能够为其提供更高性价比的生产要素，从而为次生性资源的开发提供坚实的物质基础。对于逆生性资源而言，原生性资源的开发为其目标的达成提供了可能性。原生性资源中的太阳能、风能、潮汐能、可燃冰等清洁能源的开发利用，能够有效减少经济活动对环境的污染和对生态的破坏，从而有助于达成逆生性资源生成的节能减排的目的。

（2）次生性资源的开发为原生性资源和逆生性资源提供基本平台。三大资源生成领域的最终目标都是促进经济增长和提升生活水平，而原生性资源和逆生性资源都需要借助次生性资源才能实现这一目的，即这二者都需要作用于次生性资源的开发所形成的生产、生活基础设施才能实现其价值。尤其是次生性资源的开发最终形成的城市群，将集中大部分的人口和产业,成为人类活动的主要区域。从这个角度看,次生性资源处于三大资源生成领域的核心地位。此外,次生性资源还有助于原生性资源和逆生性资源的开发。次生性资源的开发无疑将带动生产要素的需求,从而推动原生性资源的生成。同时,次生性资源的发展将使得基础设施更加完善,治理水平不断提高,污染监测能力不断提升,为逆生性资源的生成提供硬件设备和体制、机制的支撑。

(3)逆生性资源的开发为原生性资源和次生性资源提供质量标准。逆生性资源的开发,究其根本是在经济发展和环境污染之间施加硬约束,使得市场参与者必须在二者之间进行权衡,即不能因为发展经济而过分地破坏环境,否则就要受到相应的惩罚。但是在过去,该环境状况是"无价"的,即无法通过货币来精确计量,经济发展和环境保护之间的权衡具有很大的主观性。而逆生性资源的开发具有的价格发现的功能,将使得环境污染至少是温室气体的排放可以换算为经济价值,从而为理性人的决策提供依据。因此,可以说逆生性资源对整个经济运行施加的硬约束,为原生性资源和次生性资源的开发提供了质量标准。

❋ 本章小结 ❋

本章主要研究了原生性资源、次生性资源和逆生性资源各自的内容、特点和意义,在此基础上就其开发手段提出建议,并阐明了三者之间的辩证统一的关系。

原生性资源是指目前知识、技术和经济条件下尚待开发的自然资源。其生成过程按照不同的经济产出可以分为基础科学突破、研究成果技术转化和商业化应用三个阶段,并且具有高技术性、高投入性、高风险性和高收益性的特点。目前,前景明确、潜力巨大的领域主要有太空资源、极地资源和深海资源等。

次生性资源主要是指城市经济中基础设施的投资、建设与开发,具有先行性和基础性、强外部性、整体不可分割性和不可贸易性等特点。次生性资源开发的最终结果和终极目标是形成城市群。在次生性资源开发中,区域政府应遵循市场规律、创新资金运营模式和加强政策配套。

逆生性资源是由区域经济发展中的外部溢出效应逆向形成的一种独特的生成性资源。逆生性资源的最终目的是在促进经济发展的同时增进社会

总福利，我们通过设定数学模型论证了负外部性成本化政策对于达成这一目的的有效性。同时，我们着重介绍了逆生性资源的实践——碳排放交易，以及逆生性资源的计量——GEP 的核算。

本章最后分析了三大生成性资源领域之间的辩证统一关系，具体表现为原生性资源的开发为次生性资源和逆生性资源提供物质支撑，次生性资源的开发为原生性资源和逆生性资源提供基本平台，逆生性资源的开发为原生性资源和次生性资源提供质量标准。

思考讨论题

1. 原生性资源的三个阶段是什么？原生性资源的特点有哪些？试举例说明原生性资源包括哪些内容。

2. 次生性资源开发的特点和目标分别是什么？

3. 次生性资源开发的手段和方式包含哪几个方面？

4. 次生性资源开发中如何确定政府主导和市场主体主导项目的边界？

5. PPP 模式和基础设施 REITs 分别是什么？二者之间的联系存在于哪些方面？

6. 简述新型基础设施建设的概念、意义与内容。

7. 试比较第三节第一部分的模型中负外部性被成本化和负外部性未被成本化两种情形下的结论，并说明其现实意义。

8. 碳排放交易的背景、法律依据是什么？世界各国分别有哪些实践？

9. 我国碳排放的目标是什么？如何理解建设碳排放交易市场的意义？

10. 简述我国碳排放交易市场的体系设计，并谈谈如何进一步完善我国碳排放交易体系。

11. 什么是 GEP？如何理解其意义？

第四章 为什么经济学界没能提出"资源生成法则"?

经济学说作为社会上层建筑的一部分,不可避免地受到经济基础的影响。西方经济学可分为微观经济学与宏观经济学两大分支,其产生与发展与当时经济社会发展水平密切相关。本章我们将从微观经济学和宏观经济学的两位开山鼻祖所处的历史社会环境出发,探讨为何经济学界未能提出"资源生成法则",并讨论传统经济学理论体系中的不足,以及中观经济学如何对这种不足进行弥补和补充。

第一节 亚当·斯密《国富论》的历史背景

一、亚当·斯密简介

亚当·斯密(Adam Smith),英国著名的社会哲学家和政治经济学家,古典政治经济学的代表人物。亚当·斯密的父亲是苏格兰当地的一名海关官员,母亲则是当地一名世袭土地主的女儿。亚当·斯密于14岁进入格拉斯哥大学,在校期间,亚当·斯密的导师、著名的人性道德行为哲学家弗兰西斯·哈奇森(Francis Hutcheson)教授的哲学思想深深地打动了他,并对其后来形成的道德哲学和经济思想产生了极为深刻的影响。

1740年,亚当·斯密以卓越的成绩从格拉斯哥大学毕业,尔后到牛津大学求学。在那里,亚当·斯密通过不断的自学探索,获取了大量的古典和当代哲学知识。1751年,28岁的亚当·斯密被委任为格拉斯哥大学逻辑学教授。

1752年,亚当·斯密转入道德哲学领域,从事自然神学、伦理学、法学和政治经济学的研究。1759年,时年36岁的亚当·斯密发表了他的

第一部著作《道德情操论》。这部著作也为其后完成的《国富论》奠定了心理行为分析的基础。

1776年，时年53岁的亚当·斯密完成了至今还有着重要影响的名著《国富论》。该著作对市场经济行为和复杂的政治经济学体系做出了深刻分析，使亚当·斯密成为经济思想史的"灯塔"人物，并至今闪烁着光辉。

亚当·斯密在完成第二部巨著之后，花费十多年时间探索思研，曾试图撰写出第三部著作《政府与法律论》。但令人遗憾的是，1790年，时年67岁的亚当·斯密带着一生盛誉和一点惋惜离开了人世。

根据当地当时的风俗习惯，亚当·斯密的所有文稿，包括他生平的私人物品，都伴随着他的离世而被销毁一空。这使得亚当·斯密未完成的第三部著作及其核心思想，成为了后人研究的一个猜想。

亚当·斯密所处的18世纪的英国，正值工场手工业向机器大工业过渡的时期。18世纪前期的法国和德国，尚停留在幼稚且封建的家庭手工业阶段。但英国却已经进入资本主义阶段，工场手工业已经在国内各大城市发展起来，其特点是许多工人在一个工场劳动，在一个资本家的指挥下，使用简单的工具分工作业。此情景一直延续到1760年以后发生产业革命、使用机械的大工业时期出现为止。当时英国不仅是世界贸易的中心国，还是领先其他国家的工业国。

综上可知，首先，亚当·斯密所处的时代是英国工业革命刚刚开始的时代——工业化进程刚刚开始，城市化进程还未启动，这是开始变革的时代。其次，亚当·斯密的家庭具有较高的社会地位和较好的经济条件。在这一变革过程中，亚当·斯密没有明显地去追逐名利，而是更多地沉浸在学术、学问之中。最后，亚当·斯密一生只研撰过三本书，而且每本书都深入研究了十几年。他28岁时就已经是大学教授，36岁就完成了第一部著作《道德情操论》，研究人的社会行为与道德情操。此后他转而研究商品价格、供求、竞争、市场、企业行为，并出入于伦敦的商人圈，17年后，53岁的他完成第二部著作《国富论》。紧接着，他没有去享受《国富论》带来的赞誉和财富的增长，而是效仿他父亲，担任海关官员——海关在当时被认为是财富的真正源泉，并高度集中地反映了国与国之间的进出口贸易情况。按时间推断，亚当·斯密在海关先后工作了约14年，亲身实践并研究国家政府的职责、职能、权力与法律规则，并在67岁左右着手撰写第三部著作《政府与法律论》。遗憾的是，该书未能面世，但可以推测,亚当·斯密的一生是学习的人生、思索的人生,揭示分析个人、企业、国家行为属性的人生,揭示市场和经济主体本质规律的人生。

二、亚当·斯密的著作内容分析

亚当·斯密的学术思想既受到当时英国工业蓬勃发展上升的时代影响,又受到重农学派特别是魁奈、杜尔哥和后来休谟的贸易与货币经济学理论的影响,更受到他在格拉斯哥大学的导师弗兰西斯·哈奇森的哲学思想的影响。哈奇森提出的"人们可以通过发现对人类有益的行为来认识从理论上来说什么是好的"哲理,深深左右着亚当·斯密对社会中个人的(有益的)行为、对市场中企业的(有益的)行为,甚至后来对国家政府的(有益的)行为的探研。

(一)亚当·斯密的第一本书《道德情操论》

《道德情操论》共分为七部分:第一篇论行为的合宜性;第二篇论优点和缺点,或奖赏与惩罚的对象;第三篇论评判自我的情感和行为的基础,以及责任感;第四篇论效用对赞许感的意义;第五篇论习惯和风气对道德赞许情感的影响;第六篇论有关美德的品质;第七篇论道德哲学体系。

在书中,亚当·斯密用人类的情感和同情心作为基本原理,来阐释正义、仁慈、克己等一切道德情操产生的根源,说明道德评价的性质、原则和各种美德的特征,并对各种道德哲学学说进行了介绍和评价,进而揭示出人类社会赖以维系、和谐发展的基础,以及人的行为应遵循的一般道德准则。

人类本性、个人行为、自我保存、利己心、内在自我、公正旁观者、自我管制、同情心、内在冲突、逐利者、"看不见的手"、同感、社会动物等,都是《道德情操论》的关键词。人类情感作为一只"看不见的手",在调节着个人的社会行为,促成利己心与同情心的有机融合,构成了亚当·斯密人性论的基本内涵。亚当·斯密在此书中,第一次运用了他的导师弗兰西斯·哈奇森传授的哲理——"人们可以通过发现对人类有益的行为来认识从理论上来说什么是好的。"

(二) 亚当·斯密的第二本书《国富论》

《国富论》共分为五部分：第一篇论劳动生产力增进的原因，并论劳动生产物自然而然地分配给各级人民的顺序（共十一章）；第二篇论资财的性质及其蓄积和用途（共五章）；第三篇论不同国家中财富的不同发展（共四章）；第四篇论政治经济学体系（共九章）；第五篇论君主或国家的收入（共三章）。其中，值得注意的是与本书主题相关性较强的第五篇：第一章论君主或国家的费用——第一节论国防费；第二节论司法经费；第三节论公共工程和公共机关的费用（第一项论便利社会商业的公共工程和公共设施；第二项论青少年教育设施的费用；第三项论各种年龄人民的教育经费的开支）；第四节论维持君主尊严的费用。第二章论一般收入或公共收入的源泉。第三章论公债。

《国富论》的主要经济思想有三个：一是分工和价值理论，包括分工理论、价值理论（使用价值和交换价值、劳动价值及两种价值规定）、三种收入理论（工资、利润、地租）、市场价格与自然价格理论；二是收入与分配理论，包括工资理论、利润理论、地租理论；三是社会资本再生产理论，包括什么是社会资本再生产、社会资本再生产理论的前提、社会再生产运动的核心问题是社会总产品的实现问题。

《国富论》的中心思想是：看起来似乎杂乱无章的自由市场实际上是一个自行调整的机制，自动倾向于生产社会最迫切需要的商品种类和数量，它通过价格机制、供求机制和竞争机制对市场进行调节，就像一只"看不见的手"，在冥冥之中让每个人都自觉地按照市场规则行动。用亚当·斯密的话来说："各个人都不断地努力为自己所能支配的资本找到最有利的用途。固然，他所考虑的不是社会的利益而是自身的利益，但他对自身利益的研究自然会或者毋宁说必然会引导他选定最有利于社会的用途。""在这场合，像在其他许多场合一样，他受着一只看不见的手引导，去尽力达到一个并非他本意想要达到的目的。""他们促进社会的利益，其效果往往比他们真正想要实现的还要好。"[①] 在这里，价格、供求、竞争机制，作为一只"看不见的手"，在调节着商品生产者/企业的社会行为，促成利己性与利他性的有机融合，构成了自由经济的基本内涵。亚当·斯

[①] 亚当·斯密：《国富论》，孙善春、李春长译，作家出版社2017年版。

密把《道德情操论》中的"看不见的手"的概念,运用到了《国富论》的市场经济自行调节中,提出了"看不见的手"理论,再一次展现了他的导师弗兰西斯·哈奇森传授的哲理——"人们可以通过发现对人类有益的行为来认识从理论上来说什么是好的。"

在《国富论》提出的经济自由主义前提下,亚当·斯密指出了经济自由社会里的政府职能——主要集中在《国富论》的第五篇第一章中,涉及国防开支、司法开支、公共工程和公共机构开支(包括教育开支)等。这里概括了政府的三种职能,即保护国家、维护公正与秩序、提供公共物品。其中,提供公共物品,比如道路、桥梁、运河和海港,被认为是资本家无利可图的工程,需要由政府去保证。因此,政府起着一个"守夜人"的作用,这就是亚当·斯密在第五篇论述并被后人概括为"小政府"的角色。

《国富论》奠定了亚当·斯密作为古典经济学鼻祖的地位,他被戴上了"古典经济学开创者""市场价值理论创立者"等桂冠。在这一基础上,后来者弥补了亚当·斯密分工理论存在的不足之处、价值理论体系存在的内在矛盾、市场经济理论存在的弱点等缺陷,才有了今天占据主流的新古典经济学。而亚当·斯密对市场经济中政府的职能和作用的概述的影响,一直延续至今。传统经济学界的人们仍然在用"小政府""守夜人""提供公共物品"来规约着现代国家在市场经济中的职能。

(三)亚当·斯密的第三本书《政府与法律论》

亚当·斯密第三本书的内容会是什么呢?这又需要回到他的导师弗兰西斯·哈奇森传授的哲理——"人们可以通过发现对人类有益的行为来认识从理论上来说什么是好的。"《道德情操论》通过分析社会中个人的利己心与同情心,勾画出人性论的基本内涵和人的道德行为特征;《国富论》通过分析市场中企业的利己性与利他性,构建了自由经济的基本内涵和企业的商业行为特征。他的第三本未竟之作《政府与法律论》聚焦于"政府与法律",是否也会通过分析国家利益与人类利益,从而得出国家的基本经济职能和政府(法律)的管理行为特征呢?贯穿亚当·斯密政治经济学的核心概念是"看不见的手"。对于个人道德行为,这只"看不见的手"是利己心与同情心的融合,它引导着人们的道德情操。对于企业的商业行为,这只"看不见的手"是利己性与利他性的融合,它引导着企业的

价格、供求和竞争机制。那么，对于政府的管理行为，亚当·斯密要揭示的这只"看不见的手"又是什么呢？将亚当·斯密的学术思想与其导师传授的哲理结合起来分析，似乎亚当·斯密是在研究"行为科学"，或者是通过研究"行为科学""行为经济学"来揭示人性、企业市场和国家管理的真相。很可惜，他的三步棋却只下完了前两步。

但至少我们可以说，如果亚当·斯密有幸完成了第三本书，他对政府职能和管理行为的分析，绝不会仅仅停留在《国富论》第五篇第一章的几点描述上。除了保护国家、维护公正与秩序之外，政府所提供的公共物品也绝不会局限在道路、桥梁、运河、海港等四类基础设施（且它们是资本家无利可图的工程）的范畴内。然而令人遗憾的是，两百多年后的今天，各类经济学理论仍然把政府的职能和管理行为局限在当年亚当·斯密《国富论》的描述上。

我们可以理解亚当·斯密撰写《国富论》时对政府职能及行为特征探研的局限性。一则，他所处的时代才刚刚开始工业革命，生产方式开始从工场手工业转向机器大工业，城市化进程几乎还没有大的发展，人们的目光主要还是集中在产业、产业资源、产业革命上。正如亚当·斯密的《国富论》批判了重商主义只把对外贸易作为财富源泉的错误观点，批判了重农学派认为只有农业才创造财富的片面观点，指出了一切物质生产部门（即产业部门）都可以创造财富一样，《国富论》对城市基础设施、城市资源的认识和运用微乎其微，时代的局限性使亚当·斯密把政府职能与管理行为圈定在产业经济之中。二则，既然是面对产业经济，即面对企业、商品、价格、供求与竞争，政府理所当然只是保护国家安全、公正、秩序，承担良好市场环境的"守夜人"角色，而不是其他角色。

现在的问题恰恰在于，在其于 1776 年完成了《国富论》之后，亚当·斯密从研究人的行为转移到研究企业的行为，又转移到研究国家政府的行为，而且在《国富论》完成十多年之后的 1790 年着手开始撰写《政府与法律论》。那么，亚当·斯密在完成了《国富论》后，为什么要去海关任职？难道只是为了照顾他的母亲？难道是为了多赚钱谋生？从他的人生轨迹来分析，显然这些都不是主要原因。亚当·斯密在 36 岁时完成了《道德情操论》，后成为英国财政大臣儿子的私人教师，获得终身俸禄。为研撰《国富论》，他出入伦敦商业圈，于 53 岁完成了此一巨著。之后他选择到反映国家进出口贸易状况的经济重地——海关任职，其目的应该是探研国家与国际经济状况,以及由此产生的"国家政府行为"。这说明他的人生选择主要与学术取向有关。那为什么第三本书的研究长达14年之久?当然,这期间亚当·斯密也肩负其母校的相关事务,但笔者认为更重要的原因是,他长时间在海关工作,是在探寻如何将其导师弗兰西斯·哈奇森的哲理——"人们可以通过发现对人类有益的行为来认识从理论上来说什么是好的"进一步运用到国家政府的管理及运行规律上来。

如果说《道德情操论》的精髓与内核是个人与社会、利己心和同情心的融合形成的"看不见的手"的引导,《国富论》的精髓与内核是企业与市场、利己性和利他性的融合形成的"看不见的手"的推动,那么,一国政府的行为属性、内在本质依靠什么来牵引?国家与国家之间的内在牵制力依靠什么来规约?就政府属性而言,一国既有国家利益,又从属于全球利益;既有一国属性,又含国际属性;既体现局部(微观)需求,又期望整体(宏观)平衡。其内在本质、精髓和内核应该就是一国政府的国家利益与他国政府的国家利益乃至人类利益的内在矛盾运动。进一步说,一国政府为了维护或争取国家利益,除政治、军事的手段之外,经济上还有什么手段?应如何去争取其利益?可能的途径是"维护"与"竞争"自己的利益要靠共同规则来推动,但靠"竞争"来争取自己的利益又应该怎么做?在哪些领域竞争?这就是亚当·斯密写第三本书时遇见并试图解决的难题。但最终,他还是未能解决或来不及回答这些问题,于是,就有了传统经济学的缺陷和亚当·斯密市场理论的不足,即市场只有一个主体——企业,市场只存在企业供求与企业竞争。这种市场理论的缺陷一直延续至今。现代经济的许多问题不是市场的问题,而是传统市场理论的问题——人们崇拜亚当·斯密,而亚当·斯密来不及回答与解决的问题也遗留至今。

三、亚当·斯密理论的缺陷与凯恩斯理论的崛起

亚当·斯密不愧为古典经济学的鼻祖和市场价值理论的创立者,其理论内核的合理与不足,都影响了整整几代人。后有众多经济学家,包括著名的阿尔弗雷德·马歇尔(Alfred Marshall)教授(1890年出版的《经济学原理》一书的作者),他将经济学作为一门独立的学科,提出了一系列新的范畴和概念,并大胆创新,推动经济学研究迈上了一个新的台阶,即形成了新古典经济学派。但依笔者所见,这仍然是在亚当·斯密原来确立

的框架下的一种改革创新、一种集大成论,仍然只囿于产业、产业经济、产业资源来论商品、价格、供求、竞争,只囿于产业经济中的政府与市场(企业)关系,虽然不断深化或改换角度、创新范畴来扩展其论述,但仍然把政府与市场关系这一经济学中的"哥德巴赫猜想"局限于一隅,即政府只是提供安全、公平和秩序,扮演公共物品的"守夜人""小政府"角色。

《国富论》最大的贡献是详述了产业经济中的市场属性、企业主体及其与政府的关系,在"看不见的手"的牵引下,产业经济中的市场属性与政府职能得以被界定,这是亚当·斯密经济学思想长青的原因。但他无法或还没有区分出产业经济之外的其他经济类型,没有细分出市场体系的完整内涵、市场的界限(或范围)及市场的有效性,没有细致界定出政府与市场的明晰关系,等等。时代的局限性与第三本书研撰的未遂,导致亚当·斯密经济学理论存在缺陷。

而凯恩斯以其"亦学亦政"的独有经历,在第一次世界大战后的1919年完成了《凡尔赛合约的经济后果》;其为应对1929—1933年的世界性经济危机和助推美国罗斯福新政,又于1936年完成了《就业、利息和货币通论》的撰写。亚当·斯密经济学理论中的缺陷或还未探研之处,成就了凯恩斯的成功。而凯恩斯在经济学上有了新发展之余,也同样陷入了其经济学理论的缺陷和矛盾之中,难以自拔。

第二节 凯恩斯经济学的贡献与缺陷

一、凯恩斯的主要经历

生长于英国剑桥的约翰·梅纳德·凯恩斯(John Maynard Keynes),擅长数学与经济学,1902—1906年(19—23岁)就读于剑桥大学;毕业后,于1906—1908年就任英国印度事务部文职官员;1908年,他回到剑桥大学工作。1913年,30岁的凯恩斯发表了他的第一部著作《印度的货币与金融》;1913—1914年,他成为英国皇家印度财政和货币委员会成员。

自1915年开始,即第一次世界大战期间,32岁的凯恩斯加入英国战时财政部,后期主要负责英国对外财政关系。1919年5月,时年36岁的凯恩斯以英国财政部首席代表和首相劳合·乔治(Lloyd George)的顾问的身份参加了巴黎和会。在此期间,他试图阻止协约国对德国设置过高的赔款额,遭遇失败后辞职。1919年,凯恩斯回到剑桥大学,后创作《和约的经济后果》一书。此后,凯恩斯发表了一系列文章和著作,其中主要有《概率论》(1921年)、《和约的修正》(1922年)、《货币改革论》(1923年)、《失业需要大力补救吗?》(1924年)、《自由放任主义的终结》(1926年)、《货币论》(1930年)等等。

1929年10月,华尔街股市崩盘,引发全球经济大萧条。1930年,凯恩斯成为政府经济顾问委员会成员。1931年,凯恩斯受邀去美国芝加哥大学,同美国经济学家讨论应对危机的措施。1932—1933年,凯恩斯持续倡导通过政府干预刺激经济增长。1934年,凯恩斯再次去美国,并面见罗斯福总统,促推罗斯福新政。1936年2月,凯恩斯发表《就业、利息和货币通论》。1939年9月,第二次世界大战爆发。1940年,凯恩斯再次进入英国财政部,成为英国政府财政大臣顾问。凯恩斯积极参与建立战后国际经济秩序,后来的国际货币基金组织、世界银行和布雷顿森林体系皆发源于此。1946年2月,凯恩斯到美国参加世界银行和国际货币基金组织的首次会议。1946年4月,凯恩斯与世长辞。

二、凯恩斯的特色经济思想

凯恩斯擅长数学和经济学,且在学界、政界均有丰富经历,这使得他的经济学思考与研究别具一格。

在其1919年的《和约的经济后果》一书中,凯恩斯详尽分析了第一次世界大战前欧洲的状况、巴黎和会谈判、《凡尔赛和约》的条款尤其是赔款事宜,以及《凡尔赛和约》签订后的欧洲前景与补救措施。他认为,协约国对德国的巨额赔款要求将毁灭德国经济,从而导致欧洲进一步的冲突。凯恩斯提出修改《凡尔赛和约》的有关条款,解决各国之间的债务问题,进行国际贷款,改善与俄国的关系,以补救《凡尔赛和约》带来的隐患。从这本书中我们可以看到,首先,凯恩斯深刻地预见了政府行为不符合经济逻辑时可能带来的严重后果,因此力图阻止与修正。其次,凯恩斯分析政府行为,并试图运用政府的经济手段改变可能产生的后果,从而把人们(尤其在当时)对经济学的认知和接受程度提高到了一个更新的阶段、更高的水平。最后，凯恩斯从国家权力和整体经济趋势的角度，阐述了政府在其中扮演的角色、发挥的作用，从而与传统经济理论决裂，开启了政府政策直接影响国家经济的客观分析。

1924年，面对英国失业人数已达一百万人的状况，凯恩斯在《失业需要大力补救吗？》一文中提出，政府每年应支出一亿英镑来促进经济增长，特别是用来投资建设住房、道路、电力能源设施等，国家的储蓄应投资于国内的公共基础设施，而不是国外。政府应该去做私人投资者还没有或还未能去做的事，并不断提高政府效率。由该文可知，首先，凯恩斯进一步明确提出，政府促进经济增长的措施包括在国内加大住房、道路、电力能源等基础设施投资建设。其次，这些公共基础设施的运营组织应属于私人投资和国家管理之间的半自治实体，而公共物品工程投资建设能有效促进经济增长。最后，对政府而言，重要的不是去做私人投资者已经做过的事，做得比他们好或差都不重要，而应该去做现代社会需要但还没有人去做的事。到这一阶段，凯恩斯的经济学研究已经从发挥政府作用进一步引申到政府投资基础设施建设对经济增长的促进作用，并试图在理论上有所解释，有所突破。

1936年，凯恩斯发表《就业、利息和货币通论》。全书共分为六篇二十四章。第一篇为引论，主要阐述有效需求原理。第二篇为定义与观念，主要阐述收入、储蓄、投资的定义和进一步考察的意义。第三篇为消费倾向，主要阐述边际消费倾向和乘数。第四篇为投资引诱，主要阐述资本边际效率、流动性偏好等。第五篇为货币工资与价格，主要阐述货币工资、价格、就业函数等。第六篇为通论引发的几点简短议论，主要略论经济周期、重商主义及《就业、利息和货币通论》可能导向的社会哲学等。由这部著作可知，其一，作为剑桥大学马歇尔教授的学生，凯恩斯此时观点鲜明地认为，以亚当·斯密和马歇尔为代表的古典经济学和新古典经济学理论，即借助市场供求力量能够自动调节、实现充分就业的均衡状态不可能成立。其二，他认为一国的就业水平是由有效需求决定的。有效需求是指商品总供给价格与总需求价格达到均衡时的总需求，而总供给在短期内不会有大的变动，因此，导致就业不足的根源在于有效需求不足。其三，有效需求或总需求是消费需求与投资需求的总和。有效需求不足或总需求不足是消费需求与投资需求不足的结果。其四，为解决需求不足的问题，凯恩斯主张政府干预经济，通过政府的政策来刺激消费和增加投资，以实现充分就业。这是因为，凯恩斯认为消费倾向在短期内是相对稳定的，要实现充分就业就必须从增加投资需求着手。投资的变动会使收入和产出的变动产生一种乘数效应，从而促进国民收入成倍增长。其五，凯恩斯所主张的政府扩大投资，是以财政政策为主，而不是以货币政策为主。尤其在经济萧条时期，政府应采取扩张性的财政政策——增加财政开支、减少税收和发行公债。同时，凯恩斯又提出，投资政策要结合消费需求来互动，国家也要控制投资，以消除投资对经济造成的波动性影响。其六，凯恩斯提出，政府要想办法促进有效需求，推进收入均等化以增加消费需求。

综上可知，首先，凯恩斯在《就业、利息和货币通论》中找到了一国促进经济增长的新领域。这个领域不是在重商主义所倾向的对外贸易中，不是在重农学派所偏向的农业生产中，也不是在亚当·斯密所描述的产业经济中，而是在亚当·斯密《国富论》第五篇第一章第三节第一项中所描写的那类不能给私人投资者带来利润收益，而由政府向社会提供的公共工程、公共物品中道路、桥梁、运河、海港、房屋建筑、电力能源等基础设施投资。其次，凯恩斯认为，政府要干预国家经济的发展，尤其是在总需求不平衡、有效需求不足的情形下，而政府干预的手段和切入点就在于上述基础设施投资。再次，政府干预的手段是积极的财政政策，即上文所说的增加财政开支、减少税收、发行公债，从而把更多的财政预算用于前述房屋、道路建设等公共工程。最后，作为一个独立的经济学理论体系的凯恩斯特色经济思想已经形成。其理论与以亚当·斯密为主的古典经济学和以马歇尔为主的新古典经济学一道，形成经济学体系的两侧：一侧是以提供商品为主→形成产业经济→企业是产业经济的主体→企业共同遵循市场经济规则；另一侧是以提供公共工程、公共物品为主→形成基础设施经济或城市经济＋对于基础设施经济或城市经济的主体，或是政府，或是私人投资者，或是经济联合体对主体共同遵循的规则，凯恩斯对此也含糊不清，或许也是遵循了市场经济规则。

三、罗斯福新政

正如前面所述，凯恩斯曾多次前往美国。尤其是1934年，凯恩斯在美国面见了罗斯福总统，共同讨论、促推罗斯福新政。一方面，罗斯福总统十分欣赏凯恩斯的观点；另一方面，凯恩斯在美国也感受到了经济自由放任派的敌意。

罗斯福新政即1933年富兰克林·罗斯福（Franklin Roosevelt）任美国总统后实行的一系列经济政策，其核心是复兴、救济和改革。在此我们不得不说的是，当年美国胡佛政府应对危机失败，是由于其采取自由放任政策，反对国家干预经济，从而加剧了经济危机的危害，使美国经济跌入谷底。在民众的不满情绪日益高涨，全国上下要求改革的呼声越来越强烈的情形下，罗斯福以"新政"为竞选口号，赢得了广泛支持，因此击败胡佛，成为美国第32任总统。

除了整顿银行和金融业、复兴工业、调整农业政策、建立社会保障体系、建立急救救济署等，罗斯福新政最重要的措施就是推行"以工代赈"，大力兴建公共工程，增加就业，刺激生产和消费。"以工代赈"即联邦把向各州提供救济款物的单纯救济改为给失业者提供建设公共工程工作机会的救济形式，尤其侧重吸纳失业率偏高的、年龄在18～25岁、身强体壮的青年人，在全国范围内从事植树护林、防治水患、水土保持、道路建筑、开辟森林防火线和设置森林瞭望塔等大量公共和民用工程建设。这些措施既完善了救济工作，维护了失业者的自力更生精神和自尊心，又推动了全美民用工程和公共工程事业的建设和发展，刺激了生产和消费，缓解了大萧条带来的经济危机与社会矛盾。罗斯福新政的第一项措施，就是促请国会通过"民间资源保护队计划"。该计划第一批招募了25万人，分别在遍及各州的1500个营地进行劳动。直至美国参与第二次世界大战前，先后有200多万名青年在这个项目中工作过。他们开辟了740多万英亩国有林区和大量国有公园，平均每人每期工作9个月，从工资中拿出绝大部分作为赡家款，这在整个社会扩大了救济面和相应的购买力。

罗斯福新政期间，全美设有名目繁多的工赈机关，综合起来可分成两大系统：一是以着眼长期目标的工程为主的公共工程署（政府先后拨款40多亿美元）；二是民用工程署（投资近10亿美元），如民用工程方面，全国兴建了18万个小型工程项目，包括校舍、桥梁、堤坝、下水道系统、邮局和行政机关等公共建筑，先后吸引了400万人工作，使广大非熟练失业工人找到了自己的用武之地。后来又继续建立了几个新的工赈系统。其中，最著名的是国会拨款50亿美元兴办的工程兴办署和专门针对青年人的全国青年总署，二者总计雇佣人员达2300万，占全国劳动力的一半以上。

到第二次世界大战前夕，联邦政府支出的工程费用及数目较小的直接救济费用合计达180亿美元,美国政府借此修筑了近1000座飞机场、12000多个运动场、800多座校舍与医院,不仅为工匠、非熟练工人和建筑师创造了就业机会,还给成千上万的失业艺术家提供了形形色色的工作,是迄今为止美国政府最宏大、最成功的救济行动。这些钱通过不同渠道,成为以政府投资刺激私人消费和个人投资的"引动水"。

罗斯福新政的措施,尤其是"以工代赈"修建的一大批公共工程和民用工程项目,比如田纳西河流域工程,不仅大大缓解了失业问题,刺激了经济复苏,更重要的是开创了国家干预经济或促进经济增长的新模式。积极的财政政策与大力兴建公共工程设施、提供公共物品相结合,为国家干预经济或探寻经济增长新模式提供了理论依据、实施手段和投资——主要是以基础设施投资为主的公共工程、公共物品投资建设,使美国经济极大受益,罗斯福也因此成为自亚伯拉罕·林肯以来最受欢迎的总统,载入美国史册。

四、凯恩斯经济学的贡献与缺陷

美国第45任总统唐纳德·特朗普(Donald Trump)在任时,不断有媒体报道:"特朗普经济学"更像"罗斯福新政"。其中,日本《经济学人》周刊于2017年3月7日刊登经济评论文章《特朗普政府的本质是罗斯福而非里根》称,虽然有人认为特朗普政府与里根时代类似,但实际上其政策与罗斯福的"新政政策"更为相似。里根在竞选中,与特朗普一样提出"恢复强大的美国"口号,最终实现了压倒性的胜利,此外,里根也提出减税和放松管制。虽然从爱国性的口号和部分经济政策上来看,特朗普政府与里根政府有一定的相似性,但是里根政府实施的经济政策除了减税和放松管制外,还包括上调利率、美元升值和紧缩财政,里根政府的经济政策重视的不是需求侧,而是供给侧。通过彻底放松管制,让企业彻底参与市场竞争。如果与过去比较,特朗普的政策反而酷似1929年世界大恐慌后就任的民主党总统罗斯福的"新政政策"。新政政策的目的是消除大恐慌后需求极度不足和工人失业问题,所实施的以巨额公共事业支出为中心的经济政策,正是立足于凯恩斯的"需求管理政策"的想法。特朗普在选举期间就公开承诺要进行总额为1万亿美元规模的基础设施投资,试图强烈刺激需求侧。然而,美国虽然已经从"雷曼危机"中复苏,接近完全就业水平,但雇佣上仍然存在错配问题,从重视需求侧、有意向劳动者

分配工作的角度看,特朗普的政策可以说恰好类似"新政"。关于左右今后美国经济的利率动向,很可能会出现纠正美元过度升值和利率过高的情况,将最大限度地发挥政策的效果。

的确,从罗斯福政府到特朗普政府,均采取大量投资基础设施建设以刺激经济增长的措施,其经济理论均源于凯恩斯的系列论述,尤其是1924年的《失业需要大力补救吗?》和1936年的《就业、利息和货币通论》等。凯恩斯"亦学亦政"的特殊人生经历和开创性的"政府干预"经济思想,对世界经济学理论的发展、体系的完善做出了重大贡献。

仍以《就业、利息和货币通论》为例,学界普遍的看法是,如果说亚当·斯密的《国富论》是经济自由主义的圣经,那么,凯恩斯的《就业、利息和货币通论》便是国家干预主义的宝典。该书主要论述了如下要点:①凯恩斯重新解释了充分就业概念,指出现实中存在自愿失业、摩擦失业和非自愿失业三类,非自愿失业的存在意味着传统就业理论的失效。②凯恩斯提出了有效需求原理,指出就业量实际上取决于与总供给相均衡的社会有效需求的大小。③凯恩斯提出了简单的国民收入决定理论,认为决定国民收入和就业水平的因素主要是三大心理变量(边际消费倾向、资本边际效率、流动性偏好)和货币供应量。④凯恩斯提出了上述三大心理变量的运行规律,即边际消费倾向递减、资本边际效率递减和流动性偏好规律。⑤凯恩斯提出了乘数理论,认为初始的投资增加可以引发诱致性投资增加,通过连锁式效应,最终可以带来数倍于初始投资的社会有效需求扩张,反之亦然。⑥凯恩斯提出了经济周期理论,认为经济周期主要包括繁荣、衰退、萧条和复苏四个阶段,这是由投资率波动引起的,而投资率的波动又主要在于资本边际效率的变动。此外,凯恩斯还研究了物价理论、工资理论、国际贸易理论等等。因此,凯恩斯经济学理论的创见被誉为"凯恩斯革命"——一场像哥白尼在天文学上、达尔文在生物学上、爱因斯坦在物理学上一样的革命。

凯恩斯的《就业、利息和货币通论》的出现,从宏观的视角对大量经济概念进行了归纳和整合,使经济学的发展在20世纪翻开了崭新的一页。如前文所说,第一,凯恩斯在其"亦学亦政"的特殊经历中找到了一国促进经济增长的新领域不是重商主义的"对外贸易",不是重农学派的"农业和畜牧业",也不是亚当·斯密的"商品物质生产部门"和"产业经济",而是以基础设施投资为主的公共工程、公共物品投资领域。第二,

第四章 为什么经济学界没能提出"资源生成法则"?

基础设施投资领域的第一主体,或者说国家在此领域干预经济/促进经济增长的第一主体是政府。第三,政府在基础设施投资领域运用的主要政策手段是财政政策而非货币政策。于是,凯恩斯经济学的发展就突破了古典经济学和新古典经济学的边界:古典经济学和新古典经济学遵循"商品价格形成→形成围绕物质生产部门的产业经济→始终坚持企业为自由经济的主体→主体共同遵循市场规律"的思路来推动经济增长;凯恩斯及凯恩斯主义则借助"国家投资公共工程和公共物品→以基础设施投入或城市经济拓展为主→基础设施投资领域的第一主体是政府→政府运用积极财政政策"的路径,有效推动经济增长。由此,从经济增长的运行轨迹上来说,凯恩斯及后来的凯恩斯主义确实使经济学的发展跳出了商品价格分析的限制,这是凯恩斯及凯恩斯主义极为成功且独树一帜的贡献。

但随着凯恩斯理论及相关政策的深化与推动,我们发现凯恩斯理论存在一些问题。第一,在基础的经济学理论当中,凯恩斯并没有在本质上严格区分公共工程、公共物品与物质商品,而是有意无意又自然而然地把公共工程、公共物品放进了商品价格分析的框架之中。第二,没有严格区分和界定基础设施、城市经济与物质生产、产业经济的不同点。其实,凯恩斯最早提出政府干预的动因是解决失业问题,以促进经济增长,而政府干预是通过积极的财政政策,在以基础设施投资为主的公共工程、公共物品领域大量投资,这主要属于城市经济范畴,而这又恰恰是亚当·斯密时代还没有重大发展、没有深入涉及的范畴。时代的局限性使亚当·斯密把基础设施、城市经济拓展只定义为公共物品,且是私人投资者不能赚取利润、需要靠政府提供的公共物品。在亚当·斯密时代的160年后(从1776年的《国富论》到1936年的《就业、利息和货币通论》),虽然凯恩斯把此类公共工程、公共物品定义在私人投资者和国家之间的半自治领域,但并没有旗帜鲜明地提出这不属于产业经济而属于城市经济范畴。第三,凯恩斯没有严格区分基础设施投资领域/城市经济的参与主体与产业经济的参与主体。产业经济中商品生产的主体就是企业;而城市经济/基础设施领域的投资主体首先是政府,但同时又包含私人投资者和投资者联盟。凯恩斯认为,有效需求包括投资需求和消费需求,其中投资需求不足是因为资本边际效率递减和流动性偏好,前者是指投资利润率下降,后者是指人们保留现金的偏好。在此处凯恩斯对投资利润率下降的原因分析中,基础设施建设的投资主体显然既包含了政府,又包含了私人和联盟投资者,他们共同参与投资，共同遵循市场运作机制，因此才会有"投资利润率"的概念，即在城市经济/基础设施投资领域，参与主体包括政府、个人、联盟三类投资者，经济运行依靠市场规则，范围主要包括公共工程和公共物品。但由于凯恩斯及凯恩斯主义没有区分城市经济中的政府参与/政府干预与产业经济中的企业参与，而把它们混为一谈，于是就出现了在其经济学说中，政府与企业在产业经济或市场经济中同分一杯羹的问题。这使得亚当·斯密古典经济学与马歇尔新古典经济学的维护者，或者说所谓市场经济的捍卫者，站出来极力反对所谓的"政府干预"，从而产生了一系列理论和实际问题的争论。第四，凯恩斯及凯恩斯主义也没有明确市场规则是否只局限在产业经济/商品生产中，还是也包括在城市经济/作为基础设施投资的公共工程和公共物品中，因而也没有明确作为参与主体之一的政府在公共工程、公共物品的投资中是否也应遵循市场规则。第五，政府参与城市经济/以基础设施投资为主的公共工程、公共物品投资，则它与区域内其他政府、私人投资者、投资者联盟是否也是竞争关系？政府在产业经济发展中的角色与在城市经济开拓中的角色到底如何区分、如何界定？这类问题都没有得到有效的解决。凯恩斯及凯恩斯主义在找到了一国促进经济增长的新领域之后，就立即着手于研究与此领域相关的政策措施与实效问题，推动解决当时的实际问题，而把该理论中需要首先澄清的基础问题搁置在一旁。这就导致其理论在前提假设乃至后面的分析上有含混的问题，产生了"模糊区域"。

综上可知，第一，凯恩斯理论抛弃了亚当·斯密的理论支撑，自成系统，独树一帜，但又有意无意地依赖亚当·斯密的市场经济理论。亚当·斯密理论支撑的要点，在《道德情操论》中是"利己心"与"同情心"有机融合的"一只看不见的手"，在《国富论》中是"利己性"与"利他性"有机融合的"一只看不见的手"，而凯恩斯找到了一国促进经济增长的新领域——基础设施资源、城市资源的开发和利用，但在论述政府职能和国家角色时，其理论却又缺乏合理内核的支撑，或尚未来得及研究。第二，凯恩斯或凯恩斯学派促进经济增长的调控方式无不体现着供给均衡、有效需求、优化资源配置、经济良性发展等原则，但在理论上却忽略了，随着一国的繁荣、科技的进步，城市资源甚至是国际资源如太空资源、深海资源、极地资源等的发掘问题逐渐显现，国家经济增长的课题中新增了"新生资源"或"资源生成"的问题，需要进一步研究。这里，资源稀缺与资源生成是经济学中资源配置的一对"孪生儿"。第三,经济理论的发展滞后于经济现实的变化。凯恩斯借用了亚当·斯密产业资源配置的理论,却又不去讨论城市资源/基础设施资源的生成问题,这样就产生了"就问题论问题""就政策论政策"的情况,此时的凯恩斯经济学作为致用之学,就出现那种"头疼医头、脚疼医脚"的药方了,这应该是凯恩斯理论真正的问题所在。第四,新的资源生成、资源的有效配置需要制度建设的配套与保障。有了制度建设才能确定,作为新生资源开发和利用主体之一的政府,应该如何面对原有资源(产业资源)的开发和利用,应该如何调控新生资源(城市资源)的开发和利用。而配套的"制度建设"的欠缺,又成为凯恩斯理论的另一缺陷。第五,经济学理论基础受"演化范式"的规范。因此,我们应借鉴经济实践中的成功案例,借鉴历史的动态演绎过程,以经济学核心原则"资源配置"中的"资源稀缺"和"资源生成"为切入点,分析、演化出现代市场理论乃至现代经济学体系。

第三节 传统经济学理论与体系的不足

政府与市场的关系堪称经济学的"哥德巴赫猜想",它是一个世界性问题——既是经济理论研究的焦点,又是各国经济发展实践中的难点。笔者认为,潜心研探一国政府在产业发展、城市建设、社会民生方面的经济行为定律,是破解这一问题的关键。由此入手,我们不仅能够揭示出世界各国政府在资源稀缺、资源生成和资源配置的不同发展阶段的经济行为特征,而且将对政府的双重经济属性、市场竞争的双重主体、成熟市场经济是强式有为政府与强式有效市场相融合经济的命题有更深刻的认识,从而促进政府超前引领,在创新中竞争,在竞争中创新,不断开拓经济增长新引擎。微观、中观、宏观经济主体及其行为分析,为这一课题开启了深化研探之路径。

一、微观经济主体及其行为分析

微观经济又称个体经济,其主体是单个经济单位(单个生产者、消费者和市场经济活动),对微观经济的研究形成了微观经济学(Microeconomics),其研究可大致分为三个层次:第一层次是单个生产者和单个消费者的经济行为,即分析单个生产者如何进行最优的生产决策以获取最大的利润,单个消费者如何进行最优的消费决策以获得最大的效用;第二层次是单个市场的均衡价格是如何决定的,结论为单个市场的均衡价格是这个市场中所有生产者和所有消费者的最优经济行为相互作用的结果;第三层次是所有单个市场的均衡价格是如何决定的,结论为它是全部市场中全部生产者和全部消费者的最优经济行为相互作用的结果。

微观经济学研究的基本问题是如何决定产业资源配置,其基本理论是供求决定相对价格。其中心思想是自由交换往往使资源得到最充分的利用,在这种情况下的资源配置被认为是帕累托最优。所以微观经济学的主要范围包括消费者选择、厂商供给和收入分配。其中心理论是价格理论,因此,微观经济学在很多场合又被称为价格理论及其应用。

微观经济学研究市场中个体的经济行为,以及相应的经济变量。它从产业资源稀缺的基本概念出发,认为所有个体的行为准则是设法利用有限资源取得最大收益,并由此来考察个体取得最大收益的条件。在商品与劳务市场上存在如下行为准则:首先,消费者根据各种商品或劳务的不同价格进行选择,设法用有限的收入从购买的各种商品或劳务中获得最大的效用和满足;其次,厂商是各种商品及劳务的供给者,其目的在于用最小的成本,获得最大的产量和最多的利润;最后,消费者和生产者的抉择通过市场的供求关系表现出来,作用于价格,价格的变动反过来协调供求。因此,市场机制的作用、均衡价格的产生、产业资源的最优配置、市场机制的失灵及政府干预等,就成了微观经济学的主要研究内容。

微观经济学的历史渊源可追溯到亚当·斯密的《国富论》和阿尔弗雷德·马歇尔的《经济学原理》,20 世纪 30 年代以后,英国的琼·罗宾逊(Joan Robinson)和美国的爱德华·张伯伦(E. H. Chamberlin)在马歇尔的均衡价格理论基础上,又提出了厂商均衡理论。而均衡价格理论、消费者行为理论、生产者行为理论、厂商均衡理论和福利经济理论等理论的提出,标志着微观经济学理论体系的最终确立。

迄今为止,微观经济学的发展大体经历了四个阶段:第一阶段是 17 世纪中期到 19 世纪中期,是早期微观经济学阶段,或者说是微观经济学萌芽阶段;第二阶段是 19 世纪晚期到 20 世纪初叶,是新古典经济学阶段,也是微观经济学的奠基阶段;第三阶段是 20 世纪 30 年代到 20 世纪 60 年代,是微观经济学的建立阶段;第四阶段是 20 世纪 60 年代至今,是微观经济学进一步发展、扩充和演变的阶段。

近年来，微观经济学值得一提的新发展主要包括新消费理论、新厂商理论、非均衡理论、博弈论对微观经济学的改写、公共选择理论、新制度经济学和信息经济学。

（1）新消费理论。包括显示偏好、风险条件下的选择问题、"消费也是家庭生产"理论等。

（2）新厂商理论。包括企业的性质问题、最大化模型与委托—代理问题、内部组织效率与非最大化厂商理论等。

（3）非均衡理论。该理论通过对现实社会经济的研究，特别是对发展中国家经济的研究，揭示出在某一特定时期内大多数发展中国家甚至是发达国家的经济多呈现非均衡发展状态，这是对均衡理论的重要质疑、补充和发展。

（4）博弈论对微观经济学的改写。1944 年，约翰·冯·诺依曼（John von Neumann）和奥斯卡·摩根斯特恩（Oskar Morgenstern）合作出版的《博弈论与经济行为》，标志着经济博弈论的正式创立。1994 年，约翰·纳什（John Nash）、莱因哈德·泽尔腾（Reinhard Selten）和约翰·海萨尼（John Harsanyi）三位博弈论巨匠同获诺贝尔经济学奖，其间经历了整整半个世纪，博弈论得到很大的丰富和发展。它重塑了微观经济学的独占理论。从古诺、贝特朗到张伯伦，经济学家们逐步认识到，现实中绝大多数市场竞争都需要用寡占理论来解释，应在"结构—行为—绩效"的框架中对寡占市场做重点实证研究。由此发展的沉没成本、不完全信息模型、个体理性与集体理性、佚名定理等多种分析技术，使现代经济学的市场分析跃升到一个新的境界。

（5）公共选择理论。以布坎南、塔洛克等为代表的公共选择学派，开创了将微观经济学原理用于分析公共物品的需求与供给的先河。

（6）新制度经济学（以产权理论为主体）。20 世纪 70 年代以来，由加尔布雷思、默达尔、科斯等人建立的新制度经济学将制度、规则、产权、社会行为与人的意识纳入研究范畴，发展了微观经济学理论。例如，以科斯为代表的产权理论和企业理论推动了新古典经济学的发展。20 世纪 80 年代以后，道格拉斯·诺斯开创了运用产权理论研究经济史的先河，将微观经济学发展到制度创新与制度变革的阶段。

（7）信息经济学。即研究非对称信息下行为个体的最优决策问题，包括不完全信息下的经济分析——核心是"信息成本"和最优信息搜寻,以及非对称信息下的经济分析。20世纪60年代以来,随着信息经济学的发展,学界认为信息的价值基本上表现为非凸性等观点,既推翻了马歇尔的某些权威理论,又推翻了竞争市场存在基本均衡等相关定理。信息经济学认识到了传统微观经济理论存在局限性,进而积极推动了20世纪后期微观经济学的发展。

应该说,作为经济学的一脉分支,从定义、研究起点、研究内容,到研究方法、分析工具,再到发展趋势及其内在体系,微观经济学都已发展得相对成熟。

二、宏观经济主体及其行为分析

宏观经济的主体是国民经济总过程的活动单位(国家),对宏观经济的研究形成了宏观经济学(Macroeconomics),其主要考察就业水平、国民收入等经济总量,研究一国经济资源的利用问题。现代宏观经济学包括宏观经济理论、宏观经济政策和宏观经济计量模型。其中,宏观经济理论主要包括国民收入核算理论和国民收入决定理论,并且内嵌了就业理论、通货膨胀理论、经济周期理论、经济增长理论等。

国家是由领土、人民、文化和政府四个要素组成的共同体形式。政府作为国家的象征,是一种拥有治理一个社会的权力的国家机构,在经济领域,其依据国民收入决定机制来利用资源,从而形成一国总体的经济政策和经济行为,并由此产生相应的经济后果。可以说,现代宏观经济学是为国家经济政策和经济行为服务的,它力图寻找使一国国民收入稳定、可持续增长的路径与模式。其具体内容主要包括经济增长、经济周期波动、失业、通货膨胀、国家财政、国际贸易等;其具体研究指标主要是国民收入,全社会消费、储蓄、投资占国民收入的比率,货币流通量和流通速度,物价水平,利率,人口数量及其增长率,就业率和失业率,国家预算和赤字,进出口贸易和国际收支差额等。

可以说,宏观经济学来源于法国魁奈的《经济表》和英国马尔萨斯的"马尔萨斯人口论"。1933年,挪威经济学家弗里施提出宏观经济学的概念。这一学科在1936年凯恩斯的《就业、利息和货币通论》出版后迅速发展起来,凯恩斯把国民收入和就业水平之间的关系作为研究的中心,其倡导的宏观经济理论在西方各国得到广泛运用,为国家干预经济的政策服务。

宏观经济学已成为当代经济学中一个独立的理论体系,迄今为止,大体经历了四个发展阶段:第一阶段是17世纪中期到19世纪中期,是早期或古典宏观经济学阶段;第二阶段是19世纪后期到20世纪30年代,是现代宏观经济学的奠基阶段;第三阶段是20世纪30年代到20世纪60年代,是现代宏观经济学的建立阶段;第四阶段是20世纪60年代至今,是宏观经济学进一步发展和演变的阶段。

现代宏观经济学的主要观点包括以下三个方面:第一,加速原理,即在相当程度上,投资变动既是国民收入变动的原因,也是其结果,并由此衍生了"加速数"和"乘数"相互作用的学说。第二,宏观经济学讨论的价格问题,是一般价格水平。在国民收入决定理论中,一般价格水平主要取决于总需求水平,而总需求水平的变动一方面影响货币的供求,另一方面也受货币供求变动的巨大影响。货币供给变动与总物价水平密切相关,因此,货币分析在宏观经济学中具有重要地位。第三,政府作用,宏观经济学认为,政府应该且能够运用财政政策和货币政策等手段调节总需求,既平抑周期性经济波动,又实现没有通货膨胀的充分就业。

三、微观与宏观经济主体行为分析的成效与缺陷

经济学理论通常把经济资源的配置和利用作为研究对象,并假定一切微观、宏观的经济活动都是在资源稀缺的条件下开展的,以满足人类社会无穷无尽的欲望与需求。由这一假定出发,经济学衍生出生产什么、生产多少、如何生产、为谁生产和何时生产等问题,并推演出有序的市场经济活动所必需的规则与制度、政府的合理定位与作用等,再由此引申出微观经济学和宏观经济学两大理论体系,这两大体系各有其成效与缺陷。

首先,微观经济学研究的是资源稀缺条件下的资源配置问题,它假定资源利用不成问题。微观经济的行为主体是单个经济单位(家庭、企业和单个产品市场)。运用个量分析方法,研究资源配置以及经济变量是如何决定的,进而探讨生产要素和产品的供求、价格在不同市场结构(如垄断、竞争等)中的表现和作用等。微观经济行为的基本动力是追求利益最大化,微观经济主体力求以最小的成本或代价获取最大的收益或满足。微观经济行为分析的基本方法包括实证分析和规范分析、静态分析和动态分析、局部均衡和一般均衡分析等。其从理性人的假定也回到了人的实际经

济行为的探讨之中。换言之,微观经济学在历史变迁的过程中不断发展,取得了很多成果。

但是,微观经济学也存在着固有缺陷。从1776年亚当·斯密的《国富论》到1890年马歇尔的《经济学原理》,再到1939年希克斯的《价值与资本》等,我们不难看出,微观经济学存在着三个最致命的基本缺陷:其一,把资源稀缺作为资源配置过程中唯一的前提假设。但是,随着人类社会的发展,新的资源不断产生并为人类所开发和利用,人们日益增长的需求被不断满足。因此,我们今天再研究资源配置问题时,需要格外注意并重点研究资源生成领域。其二,把产业经济视为唯一的市场经济形态。但是,随着人类社会的变迁,城市经济、国际经济(如太空经济、深海经济与极地经济)等新领域正在被不断开发,它们的行为主体和运行轨迹不同于产业经济,但也在市场经济中发挥着切实的作用。其三,把市场配置资源的机制局限于企业行为。但实际上,企业只是微观经济运行中的一个主体,其对微观经济资源只起到调配作用,企业之外还存在诸多经济主体,它们共同遵循市场规则,在"看不见的手"的作用下实现资源的配置。

其次,宏观经济学研究的是资源利用及其优化的问题,它假定资源配置不成问题。宏观经济的行为主体是国家,以整体国民经济活动为考察对象,运用总量分析方法,研究如何决定一国总体经济问题和相应的经济变量,以及各种经济变量的相互关系,这是宏观经济学的主要内容。其中的关键变量是国民收入,宏观经济学研究国民收入的决定和波动,实际就是研究资源利用及其优化问题。宏观经济行为的基本动力是追求目标最优化,宏观经济主体力求在制定经济政策和推动经济措施时,兼顾经济利益和社会、政治、文化、道德、习俗等多种因素,以减少社会经济活动中的摩擦和成本,减少不确定性,增强经济政策和经济措施预期效果的确定性。宏观经济行为分析以国民收入决定理论为核心,由简单到复杂、由抽象到具体地构建了收入—支出模型、IS-LM模型和AD-AS模型等,在这些主要模型中,一国国民收入的波动和调整都得以体现。可以说,宏观经济学在历史演变的过程中取得了积极的成效。

但是,宏观经济学也存在着固有缺陷。从1936年凯恩斯的《就业、利息和货币通论》,到以萨缪尔森为首的新古典综合派的"混合经济",再到现代主流经济学等,我们不难看出,宏观经济学存在着三个最致命的基本缺陷：其一，对国家政府与区域政府的界定模糊不清。其实，一国经济政策是国家政府和区域政府经济政策的集合，国家主要通过税收来调节企业的初次分配，通过税收分成调节区域政府的一次分配，从而决定一国国民收入的总量。区域政府在一国经济运行中既有代表国家政府执行经济职能的宏观属性，又有在本区域产业发展、城市建设、社会民生事业中增进区域利益的微观属性。区域政府的双重属性决定了区域政府也是市场经济体系中的竞争主体之一。其二，对政府服务行为与政府经济行为的界定模糊不清。政府服务行为源自政府提供公共物品，政府经济行为源自政府参与区域竞争。传统经济学囿于政府"守夜人""小政府"的服务角色，套用政府服务行为去解释政府的经济行为，结果既没有对政府经济行为研究的创新实现突破，又难以解释现实经济中日益凸显的区域政府双重作用，陷入难以自拔的矛盾之中。其三，对纯公共物品与准公共物品的界定模糊不清。从资源配置的角度，纯公共物品与一国的非经营性资源相联系，由政府提供，政府负责对民生事业基本托底，维护公平公正；准公共物品则与一国的准经营性资源相联系，这类资源是完全由政府来运营还是交由市场投资主体去开发，取决于区域的财政收支状况、市场发育程度和社会民众的认知（可接受）程度。在资源配置中，准经营性资源的界定是我们研究政府与市场关系，探讨微观、中观、宏观经济主体及其行为的关键要素。

综上所述，第一，现有的微观经济学和宏观经济学都是研究在经济资源稀缺条件下的资源配置和资源利用的学说。但在现实的经济发展中，人类社会要不断满足其日益增长的各种物质和文化需要，除了要将已存在的经济资源配置充分利用之外，还要考虑如何持续开发和利用新资源的问题。因此，经济学的研究对象和研究领域需要突破。第二，现有的经济学研究需要运用数学工具。在对经济问题进行定性分析之后，还要进行定量分析；经济规律需要统计数字来揭示和证明；人们在经济活动中的决策也要通过量化的方式来优化。但在现实经济活动中，经济主体及其行为最终是人的行为、企业的行为、政府的行为，其思想观念、投资决策、政策决策及其变革不受数学公式所支配，这就要求我们创新经济学研究的范畴、体系和方法，开拓新的经济学领域。第三，经济学是致用之学，作用于世界各国经济发展的历史进程和现实变化之中。一方面，云计算、大数据、物联网、人工智能、区块链等高科技迅猛发展；另一方面，城市经济、国

际经济（如太空经济、深海经济、极地经济）等新经济也在不断发展，传统市场理论的不足和经济学体系的缺陷已越发凸显，急需突破。

❋ 本章小结 ❋

本章主要讨论了为何传统经济学未能提出"资源生成法则"的问题。首先，从微观经济学和宏观经济学的两位开山鼻祖——亚当·斯密和凯恩斯所处的历史社会环境出发，我们发现囿于亚当·斯密所处的历史环境，其将资源配置限定在商品生产、交换、消费相联系的产业资源对人、财、物的配置中，从而仅强调资源稀缺而不强调资源生成；而凯恩斯仅从实用主义角度说明，"稀缺资源"的供给是可以增加的，但是凯恩斯在理论假设上依旧依赖于微观经济学的理论基础，使得其分析范畴仍局限于产业经济，而未能更进一步发展。

其次，本章介绍了传统经济学的理论与其不足。微观经济学研究的是资源稀缺条件下的资源配置问题，其存在把资源稀缺作为资源配置过程中唯一的前提假设、把产业经济视为唯一的市场经济形态、把市场配置资源的机制局限于企业行为等缺陷。宏观经济学研究的是资源利用及其优化的问题，其存在对国家政府与区域政府的界定模糊不清、对政府服务行为与政府经济行为的界定模糊不清、对纯公共物品与准公共物品的界定模糊不清等缺陷。

思考讨论题

1. 结合《国富论》出版时的背景，谈谈亚当·斯密的第三本书的内容可能是什么？
2. 结合凯恩斯经济学说出现的历史背景，谈谈亚当·斯密经济思想的缺陷在哪里？
3. 凯恩斯的经济思想的特色是什么？
4. 传统经济学理论与体系存在哪些不足？

第五章 中国政府在资源生成领域超前引领是成功密码之一

基于之前章节分析提供的理论基础,本章将探讨我国改革开放以来所取得的经济成就的原因。我们将从经济发展的四个阶段入手,讨论各发展阶段的特点与经济转型升级所需要的条件,并结合我国改革开放的历程和经验,着重分析资源生成与政府超前引领在经济可持续发展中的重要作用。

第一节 经济发展四阶段

无论是企业利润的实现还是地区收益的增长,都是一个投入产出的过程,都离不开资源的投入和配置,但资源的定义和配置路径又是一个不断调整和变化的动态过程。一方面,资源的概念已经突破了传统的有形资源的范畴,越来越多地向无形资源扩展;另一方面,在配置的主导因素上也在不断由简单要素驱动向技术、创新等全要素配置模式过渡。参考迈克尔·波特(Michael Porter)提出的钻石模型及其在《国家竞争优势》一书中提出的观点,本书将一个国家(或地区)的经济发展分为要素驱动、投资驱动、创新驱动、共享驱动四个阶段。

一、要素驱动型经济

任何产出都需要资源的投入,各种资源的不同配置路径决定了产出效率的不同。在产出过程中,资源一般以生产要素的形式出现,生产函数一般被定义为:在生产技术给定的条件下,一定时期内生产要素的各种投入组合与产品最大产量之间的物质数量关系,是生产过程中存在的投入与产出之间的关系在技术层面的说明。可以被表示为:

$$Q = f(L, K, E, N) \qquad (5-1)$$

其中，Q代表产量，L代表劳动，K代表资本，E代表土地为首的各种自然资源，N代表企业家才能。

在经济发展的最初阶段，技术水平较低且长期内不会有显著提高，资本也缺少有效积累，常常显得不足，所以经济增长更多依靠劳动、土地、自然资源等生产要素在投入数量上的简单扩张来获得和维持发展动力，这种经济增长驱动方式比较简单易行，短期内效果也比较显著，但长期看必然很快会遇到资本、技术等发展瓶颈，导致边际生产率下降，其发展潜力非常有限，难以获得经济发展的持久驱动力。

纵观世界各国的经济发展史，几乎所有成功的经济体在初期都是依赖基本生产要素进行发展的。这些基本生产要素可能是天然资源，或是适合农作物生长的自然环境，或是充裕且廉价的一般劳动力。由于后文分析将会使用到波特钻石模型，此处先对该模型做一个简单介绍。

波特钻石模型是由美国哈佛商学院的战略管理学家迈克尔·波特于1990年提出的，该模型可以用于分析一个国家或地区的某种产业为什么能够在国际市场上拥有竞争力。波特认为，一个国家某种产业的竞争力主要由四个因素决定：生产要素，需求条件，相关产业和支持产业的表现，企业的战略、结构、竞争对手的表现。这四种因素两两之间具有双向作用，形成钻石体系。此外，机会和政府也在钻石体系中具有不可忽视的作用。

生产要素包括人力资源、天然资源、知识资源、资本资源、基础设施等。从对产业的等级要求来看，生产要素可分为初级生产要素和高级生产要素，初级生产要素是指天然资源、气候、地理位置、非技术工人、资金等；高级生产要素是指现代通信、信息、交通基础设施，受过高等教育的人力、研究机构等。从对产业的专业性来看，生产要素可被分为一般生产要素和专业生产要素：一般生产要素是指几乎适用于所有产业的生产要素；专业生产要素则是指与产业相关的高级专业人才、专业研究机构、专用的软硬件设备。越是高端的产业越需要高级生产要素与专业生产要素，这两类生产要素极大程度上决定了长远的产业竞争优势。建立在初级生产要素与一般生产要素基础上的竞争优势通常是不稳定的，并且丰富的初级与一般生产要素往往会导致低效的资源配置效率，从而抑制创新而最终削弱竞争优势。

需求条件是指国内市场的需求状况,主要从需求数量与客户熟练度两个方面影响该产业发展。需求数量决定了是否能培育出规模足够大的产业参与市场竞争;客户熟练度则决定了该行业产品与服务的质量与先进程度是否领先。具体而言,国内市场客户熟练度之所以重要是因为国内客户的需求更容易被行业内的企业所知悉,二者间的互动会促进产业发展,主要表现在两个方面:一是提升产品与服务质量,如国内需求市场具有更多高品质的客户,其提出的苛刻要求将促使该行业企业不断提升产品品质与服务标准,将使其产品与服务质量在国际市场上也具有竞争力;二是消费需求引导产品创新,若本国市场的需求领先于其他国家,那么本国该行业的企业将不得不进行更多的产品创新,开发出更多先进、前卫的产品,从而提升该产业在国际上的竞争力。

相关产业和支持产业的表现指该行业与其上游企业是否实现良性互动,即是否具有产业集群效应。若一个产业其上游产业的优势将通过供应链传导到该产业,主要表现形式是将使该产业获得成本优势,提升经济效益从而获得国际竞争优势。

企业的战略、结构、竞争对手的表现是指适合国家环境的企业战略、结构能够显著提高企业的竞争优势。同时,激烈而有效的国内竞争可以促使企业主动提高产品和服务的质量,进行生产技术革新,从而提升国际竞争力。

在要素驱动阶段的钻石模型中,国内市场需求量小且需求水平不高,需求条件处于落后状态;产业链短小且不完整,无法得到上游行业的支撑;企业的战略、结构、竞争对手的表现等条件也处于弱势。在这种条件下,只有生产要素具有优势,且具备相关资源的企业才有资格进入国际市场与其他国家企业进行竞争。处于以生产要素为导向阶段的产业,对全球经济景气循环与汇率变动非常敏感,因为它们会直接影响需求程度与价格高低。同样,一旦生产要素这一优势丧失,产业将遭受重创。

每个国家都曾在某个发展历史时期经历过生产要素驱动阶段,目前几乎所有发展中国家都处于这个阶段。另外,像加拿大、澳大利亚等天然资源特别丰富的发达国家也处在这个阶段。一般而言,能够成功迈出生产要素驱动阶段并进入下一个阶段的国家并不多。同时,国家政策导向在这个转型中起着重要的作用。

【案例 5-1】
"巴西经济奇迹"与"丢失的十年"

"巴西经济奇迹"是指在1948年至1979年间，巴西国内生产总值以高达7.2%平均增长率增长；尤其在1967年至1973年间，巴西国内生产总值年均增速达到11.2%，制造业年均增速达到12.9%。其人均国内生产总值在1975年便突破了1000美元，由低收入国家迈入中等收入国家，相较而言，中国人均国内生产总值直至2003年才突破1000美元。随着经济的快速增长，巴西的人均收入也快速增加，1980年时其人均收入甚至高于"亚洲四小龙"。但是在20世纪80年代之后，巴西经济持续遭遇危机，巴西的经济奇迹并没有持续下去，甚至在1980年至2020年这30年里，有9年均出现了负增长。为了探索巴西经济奇迹为何中断，我们需要从巴西的国家和经济发展历史说起。

1. 初级产品出口驱动阶段的巴西

由于拥有丰富的自然资源，巴西在很长一段时间内都依靠出口初级生产要素发展，这个时期一直持续到20世纪50年代。根据出口原材料的不同，这个过程大致可分为巴西木周期、甘蔗周期、黄金周期和咖啡周期。在以英国为代表的发达国家作为"世界工厂"提供工业制成品，以印度、巴西等为代表的殖民地国家提供原材料的世界分工体系下，这种经济模式在初期取得了一定的成效。但是，英国是一个海岛国家，其本身自然资源并不丰富，从20世纪初开始，世界经济中心和经济主导权逐渐由英国转向美国时，像巴西这样的出口初级农产品的国家的重要性开始不断下降，因为美国本身就是一个自然资源非常丰富的国家。在国际需求降低的状况下，以初级产品出口为导向的经济遭受了沉重的打击。

更为严重的是出口产品单一使得巴西缺乏抵抗经济危机的能力。巴西自1850年后逐渐向单一的咖啡种植产业发展，咖啡出口成为其支柱性产业，产值占据国内生产总值的10%。在1929年开始的经济大萧条期间，咖啡价格暴跌至原来的三分之一，巴西的咖啡出口额也从1929年的4.46亿美元降低到1932年的1.81亿美元。贸易条件的恶化使得巴西国际收支失衡，经济发展受到严重打击，居民生活陷入混乱。在这样的情况下，巴西人民希望通过工业化实现经济独立的呼声越来越高涨，于是有了后来的"进口驱动工业化"战略。

2. 进口替代工业化驱动阶段

进口替代战略是指用本国的产品替代进口品，或者是通过限制工业制成品的进口来推动本国工业化发展的战略。进口替代战略分为日用消费品工业、资本品和中间产品行业两个阶段。巴西通过这两个阶段，建立独立完整的工业化体系雏形，为实现全面工业化打好基础。

巴西政府主动将进口替代战略作为实现现代化和提高经济增长的手段开始于20世纪50年代，并在20世纪六七十年代开始实施第二阶段，其主要内容包括以下方面。

一是限制国外商品进口，保护本国市场。一方面，巴西通过构筑关税壁垒降低国外产品进口，另一方面，巴西通过发放进口许可证等方式控制进口数量。

二是控制汇率，扶持本国进口替代企业。主要的方式是使用多重汇率并存的汇率制度和高估本币币值。通过对不同的外贸交易使用不同的汇率，能够降低本国企业成本，并提高国外竞争对手产品在本国销售的价格，起到了保护本国企业的作用。

三是吸引外资，推动基础设施建设。为了克服落后的基础设施对经济发展的限制，巴西政府将能源、交通、食物生产、基础工业和教育（以培养技术人员为目标）作为重点项目扶持，并通过引进外资的方式，带动了对经济发展影响较大的能源和交通等行业的发展。

在巴西政府的干预政策下，巴西经济取得了较大的发展，在1950年到1980年这30年间，巴西国内生产总值以年均8.6%的速度增长，尤其是在1967年到1973年间，巴西国内生产总值年均增速达到11.2%，创造了"巴西经济奇迹"。另一个较为突出的方面是，工业化进程大大加快，重工业实现了从无到有的过程。其中，表现较为突出的是汽车工业。1957年，巴西汽车总产量仅为3.1万辆，截至1980年，汽车总产量已达到116.5万辆，成为世界第八大汽车生产国之一。巴西汽车行业的发展是其创造"经济奇迹"的原因之一。

3. 进口替代战略的失败与"丢失的十年"

但是，20世纪50年代至70年代，巴西经济高速发展的背后也隐藏着危机，表现为经常账户有恶化的趋势、进口替代产业企业竞争力较弱、缺乏资本积累导致对外负债严重等，这些问题最终在两次石油危机中显露出来。第一次石油危机发生时，巴西80%的石油需求依赖进口，对其经济产生了非常大的冲击，导致国内生产总值增长率持续下降。为了稳定经济，巴西政府继续坚持进口替代与举借外债两方面的政策。当时，国际金融市场上充斥着大量的石油美元，客观上为巴西借债发展提供了便利。在这样的条件下，巴西的外债不断膨胀，但也依旧保持了较为可观的经济增长速度，在1975年到1979年间年均国内生产总值增速达到6.5%，但是第二次石油危机接踵而至。

1979年，第二次石油危机爆发，由于企业严重依赖国外工业原料，巴西出现了成本推动型的通货膨胀。同时，国际金融市场上的国际资本奇缺、国际利率高企，使得巴西政府赤字严重，不得不暂停由政府主导的投资，民间投资活力也大幅度下降，导致总体投资率不足。加之普遍的经济危机使得咖啡这种收入弹性较高的产品收到严重冲击，进一步恶化了经常项目和政府偿债能力。

以上因素的叠加致使巴西陷入全面的危机，开始了长达十年的衰退期。自1981年到1990年的10年间，有4年出现了负增长，其余时间也在低增长中徘徊，伴随着增长陷入停滞，工业产能急剧收缩，国际收支账户严重不平衡，政府数个经济稳定计划都宣告失败，被称为"丢失的十年"。

（资料来源：黄琪轩《巴西"经济奇迹"为何中断》，载《国家行政学院学报》2013年第1期，第115~120页；沈艳枝《要素投入与巴西经济增长》，南京大学出版社2014年版。并经作者整理）

巴西在20世纪50年代进行经济转型的尝试，其进口替代战略在初期取得了不错的效果，但是最终以失败而告终，这是非常值得深思的。英国、德国、日本等发达国家在其经济发展早期，都推行过类似的进口替代战略。最早如18世纪后期的英国，其棉纺织业落后于同时期的中国和印度，就曾禁止进口棉纺织品，保护了尚处在成长期的国内棉纺织业，为工业革命的进一步发展奠定了基础。但是这些国家包括后来发展起来的"亚洲四小龙"都选择适时参与国际市场竞争，充分利用国际需求，通过"产业优势—国际竞争—进一步提升产业优势"这样的良性循环实现经济的进一步发展。在20世纪，巴西政府试图通过政府的产业政策改变原来的初级要素驱动产业发展政策的目的无疑是正确的，但是在政策推进过程中并没有根据国内外环境变化而实事求是地做出调整，导致其产业政策在一定程度上是违背经济发展规律的，具体体现在以下三个方面。

(1)过度的保护主义政策致使国内进口替代产业竞争力和发展潜力不足。对于理应充分竞争的行业,进口替代战略只适合处于萌芽期的产业,在其成长到一定规模时主动与国际接轨,在国际市场竞争中不断成长,利用资源、劳动力、资本、技术等因素建立产业优势,才能实现产业的可持续发展。过度的保护只会使得本国相关企业依靠政策垄断带来的超额利润存活,缺乏竞争力与创新活力,其资源配置效率一定也是低下的,缺乏可持续发展的活力。同时,进口替代战略将市场主要定位在国内,但是以巴西的人口总量和消费水平来看,其需求总有一天会饱和,在无新增需求的情况下,这些产业如何发展也是一个非常严重的问题。

(2)进口替代战略导致的经济结构失衡。进口替代战略虽然减少了最终消费品的进口,但是加剧了巴西对国际市场上原材料和中间品的依赖。因此,这种失衡最明显地表现在经常账户上,巴西的出口主要依靠原本就存在优势的咖啡等初级产品,进口替代产业的产品迟迟无法"走出去",同时又要进口大量原材料和中间品,使得巴西贸易逆差日渐扩大。另外,上游产业链在国外,下游销售在国内的产业模式,加上进口替代战略遍及日常消费的各个方面,使得巴西在面对国际大宗商品涨价时,对于输入型通货膨胀束手无策。

(3)在资本积累不足时展开第二阶段的进口替代战略。进口替代战略的第一个阶段相对容易完成,日用品相关产业为劳动密集型,依靠巴西本身的劳动力优势可以顺利完成,而第二阶段的机器制造、石化工业、钢铁工业等行业,属于资本和技术密集型产业。因为这些行业技术相对成熟,资本是更为重要的因素。但是由于巴西在开展第二阶段进口替代时资本积累不够充分,导致只能通过向外发债来推进这些计划,从而造成巴西政府负债严重,加上经常项目逆差严重,为日后的危机爆发埋下了伏笔。

我们可以从20世纪巴西的案例中看到,经济发展转型是非常艰难的,单纯依靠市场的力量是无法实现的,需要政府进行引导,但是政府的政策也必须遵循市场规律才有可能推动转型顺利成功地实现。也就是说,政府的角色更多是帮助微观经济主体摆脱原有的经济发展路径依赖,制定新的经济发展路径方向,最终在新的路径上如何具体发展,还是要依靠市场来说话。

从土地的要素视角上看,在农业社会,土地被认为是影响经济增长的重要因素,最初的区域经济发达的地区多半都是在地大物博、自然资源和劳动力资源丰富的区域，而那些土地面积狭小、人口稀少的地区往往是历史上的落后地区。这对于一个区域内部或一个企业也是一样的，刚开始都是依赖于生产要素的大量投入、扩张规模来实现区域和企业的短期崛起。但是从长期看，这种要素驱动的增长与发展都是后继乏力的，只能是短期扩张之中的初级手段。进入工业社会，由于土地更容易被资本取代，土地投入的约束更容易被技术进步克服，土地要素对经济增长的影响逐渐淡出，西方发达市场经济条件下土地的要素投入作用日渐式微。然而，中国的土地资源在政府竞争的条件下却有着重大作用，高速工业化和快速城市化都离不开土地资源的投入，土地扩张已经成为中国区域政府经营和谋求经济增长的主要手段。中国经济增长奇迹与中国区域政府以土地谋发展的模式有密切关系。

土地出让竞争一直是中国区域政府竞争的重要手段，激烈的竞争使区域政府更加主动地谋求土地经营和发展的主动权，土地已不仅仅是简单的"地块"，还承担了引资、融资和财政等多重职能，区域政府通过土地出让规模、方式、价格和收益分配等一系列运营机制最大化地挖掘土地资源配置的产出，并以此实现招商引资、城市扩张和财政平衡，最终影响经济增长的方式和路径。土地在区域政府的竞争中已经不再仅仅是传统生产要素，而是一种可以通过"土地出让"来经营的战略资源，土地的"生成性资源"性质充分彰显。

有研究显示，土地这种准经营性资源的配置对经济增长产生的影响包括以下三点：①土地不仅可以作为要素投入，还可以作为制度工具对经济增长产生影响，土地出让规模、土地出让收入和土地出让竞争对经济增长具有显著的正向影响。②从影响的区域差异特征来看，东部地区土地对经济增长的影响最显著，其中土地出让收入对经济增长的影响为正，大于土地要素投入的影响。③从影响机制来看，土地具体可通过两种作用渠道影响经济增长：一是城市化渠道，区域政府出让土地推动城市建设和城市化发展，并最终推动经济增长；二是工业化渠道，低价工业用地出让吸引大量投资，并推动区域工业发展，最终带动经济增长。

二、投资驱动型经济

投资驱动型经济也可以称之为效率驱动型经济，是以投资形成的资本来带动经济增长的一种模式。资本也是生产要素之一，之所以将投资驱动从要素驱动中抽离出来,是因为在经济发展过程中,带动经济增长的力量逐渐从资源禀赋的优势转移为资本的优势,资本相对于其他生产要素而言,驱动能力更为突出且不受时空的限制,成为主宰经济发展的关键因素,而且本节所探讨的投资驱动型经济也更多地从投资效率的角度出发,是有效率的投资驱动模式。

长期来看,在资本投入量基本不变的情况下,单纯地扩张自然资源和劳动力资源的投入,必然会遭遇资本瓶颈而导致边际生产率的下降,所以资本投入(K)必须与劳动投入(L)保持一定的配比共同增长,这样的生产函数被称之为"长期生产函数",即:

$$Y = F(L, K) \tag{5-2}$$

所谓长期生产函数就是假定技术水平给定,并且经营管理良好,一切投入要素的使用都是非常有效的,为实现长期内的最大产出,资本必须与劳动等要素配合投入,配置的最优路径应该是二者组合而成的等成本线和等产量线一系列的切点的连线,也被称为生产扩展线。

为了进一步说明上述问题,我们使用"柯布-道格拉斯生产函数"来描述产出与投入要素之间的关系:

$$Y = A K^\alpha L^{1-\alpha} \tag{5-3}$$

其中,Y表示产量,A表示技术水平,K表示投入的资本,L表示投入劳动的数量,α与$1-\alpha$分别表示资本与劳动的产出弹性,即资本与劳动增长1%,产出分别增长α%与$(1-\alpha)$%。

分别对资本投入K和劳动投入L求偏导数,即可得到资本和劳动的边际产出,$\frac{\partial Y}{\partial K} = \alpha A \left(\frac{L}{K}\right)^{1-\alpha}$,$\frac{\partial Y}{\partial L} = (1-\alpha) A \left(\frac{K}{L}\right)^{\alpha}$。可以看到,劳动数量与资本数量之比对其边际产出具有重要影响,以资本的边际产出为例,资本数量相对于劳动数量越少,其边际产出越大;反之,其数量越多,边际产出就越小。这在本质上,是柯布-道格拉斯生产函数要素边际报酬递减的假设,而这种假设在经济活动实践中也是广泛存在的。柯布-道格拉斯生产函数中虽然只出现了劳动和资本两种生产要素,但要素边际报酬递减的规律对土地、自然资源等其他生产要素也是适用的。因此,经过经济发展初期依靠要素投入的增长之后,劳动、土地和自然资源等要素的经济发展潜力已经被完全挖掘,继续投入这类要素带来的经济增长已经不甚明显,一个国家要想在国际竞争中取得优势,就必须增加资本的供给,换言之就是通过投资来驱动经济增长。

在投资驱动阶段，国家竞争优势以政府与企业积极投资的意愿和能力为基础，该阶段的投资以固定资产、技术与基础设施投资为主，目的在于在更精密和更高端的产业环节获取竞争力。一是对固定资产的投资，具有生产要素优势的产业在经过一定积累后，企业有能力大量投资和兴建现代化厂房与高效率机器设备，以获取更多的利润。先进的生产条件能够在数量和质量上满足更多的国内外市场需求，竞争能力与要素导向阶段相比有了很大的提升。二是对技术的投资，先进的生产设备需要更先进的技术来驱动，因此，产业内企业开始努力在全球市场上获取更先进的技术，其手段包括支付专利费、设立合资公司、兼并收购等等。由于存在其他国家为保持技术优势而采取的技术保护措施，在这个阶段本国企业所获取的技术往往并不是最先进的，但是相较于要素驱动阶段已经有了长足的进步。同时，本国企业不仅仅止步于"引进"国外技术，同时根据本国生产条件与市场需求吸收并改良国外先进技术与方法。这种对技术进行"内化"的能力，是摆脱单纯的要素驱动、迈向投资驱动的关键所在。三是对基础设施的投资，这方面的投资的一大特点是政府与企业共同参与，范围不仅包括公路、铁路、机场、通信、水煤电气等硬件公共基础设施，而且包括教育、科技、医疗卫生、体育、文化等软件公共基础设施，这些基础设施的建设和完善能够为固定资产和技术的投资发挥作用提供良好的支撑。这其中对教育的投资显得尤为关键，因为新技术和新设备的引进、使用、改良都需要大量与之相匹配的具有一定知识文化水平的操作工人、工程师和研究人员，而这种人力资源只能通过发展本国教育行业、提高教育水平与扩大教育普及范围来获得。

总体而言，投资驱动型经济中，生产要素处于从初级生产要素向高级生产要素、一般生产要素向专业生产要素转换的阶段；需求条件方面，由于本国经济的增长，居民收入有所增加，使得需求数量不断扩大，但是由于生活水平整体上处于较低的状态，需求质量仍待提升；相关产业和支持产业的表现方面，由于各行各业均处于快速发展阶段，产业集群效应初步显现；为适应新的生产方式，企业的战略、结构、管理方式等均有所进步。这个阶段最大的问题在于整个国家的原始创新能力不足，所使用的技术大多是从国外引进的成熟技术，并不能像原创技术一样获取超额利润，这也是为什么我们在此阶段将技术划归为投资的一个方向。从长期生产函数的角度来说，此时经济的发展或者国际竞争优势的获得主要来自资本边际收入较低时，大量增加资本的投入而来的技术仅是通过资本投入获取的生产要素的一部分，对于全要素生产率的提升效果并不十分明显。

在这一时期，除了举国上下对投资的热情外，还有一个重要的特点是居民相对于消费，更热衷于储蓄。众所周知，居民获取的收入，一部分用于消费，剩余部分用于储蓄，而在经济学框架中，一般假设新增投资等于居民储蓄，这在现实世界中无疑也是存在的，因此，消费与储蓄或者投资存在替代关系，一个变量的增加必然导致另一个变量的减少。若在要素驱动阶段，居民具有较高的消费倾向，资本积累缓慢，使得投资驱动的转型变得十分困难。换言之，居民需要在当下消费与长期发展之间做抉择，但是并不是每个居民都可以明智地选择后者，因此政府是否能出台鼓励储蓄与投资的政策也十分重要。

随着全球化程度的加深，整个世界成为一个互相联系的大市场，这使得一个国家某个行业的企业要想摆脱对生产要素的依赖而转向投资驱动几乎是不可能的，其原因有二：一是难度非常大，行业内的国际巨头不会坐视新的挑战者进入并发展壮大；二是时间比较长，厂房、设备、技术和基础设施的投资都有非常长的投资回收期，出于对风险的考虑，除非在非常有利的条件下，否则没有企业会主动尝试。在此情况下，政府的角色变得非常重要，如果政府能够为投资提供良好的基础环境并进行正确的政策引导，将能够有效推动经济发展方式由要素驱动向投资驱动的转变。

三、创新驱动型经济

创新型驱动是围绕全要素生产力的增长而展开的。在劳动、资本、土地等有形资源的生产效率都释放到最大，且都呈现出边际生产率递减态势的情况下，经济增长还能依靠什么？这是经济学家非常感兴趣的一个话题。20世纪50年代，诺贝尔经济学奖获得者罗伯特·M.索洛（Robert Merton Solow）提出了"全要素生产率"这一概念。

考虑如下的投入—产出函数：

$$Y_t = A_t F(K_t, L_t) \qquad (5-4)$$

与之前假设类似，Y_t 表示 t 时期总产出，A_t 表示 t 时期的技术水平，K_t 表示 t 时期资本存量，L_t 表示劳动力投入量，t 表示时间。将上式对时间求偏导数并除以 Y_t，可得：

$$\frac{\dot{Y}_t}{Y_t} = \frac{\partial Y_t}{\partial K_t}\frac{K_t}{Y_t}\frac{\dot{K}_t}{K_t} + \frac{\partial Y_t}{\partial L_t}\frac{L_t}{Y_t}\frac{\dot{L}_t}{L_t} + \frac{\dot{A}_t}{A_t} \qquad (5-5)$$

可以看到,等式左边为产出的增长率,等式右边为资本、劳动的产出弹性乘以其增长率加上技术进步的增长率。由于资本和劳动的产出弹性在实际经济生活中无法被直接观察到,因此,我们必须寻找其他路径来刻画,以在经济实践中加以应用。根据宏观经济学的微观基础,要素投入的报酬应等于其边际产出,因此我们可以得出:

$$\frac{\partial Y_t}{\partial K_t} = \frac{r_t}{p_t}, \frac{\partial Y_t}{\partial L_t} = \frac{\omega_t}{p_t} \qquad (5-6)$$

其中 r_t、ω_t 和 p_t 分别表示资本、劳动和产出的价格。将上式代入式(5-5),可得到:

$$\frac{\dot{Y}_t}{Y_t} = \frac{r_t}{p_t}\frac{K_t}{Y_t}\frac{\dot{K}_t}{K_t} + \frac{\omega_t}{p_t}\frac{L_t}{Y_t}\frac{\dot{L}_t}{L_t} + \frac{\dot{A}_t}{A_t} \qquad (5-7)$$

其中,$\frac{r_t K_t}{p_t Y_t}$、$\frac{\omega_t L_t}{p_t Y_t}$ 可以分别看作资本和劳动的要素报酬在总收入中所占的份额。为了更方便书写与表达,我们将上式改写为:

$$GY = GA + aGL + bGK \qquad (5-8)$$

其中,GY 是经济增长率,GL 是劳动增加率,GK 是资本增加率,a 为劳动要素报酬在总收入中的份额,b 为资本要素报酬在总收入中的份额。可以看到,等式右边后两项体现了资本和劳动生产要素对经济增长的贡献,而在要素的贡献之外,还存在一个差值 GA,它就是索洛所说的"被忽略的因素",也称为"索洛余值"或"全要素生产率"(Total Factor Productivity,TFP)。所谓全要素生产率,其实质是指技术进步率,是除去所有有形生产要素(劳动、资本、土地等)以外的纯技术进步带来的生产率的增长。

全要素生产率的增长就是在所有有形生产要素的投入量保持不变时,那些无形资源的变动带来的生产量的增加。全要素生产率的"全"并非指所有要素的生产率,而是经济增长中不能归因于有形生产要素增长的那部分,特指技术进步等无形资源带来的生产效率的增长,属于长期经济增长来源的重要组成部分。所谓纯技术进步包括知识、教育、技术培训、规模经济、组织管理等方面的改善,但不是指高级资本设备的更多投入、高技术劳动的更多增加和土地的更大扩张等,因为这种投入仍然属于资本、劳动、土地等有形的生产要素的增加。

技术进步率为何重要,在理论层面我们可以利用索洛模型一探究竟。首先我们来看基本模型,索洛模型关注四个变量:总产出 Y_t、资本投入 K_t、劳动投入 L_t 以及知识或者劳动的有效性 A_t。由此可以得到生产函数:

$$Y_t = F(K_t, A_t L_t) \qquad (5-9)$$

$A_t L_t$ 被称为有效劳动,以劳动力增加的形式引入技术进步被称为劳动增加型技术进步,或者称为哈罗德中性。索洛模型假设生产函数满足三个条件:

(1) 每种生产要素边际产出为正且递减;

(2) 规模报酬不变,即 $F(\lambda K_t, \lambda A_t L_t) = \lambda F(K_t, A_t L_t)$;

(3) 稻田条件:$\lim_{K \to 0} F_K = \lim_{L \to 0} F_L = \infty, \lim_{K \to \infty} F_K = \lim_{L \to \infty} F_L = 0$。

满足这三个条件的生产函数被称为新古典生产函数,因此索洛模型又被称为新古典增长模型。

根据规模报酬不变的性质,将式(5-9)两边同时除以 $A_t L_t$,可得:

$$\frac{Y_t}{A_t L_t} = F\left(\frac{K_t}{A_t L_t}, 1\right) \qquad (5-10)$$

令 $y = \frac{Y_t}{A_t L_t}$,表示单位有效劳动的产出;令 $k = \frac{K_t}{A_t L_t}$,表示单位有效劳动的资本,这样我们可以得到上式的集约化形式:

$$y = f(k) \qquad (5-11)$$

接着我们来看投入的要素是如何变化的,先给出劳动增长率与技术进步率的定义:

$$\eta = \frac{\dot{L}_t}{L_t}, \quad g = \frac{\dot{A}_t}{A_t} \qquad (5-12)$$

η 表示劳动增长率,由于在索洛模型中假定所有人口都参与劳动,因此这个指标也可以用人口增长率来代替;g 表示技术增长率。

资本受新增投资和折旧两个因素的影响。其中,新增投资取决于产出与储蓄率,令 s 表述储蓄率,则新增投资可表示为 sY_t,对资本存量存在正向影响;折旧则取决于存量资本和折旧率,令 δ 表示折旧率,则折旧部分可表示为 δK_t,对资本存量为负向影响。由此我们可以得到资本在某段时间的变化:

$$\dot{K}_t = sY_t - \delta K_t \qquad (5-13)$$

接着我们来讨论这个模型如何运转。将上式两边同除以 $A_t L_t$，并将 $y = f(k)$ 代入，可得：

$$\frac{\dot{K}_t}{A_t L_t} = s\frac{Y_t}{A_t L_t} - \delta\frac{K_t}{A_t L_t} = sf(k) - \delta k \tag{5-14}$$

对单位有效劳动的资本 k 对时间 t 求微分，可得到：

$$\frac{\dot{K}_t}{A_t L_t} = \dot{k} + gk + \eta k \tag{5-15}$$

显然，式（5-14）与式（5-15）等式左边相同，等式右边也可以成立一个等式，合并后，我们得到：

$$\dot{k} = sf(k) - (\delta + \eta + g)k \tag{5-16}$$

此时，单位有效劳动的资本的变动，由单位有效劳动的储蓄或者投资和其他要素增长所必需的单位有效劳动的资本的差值所决定。考虑 $\dot{k} > 0$ 的情形，即 $sf(k) > (\delta + \eta + g)k$，此时单位有效劳动的投资大于其他要素增长所必需的资本，出现投资过热和资本过剩，资本的收益率下降，人们将减少投资，从而使得 $\dot{k}$ 下降；再考虑 $\dot{k} < 0$ 的情形，即 $sf(k) < (\delta + \eta + g)k$，此时单位有效劳动的资本小于其他要素增长所必需的资本，出现投资不足，资本的稀缺使得其收益率提高，人们将增加投资，从而使得 $\dot{k}$ 上升；在 $\dot{k} = 0$ 的情况下，此时单位有效劳动的资本恰好等于其他要素增长所必需的资本，经济能够稳定地运行，我们称这种情况为"稳态"。根据前述分析，只要满足索洛模型假设，无论经济目前处于何种情况，均能够收敛于稳态。此时最优的单位有效劳动的资本 k^* 满足以下公式：

$$sf(k^*) = (\delta + \eta + g)k^* \tag{5-17}$$

在稳态的情况下，单位有效劳动的资本收敛于 k^*，单位有效劳动的产出收敛于 $y^* = f(k^*)$，其变动率也为 0。由 $y^* = \frac{Y_t}{A_t L_t}$，可得 $Y_t = y^* A_t L_t$。两边取对数，则有 $\ln(Y_t) = \ln(y^*) + \ln(A_t) + \ln(L_t)$，两边关于时间 t 求微分，则可得到总产出变化率的表达式：

$$\frac{\dot{Y}_t}{Y_t} = \frac{\dot{L}_t}{L_t} + \frac{\dot{A}_t}{A_t} = \eta + g \tag{5-18}$$

可以看到，经济增长率仅取决于人口增长率与技术进步率。应用同样的方法，我们可以得到资本增长率、人均资本增长率、人均经济增长率等指标的取值,但是其他指标的结论与本书内容关系不大,因而此处不再展开论述。在索洛模型中,人口增长率与技术进步率都是给定的,但是在现实中,人口增长率相对更为稳定,而技术增长率可以通过政策引导、机制改革等方式进行调节。此外,我们可以看到储蓄率并不在影响经济增长率的因素中,根据索洛模型的结论,储蓄率只会影响经济达到稳态时的速度和经济水平,但是并不影响经济增长率。因此,索洛模型能够与经济发展阶段联系起来,可以用来回答为什么单纯靠投资无法实现持续的发展。

投资驱动阶段的经济实际上是未达到稳态时的经济运行状况,资本存量远未达到其他生产要素所必需的数量,若此时进行投资,将使国家经济不断向稳态迈进,呈现出强劲的发展势头,而且经济水平越低,发展速度越快。但是经济到达稳态后,追加投资已经无法再促进经济发展了,只会使得投资过热、资本过剩,此时会出现经济泡沫,导致大量投资失败,经济再次回到原来稳定的状态。在影响经济增长率的两个因素中,人口增长率相对稳定,即使采取一定的人口政策,也不一定能够很快见效,因此只能够从技术进步率着手。在这里,技术进步率不能仅仅理解为技术的创新,还应该理解为全要素生产率的提升,即使得经济更有效率地运行的改进都应包括在内。

也就是说,经过土地、资本等有形生产要素的简单扩张后,要素报酬递减这一瓶颈使得粗犷的经济增长方式难以为继。长期制度的构建和可持续增长政策的制定成为经济增长的源泉,全要素生产率所指向的以创新为核心的技术进步、资源配置和经济结构调整不可避免地成为区域经济增长的新驱动力。具体而言,是将理念创新、科技创新、管理创新和制度创新都作为重要资源,通过市场化、网络化等手段实现科技与经济增长的一体化,同时促进组织架构和模式、管理观念和手段、政策制度与措施等方面的一系列变革,从而驱动经济增长。创新驱动型经济的典型特征也就表现为一个国家或区域的人才、资本、技术、管理、政策等各类资源向新科技、新管理、新组织和新制度等方面的倾斜和汇集,形成新的经济增长点。

迈克尔·E. 波特(Michael E. Porter)教授从产业发展的角度,提出了创新驱动型经济的两个发展方向:垂直深化发展和横向水平发展。

垂直深化发展是指在一个产业中,一个国家或者地区分工地位的提升,具体表现为该产业的产品具有更多的品种、更好的质量与更高的附加值，其本质是技术水平的不断提升。根据技术水平在产业中的作用程度，可以将垂直深化过程分为四个阶段：一是原材料开发或初级产品加工阶段，即对原材料进行初步加工，使之符合工业投入品的基本要求，该阶段产出主要依靠原材料、劳动力和资本要素；二是一般性生产阶段，主要业务为加工组装，因技术含量不高，产业发展主要依靠资本投入；三是相对独立产业技术阶段，通过对行业先进技术的模仿、引进、消化、吸收，形成自有知识产权，产业发展依赖于资本投入和技术创新；四是基础性产业技术创新阶段，通过研发原创技术，形成技术壁垒从而获得竞争优势，产业发展的关键在于突破性创新。可以看到，相对独立的产业技术阶段在投资驱动型经济中就已经开始，在创新驱动型经济的垂直深化发展中，需要进一步推动技术创新，尤其强调原创性创新。通过这种原始创新构建技术"护城河"来提升行业竞争优势与话语权，以实现产业的纵深发展。这种发展方式初期往往需要依靠某个龙头企业或者龙头行业来实现突破。

横向水平发展则是指通过在产业链上的延伸，形成更大的产业集群。横向水平发展的形式可能是来自在垂直纵深发展中较为领先的产业或企业的带动效应，如下游企业的高水平发展使得对上游原材料的数量与质量的要求大幅度提升，从而促进了上游产业的发展；也有可能是一个国家或区域内本身发展较弱的产业链上下游产业或企业共同联合，提升协同效应，从而获得竞争力的提升。总而言之，垂直纵深发展是一个"点"的发展，横向水平发展则是"由点及面"的发展，通过这种优势的扩散能够稳固经济发展基础，推动经济水平全方位的提升。

总体来看，创新驱动型经济的本质和关键在于生产效率的提升，仅靠投入的增加是无法实现的，相对于投资驱动型经济对发展速度的要求，其更追求经济发展的质量。20世纪90年代，面对人口老龄化的挑战，日本采取了投入更多的物质资本的发展策略，不断提高劳动力的人均资本数量，导致同期以技术创新为代表的全要素生产率的贡献率从37%下降到15%，削弱了日本经济增长的持久动力，直接导致了日本经济长期徘徊不前。所以，在经济发展已经深入到精细化的今天，必须将依靠资本、土地、劳动力等生产要素的投入的增长转移到更多依靠提高全要素生产率的轨道上来，各种类型的创新要成为全要素生产率更重要的来源，创新驱动就是全要素驱动，全要素生产率是有质量的经济增长速度，是启动经济可持续增长的原动力。

【案例5-2】
韩国政府的"超前引领"与创新驱动转型

经过长期的经济发展,韩国走的道路比较独具特色,这种特色常被研究者称为"韩国模式"。根据我们的理论,所谓"韩国模式"实际上就是政府"超前引领"模式,即政府通过计划引领、战略引领和产业政策与技术引领、金融等重点领域引领等方式,与市场手段相结合,直接对经济运行和发展发挥定位和导向作用。

1. 韩国经济发展的计划引领

所谓计划引领,就是按照经济发展远景目标的需要,制订经济开发计划,借以市场配置资源的手段,由政府主导一系列为期五年的经济开发计划。韩国在发展初期经济较为落后,其并不完善的市场体系和失调的市场机制,无法保证亚当·斯密那只"看不见的手"正常发挥作用,市场失灵是当时的常态。因此,必须发挥政府计划的"看得见的手"的调节作用,把国民经济纳入有计划发展的轨道,通过计划引领和市场双重作用,摸索出一条促进经济发展的道路。自1962年至1997年,韩国已经制订并实施了7个五年计划,基本完成了各个五年计划的阶段性目标,使韩国经济发展取得阶梯性上升,为以后的经济稳定发展奠定了坚实的基础。

2. 韩国经济发展的战略引领

所谓政府引领战略,就是发挥政府的引领和主导作用,在一定条件和一定时期内,让政府尊重市场配置资源手段的同时,积极参与宏微观经济的调控与协调,使政府成为经济活动中最重要的参与主体。从第一个五年计划到第七个五年计划,韩国政府通过计划手段积极引领,采用各种经济杠杆,利用宏观经济决策,主导市场经济体制,促使韩国利用30多年的时间走完西方发达国家100多年才走完的工业化历程,取得了举世瞩目的成绩。这正是政府引领战略的成功。

3. 韩国经济发展的产业政策与技术引领

所谓产业政策与技术引领,就是在计划和战略导向作用下,制定相应的产业政策来发挥政府作用,引导经济的产业发展走向,同时对符合产业政策的技术提供各种有效条件加以研发、引进和利用。韩国在不同的时期采用不同的产业政策引领经济不断转型升级:20世纪60年代,政府采用从"进口替代"到"出口导向"发展的政策引领;20世纪70年代,韩国

采用重工业化的产业政策引领；20世纪80年代，韩国确定了从"贸易立国"到"科技立国"的政策引领；20世纪90年代，韩国实行"新经济"政策引领。韩国政府的产业政策引领从历史和现实来看都是成功的，其在不同的发展阶段，形成了各阶段的主导产业，奠定了国民经济持续发展的物质基础。

4. 韩国经济发展对金融领域的"超前引领"

所谓重点领域引领，就是发挥政府在金融等重点领域中直接参与、重点掌控和全局协调的作用，使其成为经济持续发展的稳定剂和润滑剂。金融是国民经济的核心，完善健全的金融体系是经济发展的基础。在韩国的经济发展历程中，政府非常重视金融等对关系国民经济有基础性支撑的重点领域的引领，并通过相应的政策动态调整政府与市场的边界，使得金融行业发挥对实体经济发展的支撑作用。

（资料来源：陈云贤、顾文静《中观经济学——对经济学理论体系的创新与发展》，北京大学出版社2015年版，并经作者整理）

四、共享驱动型经济

在经济学中，人们主要关注两个目标：一个是增长，即如何最大程度促进经济以最快速度增长，也就是如何做大"蛋糕"的问题；一个是福利，即财富如何在全社会主体间分配，以达到效用的最大化，也就是如何分配"蛋糕"的问题。其中，福利问题是经济学需要解决的最根本的问题，增长只是达到这个最终目的的中间手段。福利问题又包括两个方面：一是失业率问题，即个体在经济发展中参与分配的权利；二是通货膨胀，即个体在得到分配之后能获得多少物质和服务享受的问题。但是经济不一定能够持续不断地发展下去，驱动经济发展的要素、资本、创新等因素的优势也不可能一直保持下去，其潜力终有一日将被耗尽，并且经济发展并不一定能够带来福利的提升。这是目前很多老牌发达国家都在面临的问题。因此，本书提出在创新驱动型经济之后的发展方向——共享驱动型经济。

我们先来讨论为何经济增长无法永远持续下去。从前文的分析可知，一个国家或区域的经济如果从要素驱动和投资驱动阶段顺利转型，进入创新驱动型经济，此时，因为科技创新、管理能力、制度建设、政策水平等全方位的进步,生产端的资源配置达到最优化,全要素生产率大幅度提高,经济得到高质量的发展。这样的经济增长会持续一段时间,但是随着财富的积累,又会反过来伤害经济的发展。

首先,是对人力资本的影响。经济发展水平的提高一定会促进工资待遇的提升,对于企业而言用工成本将大幅度增加。用工成本的增加对不同行业与企业的影响是不同的,首先受到冲击的是劳动密集型产业,这类型企业的变动成本主要是支付给劳动要素的报酬。由微观经济学的厂商理论可知,在价格接受者的假定下,厂商总是选择使得边际成本等于价格(边际收益)的产量,且由于固定成本的存在,即使边际收益低于平均成本但高于边际成本时,厂商在短期内依旧会选择生产以弥补一部分已经投入的固定资产,但如果时间持续得较长时,厂商便会选择退出。由于劳动要素的报酬不断上涨,使得劳动密集型企业的边际成本和平均成本曲线不断上移,且随着技术的进步和竞争的加剧,同品类、同质量的产品的价格将不断下降,最终将使得价格曲线下移到平均成本曲线之下。这种情况下,行业内的企业不得不选择退出。该理论在现实中,则表现为劳动密集型的产业从高发展、高收入的国家或地区转移到欠发展、低收入的国家。对于部分非劳动密集型企业的影响则通过产业链产生,由于上游配套产业出现转移,出于产业链协同、运输成本等方面的考虑,其也不得不进行转移。长此以往,可能会导致对劳动力要素需求较大的第二产业逐步外移,国内只剩下高附加值金融、法律、研发、咨询等第三产业和部分具有资源禀赋优势的第一、第二产业。这也是美国等发达国家出现产业"空心化"的主要原因。这种产业转移将使本来依靠这些产业生活的居民丢掉工作,这部分劳动者失去工作和收入将使得整体社会福利下降。

其次,是对就业的影响。随着经济增长和财富的积累,家庭拥有了较为丰厚的资产,加上完善的社会福利体系,使得人们的基本生活得到了保障。此时,人们更多基于个人兴趣而非获取更多收入来选择工作。更多人乐于选择音乐、绘画等可以创造精神财富的相关职业,而非创造物质财富的职业。此时,在某种程度上劳动要素市场处于相对失效的状态,即无法通过提高工资吸引更多且更高素质的劳动力。同时,由于社会整体的富足,人们的进取心整体下降,将使得部分人放弃工作,依靠自有资产或社会救济生活,直接减少劳动人口的数量。由于成熟运行的创新驱动型经济最重要的要素便是劳动力,在这二者的作用下,将对经济发展造成不利影响。

最后，是对创新能力和意愿的影响。一般来讲，基础科学的进步任务由大学和研究机构来承担，而将基础科学理论转化为实用技术的任务一般由企业来完成。但是基础性理论的突破是非常困难的，人类自第一次工业革命以来，经过蒸汽机、内燃机、核技术、航空航天、生物技术和信息技术的大飞跃之后，目前尚未有革命性的基础理论突破。如最晚出现的信息技术革命发生在20世纪中后期，其核心的芯片或者集成电路技术依旧在遵循其原始的技术路线，即以单质硅作为原材料，技术的进步只是不断缩小单个晶体管的长度。因此，在基础科学理论没有出现革命性进展前，主要依靠企业进行应用层面的创新。而在后创新驱动经济时代，却会出现阻碍创新的因素：一是垄断。在存在技术障碍和法律障碍的条件下，自由竞争必然导致垄断，行业的垄断企业依靠垄断地位获取超额利润，本身创新动力不足，同时为了维护自身垄断地位，会利用其知识产权、资本等优势来打击行业的进入者，使得行业创新变得更加困难。二是企业家精神。上文提到财富的积累会降低人们的进取心，除了影响参与工作的热情外，还会影响企业家精神。企业的设立与发展仅靠资金、技术、人才、政策等要素是不够的，还需要具有企业家精神的企业家依靠其领导能力、管理技能、决策能力与冒险精神将这些要素进行整合，使得这些要素发挥出最大的效能并创造出最大的收益。在社会整体进取心下降的情况下，企业家精神也将变得稀缺，也就是说，居民创业和创新的意愿下降，也会影响经济的进一步发展。

在创新驱动型经济后期，不仅经济发展速度会出现减缓，而且经济发展不一定会带来社会福利的增加。1995年，生态经济学家曼弗雷德·麦克斯·尼夫（Manfred Max Neef）的"门槛假说（Threshold Hypothesis）"理论阐述了这样一种经济增长的状态——"每个国家都存在一个特定的阶段，该阶段的经济增长带来生活质量的改善将达到一个门槛点，超过此点后的经济增长反而可能带来生活质量的下降。"这个假说实际上是对经济增长的意义提出了质疑，也就是说当经济增长引起了过大的环境和社会压力时，这一区域就从生态盈余转向生态亏损，社会福利会随着经济增长而下降，违背经济增长的初衷。

但是在这个阶段，一个国家或地区的经济也有其优势，主要表现为经济增长速度虽然有所减缓，但是经过多年的发展和积累，已经拥有了庞大的经济总量和较高的财富水平,并且存量的财富使得人们拥有了更高层次、更多样化的需求,从而不断推动新的经济发展模式的诞生。而好的经济发展模式应该是经济规模与社会福利不断增加,在经济发展到一定阶段,共享驱动模式是一种可行的方法。

在共享驱动模式下,资源的配置以经济增长与社会福利的同步提升为目的,将社会发展的动力定位为人们对美好家园、幸福生活的不懈追求,将财富的内涵进一步扩大为除了经济利益之外的生命体验和人本价值的回归,也就是人的幸福体验感——效用最大化将成为资源配置的主要目的。约翰·冯·诺依曼(John von Neumann)和奥斯卡·摩根斯坦(Oskar Morgenstern)在公理化假设的基础上所建立的效用函数理论可以用于建立财富驱动阶段的资源配置函数:

$$U(X) = E = P_1u(x_1) + P_2u(x_2) + \cdots + P_nu(x_n) \quad (5-19)$$

其中,E 表示关于随机变量 X 的期望效用,$U(X)$ 表示共享驱动下的效用函数,P 为概率且有 $\sum_1^n P_n = 1$,X 代表财富驱动阶段中投入的物质和精神资源。

共享经济的本质是闲置资源使用权的流通,在所有权不发生改变的前提下进行使用权在时间和空间上的再次分配。在共享经济中,让渡使用权的机构或个人获得一定收益,租用使用权的主体获得效用,对于社会整体来说是一次帕累托改进,能够促进资源配置和使用效率的大幅度提高,并推动整体社会福利的提升。

共享经济的运行需要具备四个基本要素:一是闲置资源,需要经济发展到一定程度,出现部分闲置资源为共享经济提供"供给基础",并且要求所有权界定清晰,同时所有权与使用权可以分离以便流通。二是需求,随着经济的发展,人们的需求越来越多样化,并且有部分消费者更倾向于共享而非独占产品或服务的所有权来降低消费成本,必须有这样的需求才能形成相应的市场。三是匹配系统,需要一个信息系统来征集、分类、整理、匹配供需信息,链接供给与需求双方,并能够形成对双方都有约束力的信用机制以保证履约顺利完成,这个任务一般由数字化平台来完成。四是收益,对于供给方,希望通过共享闲置资源,提高收益或者降低持有成本;对于需求方,希望在放弃非必需的所有权的前提下,以较低成本获取产品或服务的使用权。因此,共享经济是以闲置资源为基础、以需求为前

提、以供需匹配系统为载体、以收益为动力的经济模式,对于提高资源配置效率、提升整体社会福利有极大的促进作用。

目前,共享经济在我国处于成长阶段,各参与主体正在方向、领域、模式等方面积极地进行探索与试错。根据国家信息中心发布的《中国共享经济发展报告(2021)》,2020年我国共享经济市场交易规模约为33773亿元,同比增长约2.9%,生活服务、生产能力、知识技能三个领域共享经济市场规模位居前三,分别为16175亿元、10848亿元和4010亿元。具体数据如表5-1所示。

表5-1 中国共享经济发展现状

领域	共享经济市场交易额/亿元				2020年同比增速
	2017年	2018年	2019年	2020年	
交通出行	2010	2478	2700	2276	-15.7%
共享住宿	120	165	225	158	-29.8%
知识技能	1382	2353	3063	4010	30.9%
生活服务	12924	15894	17300	16175	-6.5%
共享医疗	56	88	108	138	27.8%
共享办公	110	206	227	168	-26.0%
生产能力	4170	8236	9205	10848	17.8%
总计	20772	29420	32828	33773	2.9%

(数据来源:《中国共享经济发展报告(2021)》)

共享驱动阶段资源配置的突出特点是优质资源在新经济模式和新兴产业汇聚及高效配置,包括基础设施投资、区域政府管理、组织模式、制度创新等一系列"准经营性资源"的大量投入。

【阅读材料】

保护幼稚工业论

幼稚产业保护论最初由汉密尔顿提出,经过李斯特全面发展而成为最早、最重要的贸易保护理论。幼稚工业保护论影响了19世纪的德国和美国、影响了20世纪的日本,使它们都能在保护主义的篱笆后面成长,强大之后又转而推行自由贸易。经过近半个世纪的修补与解释,该理论已经适用于现今的社会。

李斯特的幼稚工业保护理论建立在三大理论基础上：国家经济学、社会经济发展五个阶段论及生产力理论。其中，生产力理论是核心。建立在这三大理论基础上，他提出了如下基本观点。

第一，提出发展阶段论，批判比较成本理论忽视了各国历史和经济的特点。李斯特认为，亚当·斯密和李嘉图的理论尽管有其长处，但只适合英国的情况，或者说只是从全世界共同发展出发的，而没有考虑到各国情况不同、利益各异，这不是一种普遍适用于各国的理论。

李斯特特别强调每个国家都有其发展的特殊道路，并且从历史学的观点出发，把各国的经济发展分为五个阶段：原始未开化时期、畜牧时期、农业时期、农工业时期、农工商业时期。他认为，各国在不同的发展阶段，应采取不同的贸易政策，在经济发展的前三个阶段必须实行自由贸易；当处于农工业时期时，必须将贸易政策转变为保护主义；而当经济进入发展的最高阶段，即农工商业时期时，则应再次实行自由贸易政策。只有这样才可能有利于经济的发展，否则将不利于相对落后国家的经济发展。

李斯特认为，由于英国已进入农工商业时期，它实行自由贸易政策是正确的，但绝不能否认保护贸易政策在英国经济发展史上所起的重要作用。至于德国，由于它还处在农工业时期，所以必须采取保护贸易政策。

第二，提倡生产力论，指出比较成本论不利于德国生产力的发展。李斯特认为，生产力是创造财富的能力。一个国家的财富和力量来源于本国社会生产力的发展，提高生产力是国家强盛的基础。他说："财富的生产力，比之财富本身不晓得要重要多少倍；它不但可以使原有的和已经增加的财富获得保障，而且可以使已经消失的财富获得补偿。"李斯特正是从保护和发展生产力的角度出发，主张在农工业时期的国家必须采取保护贸易的政策。

李斯特认为，在当时，如果英国的自由贸易学说不加区别地应用于各国，就会使先进的英国商品充斥落后的国家，包括李斯特的祖国——德国。从短期来看，落后国家可以买到一些廉价商品，似乎占了便宜；但从长远看，落后国家的工业却因此发展不起来，社会生产力得不到提高，就会长期居于落后地位和从属地位。反之，如果德国采取保护贸易政策，从短期看，某些商品价格，特别是先进的工业品价格是高一些，但是，为了培育自己的民族工业，就应当忍受暂时的牺牲。经过一段时期，民族工业发展起来了，原来依靠进口的商品——先进工业品的价格就会降下来。这样，看起来德国似乎在开始时减少了一些财富，但却通过贸易保护，发展了自己民族的生产力，即创造财富的能力，这才是真正的财富。李斯特说："保护关税如果会使价值有所牺牲的话，它却使生产力有了增长，足以抵偿损失而有余。"

第三，主张国家干预经济，反对古典学派的放任自由原则。李斯特认为，要想发展生产力，必须借助国家力量，而不能听任经济自发地实现其转变和增长。他承认当时英国工商业的发展，但认为英国工商业的发展也是由于当初政府的扶植政策所造成的。德国正处于类似英国发展初期的状况，应实行在国家干预下的保护贸易政策。

李斯特主张通过保护关税政策发展生产力，特别是工业生产力。他认为，工业发展以后，农业自然跟着发展。因此，他提出的保护对象有四个条件：①幼稚工业才需保护。②在被保护的工业得到发展，其产品价格低于进口同类产品并能与外国竞争时，就无须再保护，或者被保护工业在适当时期（如30年）内还不能扶植起来时，也就无须再保护。③工业虽然幼稚，但如果没有强有力的竞争者，也不需要保护。④农业不需要保护。

基于李斯特主张保护的是幼稚工业，并且主要是通过关税保护，所以，人们把李斯特的保护贸易理论称作幼稚工业保护论或关税保护贸易理论。其中心内涵包括提高进口商品关税，保护本国幼稚工业，具体内容包括：①对外贸易政策的目的是发展生产力。②对外贸易政策取决于该区域、该时期的经济发展水平。李斯特根据国民经济完成程度，把国民经济的发展分为五个阶段，即原始未开化时期、高牧时期、农业时期、农工时期、农工商业时期。③主张国家通过关税干预对外贸易。

幼稚工业保护理论对现实经济发展具有深远影响。美国宪法禁止出口关税，发展中国家却经常对它们的传统出口产品征收出口关税，以得到更有利的价格和增加收入。发展中国家之所以在很大程度上依赖出口关税增加收入，是因为这种关税征集起来很方便。相反，工业化发达国家通过设置关税或其他贸易壁垒来保护某些产业（劳动密集型），而收入的增加主要是通过征收所得税。自第二次世界大战以来工业化国家关税一般都有所下降，现在制成品的平均关税不超过5%，但是农业品贸易却一直受直接配额限制和非关税贸易壁垒的影响。主要发达国家和欧盟国家对将进口的纺织品和服装、皮革、橡胶以及旅游产品都归在征税最高的产品之列，但是平均税率水平仅在5%左右。

战略性贸易政策，是指一个国家可以（通过暂时的贸易保护、补贴、税收以及政府和工业部门合作的计划）在半导体、计算机远程通信和其他被认为对该区域至关重要的领域内创造出比较优势的政策。这些高科技有很高的风险，要求大规模生产以形成规模经济，而其成功时便可能带来外部经济。战略性的贸易政策认为通过鼓励这样的产业，国家可以从中得到很大的外部经济，也加强了这些部门未来增长的前景。这一政策适用于发达国家，有助于它们在重要的高科技领域中获得比较优势。

保护幼稚工业论适用于一个国家的某种商品可能有潜在的比较优势，但是由于缺乏专有的技术和最初较少的投入，该产业难以建立，或者虽已启动，也难以与许多现有的国外公司进行成功竞争。对幼稚工业进行暂时的保护，直到它能应对国外的竞争，具有经济规模并形成长期的竞争优势，那时就可以取消保护了。保护幼稚工业论适用于发展中国家，以补贴形式为主，是直接的帮助形式。大多数发展中国家以出口导向和进口替代实现工业化和发展的策略。

（资料来源：陈云贤、顾文静《中观经济学——对经济学理论体系的创新与发展》，北京大学出版社2015年第11期，并经作者整理）

第二节 "政府推动、企业参与、市场运作"机制的形成

根据上节分析，区域经济发展的驱动方式的转变是促进经济发展的重要动力，但是这个转变过程是非常困难的，稍有不慎就可能失败。经济转型的成功离不开区域政府正确的决策，因此区域经济发展速度和质量的比拼，也可以看作区域政府间的竞争，而区域政府间的竞争，不仅体现在可经营性资源和非经营性资源的资源配套上，而且重点体现在准经营资源或生成性资源的投资开发与政策配套措施上。企业竞争与区域政府竞争都包含对经济目标的追求，但区域政府竞争更着重于准经营性资源配置效率的竞争，区域资源配置模型的落脚点以及区域政府竞争创新的落脚点，都集

中归属到准经营资源或生成性资源配置这一核心概念上。而生成性资源建设、开发和配置的机制，总结起来就是"政府推动、企业参与、市场运作"。其中，"政府推动"意味着政府在资源生成领域必须达到"有为政府"的标准，"企业参与"意味着市场体系应向"有效市场"的标准发展，"市场运作"则是指区域政府应按照市场规则办事。

一、有为政府的标准

强式有为政府的含义如下：一是能对非经营性资源有效调配并配套政策，促使社会和谐稳定，提升和优化经济发展环境；二是能对可经营性资源进行有效调配并配套相应政策，维护市场的公开、公平、公正，有效提升社会的整体生产率；三是能对准经营性资源有效调配并参与竞争，推动城市建设和社会经济全面、可持续发展。强式有为政府的有为体现在对三类资源的调配、政策配套、目标实现三者合一之中。强式有为政府的标准有三个：一是尊重市场规律；二是维护经济秩序，稳定经济发展；三是有效调配资源，参与区域竞争。

现实中，强式有为政府至少需要具备三个条件：一是与时俱进，主要指政府急需"跑赢"新科技。日新月异的科技发展衍生出新资源、新工具、新产业、新业态，将对原有的政府管理系统产生冲击。新科技带来生产生活的新需求和高效率，同时也带来政府治理应接不暇的新问题。因此，政府要在经济增长、城市建设、社会民生三大职能中，或者说在非经营性资源、可经营性资源、准经营性资源的调配中有所作为，其理念、政策、措施均应与时俱进。二是全方位竞争，即强式有为政府需要超前引领，运用理念、组织、制度和技术创新等方式，在社会民生事业（优化公共物品配置，有效提升经济发展环境）、经济增长（引领、扶持、调节、监管市场主体，有效提升生产效率）和城市建设发展（遵循市场规则，参与项目建设）中，全方位、系统性地参与全过程、全要素竞争。所谓全方位竞争，是以企业竞争为基础，但不仅局限于传统概念上的商品生产竞争，而是涵盖了实现一国社会经济全面、可持续发展的目标规划、政策措施和最终成果的全过程。三是政务公开，包括决策、执行、管理、服务、结果和重点事项（领域）信息公开等。政务公开透明能够保障社会各方的知情权、参与权、表达权和监督权，在经济增长、城市建设、社会民生等重要领域提升资源的调配效果。透明、法治、创新、服务和廉洁型的强式有为政府,将有利于激发市场活力和社会创造力,造福于国家,造福于人类。

二、有效市场的标准

现代市场按照不同标注可以划分为横向体系和纵向体系。市场横向体系中,不仅有产业经济中的市场主体——企业,而且有城市经济中的市场主体——区域政府和企业,还有国际经济中提供国际"准经营性资源"公共产品的市场主体——国家政府和企业,更有太空经济中开发太空资源市场和海洋经济中开发深海资源市场的主体——国家政府和企业。换言之,市场不仅仅存在于产业经济中,而且存在于其他经济形态中;市场横向体系中(包括产业经济、城市经济、国际经济、太空经济和海洋经济等),存在双重竞争主体——企业和政府;产业经济是市场经济的基础领域,城市经济包括随着时代进程不断开发的国际资源、太空资源、深海资源等是市场经济的生成性领域,二者相互独立、相互联系,它们属于现代市场经济中不同层面的竞争体系。多层面的市场竞争体系共同构成现代市场经济。

现代市场体系理论或现代市场纵向体系至少包括以下六个方面的内容:一是市场要素体系,既由各类市场(包括各类商品市场、要素市场和金融市场)构成,又由各类市场的最基本元素即价格、供求和竞争等构成。二是市场组织体系,它包括各种类型的市场实体和各类市场中介机构以及市场自身管理组织。三是市场法制体系,它包括市场立法、执法、司法和市场法制教育等系列。四是市场监管体系,它包括对机构、业务、市场、政策法规执行等的监管。五是市场环境体系,它主要包括完善实体经济基础、企业治理结构和社会信用体系等三大方面。六是市场基础设施,它指软硬件组合的完整市场设施系统。其中,各类市场支付清算体系、科技信息系统等,是成熟市场经济必备的基础设施。

市场有效同样包含三个方面的内容。首先,市场基本功能的健全,包括市场要素体系和市场组织体系。其次,市场基本秩序的健全,包括市场法制体系和市场监管体系。最后,市场环境基础的健全,包括社会信用体系和市场基础设施。市场有效,是对现代市场体系六大功能整体发挥作用的表现,是对生产竞争、市场公平、营商有序三者合一的反映。"有效市场"的标准有三个,即市场充分竞争、法制监管有序、社会信用健全。

三、政府应该按照市场规则办事

对于准经营性资源,我们应根据区域发展、财政状况、资金流量、市场需求和社会民众的接受程度与承受力等因素来确定其是按照可经营性资源来开发和配置,还是按照公益性事业来运行管理。

(一) 遵循市场规律的原则

准经营性资源具有双重属性,也就是说,准经营性资源配置既可以由市场来完成,也可以由政府来承担,是市场资源配置机制和政府资源配置机制发挥作用的交叉领域。而区域政府本身也具有双重属性,在具备"准宏观"性质的同时也具备"准微观"性质,"准微观"的性质决定了区域政府在准经营性资源配置上可以参与竞争,但区域政府对准经营性资源的配置必须充分尊重市场作为资源配置手段的主导地位,坚持按照市场规律发挥管理职能,强化区域政府行为的市场适应性,展开区域政府间的良性竞争,以各地区市场运转的效率、实现的经济和社会收益作为竞争的主要考核目标。区域政府因此实现从远离市场竞争的权力机构到参与市场竞争、提高管理绩效的"准微观"的角色转换。

对于这类区域准经营性资源,区域政府和市场都可以介入。也就是说,在区域准经营性项目上,区域政府和市场的边界关系可以看作是相互替代的,是一种"非此即彼"和"此消彼长"的博弈关系,即选择一定的区域政府,通过发挥区域政府职能作用来获得一定的产出,就意味着必须放弃一定的市场机制的作用。或者说,选择一定的市场,通过市场机制的作用来获得一定的产出,就意味着放弃一定的区域政府职能作用。区域政府与市场的这种相互替代关系意味着由区域政府和市场的作用边界存在一个最优组合的问题,而最优组合点由二者的等产量线和等成本线的切点位置决定,在这一点上,可以实现成本在一定条件下的产出最大化或产出在一定条件下的成本最小化,符合资源配置效率最大化的基本原则。

(二) 调控市场运行的原则

准经营性资源的配置、开发、管理,有载体确定和资金运营的问题。对于载体确定,如果把准经营性资源放入市场体系中去配置、开发、运营和管理，区域政府则可以通过独资、合资、合作、股份制甚至国有民营等方式组建建设项目的载体。它不仅能根据市场需求、社会供给和国内外经济发展的客观趋势进行有效投资，优化结构，促进经济和社会稳步发展，而且能根据对市场的预测进行有效调控，防范政府在以往的城市建设和发展中"只为社会提供无偿服务型、共享型的公共产品；只投入、不收益；只建设、不经营；只注重社会性，而忽视经济性；只注重公益性，而忽视效益性；从而造成城市资源的大量损耗，城市建设的重复浪费，城市管理的低层次、低水平和无序性运转"的问题，以避免重大损失。因此，在世界各国准经营性资源的配置、开发、运营、管理方式的变革过程中，各区域政府应对原有配置的城市资源——"存量资产"的载体进行产权改造，让其按照客观规律和市场经济发展的要求，形成与运用资本市场手段相适应的载体，即将"存量资产"的载体改制为国有民营、股份制、合资、合作、拍卖给国内外投资者等形式，使其成为符合市场经济运行规则的载体，参与市场竞争；对于新增城市项目——"增量资产"的载体，则应从一开始就从独资、合资、合作或股份制等形式入手组建，使其能够按照市场规则奠定好载体基础和发展条件，成为市场竞争参与者。要防止区域"增量资产"的配置、开发中重回政府作为唯一管理载体的老路。

对于"资金运营"，如果把"准经营性资源"放入市场体系中去配置、开发，区域政策可主要通过资本市场融资的方式去解决。如发行债券或可转换债券、发行股票、设立项目基金或借助于海内外基金投资项目、以项目为实体买壳上市、项目资产证券化、项目并购组合、捆绑经营、租赁、抵押、置换、拍卖。区域政府也可以通过收费权、定价权等手段，运用 DBO（Design-Build-Operate，设计—建设—经营）、BOT（Build-Operate-Transfer，建设—经营—转让）、BOO（Build-Owning-Operate，建设—拥有—经营）、BOOT（Build-Own-Operate-Transfer，建设—拥有—经营—转让）、BLT（Build-Lease-Transfer，建设—租赁—转让）、BTO（Build-Transfer-Operate，建设—转让—经营）、TOT（Transfer-Operate-Transfer，转让—经营—移交）等方式实施特许经营权资本运营。区域政府还可根据各"准经营性资源"项目的不同特点和条件，采取不同资本运营方式，或交叉运用不同资本运营方式，如采用 PPP 模式作载体，运用 BOT 或 TOT 等特许经营权运营，在条件成熟时改组项目公司为上市公司，通过发行股票或债券进一步把资源项目做大做强，从而促进区域政府克服资金瓶颈的制约，提

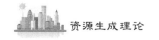

升城市资源配置。

第三节 中国特色社会主义市场经济的显现

1955年,阿瑟·刘易斯面对世界各国的经济发展,提出了一个矛盾现象,即著名的"刘易斯悖论"——"政府的失败既可能是由于它们做得太少,也可能是由于它们做得太多。"如今,面对中国经济改革开放的成功,新制度经济学者也做出了产权理论、交易费用理论、制度变迁理论和县际竞争理论等的解释;新古典经济学者做出了政府有针对性地选择了新古典的"药方",并采取了渐进的实施方式等解释;发展经济学者做出了对外开放论、后发优势论、"二元经济"发展论和经济发展阶段论等解释;转轨经济学者做出了由易到难推进、通过利益补偿化解改革阻力、通过"价格双轨制"演绎市场关系、通过分权转移改革成本和由局部制度创新带动全局制度创新等解释。

但是从中观经济学的视角来看,关于政府与市场的关系,或中国经济在改革开放进程中政府的作用,经济学同仁对此做出了积极的探讨和贡献,但不管是阿瑟·刘易斯还是各主流经济学者,他们的研究却仍然存在碎片化和外在性问题。纵观经济学说发展的历程,首先,19世纪及以前的经济学基本上把市场作为配置资源的唯一力量,认为政府只是维护市场自由竞争的政府,是在经济生活中无所作为的政府。其次,20世纪以来的经济学,对市场配置资源的唯一性提出了质疑,开始探讨政府在市场失灵时的相关作用和应当采取的措施策略。最后,在世界各国经济发展尤其是在中国经济改革开放取得显著成效的今天,经济学理论的研究仍然远远滞后于或外在于经济实践的发展。现实经济运行中反馈出来的多种问题,并没有完全表明"市场失灵"或"政府失灵",而是更多地反映出了传统经济学体系或传统市场理论的缺陷。当然也可以这样认为,深入探讨政府与市场的关系,将开启现代经济学体系或现代市场理论的空间。

中国经济改革开放的全过程,始终贯穿着如何处理好政府与市场的关系问题。20世纪50年代,中国实施高度集中的计划经济体制,把政府作为配置资源的唯一主体。从1978年开始,中国实施经济体制改革,从农村到城市,一方面,企业扩大了自主权、承接发达国家和新兴工业化国家及地区的产业转移、开展"三来一补"外资企业投资等;另一方面,股份制企业和现代企业制度开始建立,既理清了政府与(国有)企业的产权关系,又界定了政府与企业在资源调配中各自的作用。自21世纪以来,中国东部地区地方政府作为市场竞争主体的现象屡屡出现,中国经济在继20世纪80年代劳动密集型轻纺工业迅速发展,20世纪90年代资本密集型的原材料、能源等基础工业和交通、市政、水利等基础设施建设迅速发展之后,在21世纪前十年里,战略性新兴产业也得以起步腾飞。

中国经济改革开放的实践进程揭示出:第一,其焦点应集聚在使市场在资源配置中起决定性作用和更好发挥政府作用的问题上。第二,中国经济的发展过程中,企业是市场竞争主体,但区域政府作为市场竞争主体的现象也屡见不鲜。第三,区域政府在经济领域发挥着扶植产业发展、参与城市建设、保障社会民生的重要作用。第四,区域政府扮演着三大经济角色:其一是通过掌控资本,以国有企业的股东方式参与项目公司和市场竞争;其二是通过财政、货币和法律等政策手段,调控产业发展、城市建设和社会民生;其三是监督管理市场,维护市场秩序。因此,中国在实践中逐渐成长的市场经济呈现出有为政府与有效市场相融合的作用。作为有为政府,不仅在有效保障社会民生方面促成了社会稳定和优化了经济发展环境,而且在引领、扶持和监管产业发展方面,推进了市场"三公"原则和提高了社会整体生产效率,还通过直接参与城市建设推动了经济社会的全面可持续发展。它结合有效市场体现出的市场充分竞争、法制监管有序、社会信用健全的客观要求,表现出中国政府在尊重市场规律、维护经济秩序、参与市场竞争的进程中,正逐步沿着中国特色社会主义市场经济的方向演进。因此,深化认识现代市场理论、破解政府与市场关系难题和探讨经济学体系的改革,应该更加注重其系统性和内在性问题的研究。

从中观经济学的视角来看,中国改革开放的成功和经济的飞速发展,来自中国特色社会主义市场经济下的"政府+市场"的双重驱动力。主要包括以下五个方面的内容:第一,现代市场体系,横向包括产业经济、城市经济和国际经济(比如太空经济、深海经济、极地经济)等;纵向包括市场要素、市场组织、市场法制、市场监管、市场环境和市场基础设施等。第二,现代市场主体,不仅是企业在产业经济中发挥着主导作用,而

且区域政府也在城市经济中发挥着主导作用。它们共同受制于现代市场规则的约束。第三，区域政府间存在"三类九要素"竞争。它表现在直接决定着区域经济发展水平的项目数量、产业链是否完善和进出口大小的竞争，由区域政府经济政策措施所决定的基础设施建设、人才和科技水平、财政和金融手段支撑作用的竞争，以及由区域政府经济管理效率所决定的政策体系、环境体系和管理体系的竞争。其中，有为政府需要超前引领，区域政府理念、制度、管理、技术创新是区域经济竞争与发展的关键。第四，市场竞争存在双重主体：企业竞争是在资源稀缺的条件下围绕产业资源优化配置而展开的，区域政府竞争则是在资源生成的基础上围绕城市资源优化配置而进行的。企业竞争与区域政府竞争会产生企业间或区域间经济增长的"二八定律"现象，它们共同构成现代市场经济发展的双驱动力。第五，在中国乃至世界各国经济发展的实践中，区域政府竞争呈现二八效应集聚律、梯度变格均衡律和竞争合作协同律，它们在经济发展的不同阶段发挥着不同作用。

✳ 本章小结 ✳

本章主要探讨我国改革开放以来所取得的经济成就的原因。首先，从经济发展的四个阶段入手，分别讨论了要素驱动型经济、投资驱动型经济、创新驱动型经济和共享驱动型经济各发展阶段的特点与经济转型升级所需要的条件。

其次，本章探讨了经济转型中非常重要的生成性资源建设、开发和配置的机制，即"政府推动、企业参与、市场运作"，其中"政府推动"意味着政府在资源生成领域必须达到"有为政府"的标准，"企业参与"意味着市场体系应向"有效市场"的标准发展，"市场运作"则是指区域政府应按照市场规则办事。

最后，结合我国改革开放的历程和经验，我们得出结论：中国改革开放的成功和经济的飞速发展，来自中国特色社会主义市场经济下的"政府+市场"的双重驱动力。

思考讨论题

1. 经济发展的四个阶段分别是什么？每个阶段有何特点？

2. 如何理解"政府推动、企业参与、市场运作"的机制?

3. 政府和市场的理想关系应该是怎么样的?结合中观经济学的理论谈谈你的认识。

4. 中国改革开放成功的原因是什么?结合中观经济学的理论谈谈你的认识。

参 考 文 献

[1] 陈云贤.探寻中国改革之路：市场竞争双重主体论［J］.经济学家，2020（8）：16－26.

[2] 陈云贤.中国特色社会主义市场经济：有为政府＋有效市场［J］.经济研究，2019，54（1）：4－19.

[3] 陈云贤.论微观、中观、宏观经济学［J］.财经界，2017（13）：37－41.

[4] 陈云贤.陈云贤：论政府超前引领［J］.财经界，2017（25）：29－33.

[5] 陈云贤.市场竞争双重主体论［M］.北京：北京大学出版社，2020.

[6] 陈云贤.市场竞争双重主体论：兼谈中观经济学的创立与发展［M］.北京：北京大学出版社，2020：6.

[7] 陈云贤.中观经济学：教与学辅导指南［M］.北京：北京大学出版社，2021：5.

[8] 陈云贤.超前引领：对中国区域经济发展的实践与思考［M］.北京：北京大学出版社，2011：2.

[9] 陈云贤，邱建伟.论政府超前引领：对世界区域经济发展的理论与探索［M］.北京：北京大学出版社，2013：10.

[10] 陈云贤，顾文静.中观经济学：对经济学理论体系的创新与发展［M］.北京：北京大学出版社，2015：11.

[11] 陈云贤，顾文静.经济新引擎：兼论有为政府与有效市场［M］.北京：外语教学与研究出版社，2019：10.

[12] 陈云贤，顾文静.中观经济学［M］.2版.北京：北京大学出版社，2019：9.

[13] 陈云贤.国家金融学［M］.2版.北京：北京大学出版社，2021：4.

[14] 陈云波.国内碳排放交易市场现状及碳金融模式初探［J］.上海节能，2020（9）：1029－1036.

[15] 蔡昉.中国经济增长如何转向全要素生产率驱动型［J］.中国社会科

学，2013（1）：56-71+206.

［16］戴双兴.数据要素市场为经济发展注入新动能［N］.光明日报，2020-05-12（16）.

［17］杜盼盼，韩陈林，林晓言.北京地铁4号线与伦敦地铁PPP项目案例分析［J］.都市快轨交通，2016，29（5）：41-45.

［18］董琪.基础设施REITs产品要点［J］.中国金融，2020（11）：68-69.

［19］方银霞，包更生，金翔龙.21世纪深海资源开发利用的展望［J］.海洋通报，2000（5）：73-78.

［20］古小东，夏斌.生态系统生产总值（GEP）核算的现状、问题与对策［J］.环境保护，2018，46（24）：40-43.

［21］何少琛.欧盟碳排放交易体系发展现状、改革方法及前景［D］.吉林大学，2016.

［22］黄琪轩.巴西"经济奇迹"为何中断［J］.国家行政学院学报，2013（1）：115-120.

［23］荆克迪.中国碳交易市场的机制设计与国际比较研究［D］.南开大学，2014.

［24］刘薇.PPP模式理论阐释及其现实例证［J］.改革，2015（1）：78-89.

［25］李丰.低碳经济战略视角下碳排放交易市场研究［J］.四川轻化工大学学报（社会科学版），2020，35（2）：53-69.

［26］马荣，郭立宏，李梦欣.新时代我国新型基础设施建设模式及路径研究［J］.经济学家，2019（10）：58-65.

［27］莫杰.深海资源开发利用研究［J］.科学，2013，65（1）：31-35+4.

［28］马国霞，於方，王金南，等.中国2015年陆地生态系统生产总值核算研究［J］.中国环境科学，2017，37（4）：1474-1482.

［29］欧阳志云，朱春全，杨广斌，等.生态系统生产总值核算：概念、核算方法与案例研究［J］.生态学报，2013，33（21）：6747-6761.

［30］欧阳志云，林亦晴，宋昌素.生态系统生产总值（GEP）核算研究：以浙江省丽水市为例［J］.环境与可持续发展，2020，45（6）：80-85.

［31］宋程.REITs在基础设施PPP项目中的应用初探［J］.工程建设与设计，2020（6）：227-228.

［32］徐成彬. 基础设施 REITs 优质底层资产的识别与评价［J］. 中国工程咨询, 2020 (6)：40-45.

［33］盛磊, 杨白冰. 新型基础设施建设的投融资模式与路径探索［J］. 改革, 2020 (5)：49-57.

［34］沈艳枝. 要素投入与巴西经济增长［D］. 南京大学, 2013.

［35］沈鹏. 美国的极地资源开发政策考察［J］. 国际政治研究, 2012, 33 (1)：97-116+8-9.

［36］宋昌素, 欧阳志云. 面向生态效益评估的生态系统生产总值 GEP 核算研究：以青海省为例［J］. 生态学报, 2020, 40 (10)：3207-3217.

［37］田涛, 王海洋. 新型基础设施建设发展研究初探［J］. 工程建设标准化, 2020 (5)：72-78.

［38］吴燕生. 以高质量、高效率、高效益发展加速推动航天强国建设［J］. 中国产经, 2021 (11)：90-94.

［39］杨阳腾. 探索 GEP 核算深圳渐入佳境［N］. 经济日报, 2021-04-24 (7).

［40］约书亚·普伦蒂斯, 马亮, 谢咏. 欧盟第四交易期前碳排放交易体系改革：2021—2030［J］. 区域与全球发展, 2021, 5 (1)：5-14+153.

［41］中国财政学会公私合作（PPP）研究专业委员会课题组, 贾康, 孙洁. 北京地铁四号线 PPP 项目案例分析［J］. 经济研究参考, 2014 (13)：56-61.

［42］周正祥, 张秀芳, 张平. 新常态下 PPP 模式应用存在的问题及对策［J］. 中国软科学, 2015 (9)：82-95.

［43］张立, 郭杰群. 基础设施 REITs 的发展路径［J］. 中国金融, 2017 (4)：52-54.

［44］中信建投证券课题组, 吴云飞. 基础设施 REITs 发展的国际经验及借鉴［J］. 证券市场导报, 2021 (1)：12-21.

［45］郑爽. 国际碳排放交易体系实践与进展［J］. 世界环境, 2020 (2)：50-54.

［46］张丽娜. 碳排放权交易对可再生能源发展的影响［D］. 对外经济贸易大学, 2020.

后　　记

本书作为"中观经济学"系列教材的第一册，具有批判性与继承性相结合、理论性与实践性并重、经济逻辑与数学逻辑并举的特色。本书适用于经济和管理专业的高年级本科生与研究生，也可以作为研究本领域的同行的参考书目，同时也可用作政府人员和企业高级管理者的经济学培训教材，尤其对区域政府长期经济规划、产业转型升级、基础设施建设、招商引资政策、参与区域竞争等方面具有参考和指导意义。

本书是基于陈云贤教授关于中观经济学的一系列学术论文与学术著作，由陈云贤教授确立中心思想、设定基础框架、提供修改意见，由中山大学博士研究生王顺龙同学进行书稿的整理与撰写而成的。感谢中山大学副教授赵慧敏老师为本书的数学模型提出的宝贵意见。中山大学黄秋诗老师、中山大学博士研究生顾浩东同学对本书成稿亦有帮助，在此一并表示感谢。

资源生成理论正处于不断完善和发展之中，书中错误与疏漏在所难免，在此恳请各位读者批评指正。最后欢迎更多的研究者参与到中观经济学的研究中来，向世界展示"中国模式"，为经济学提供"中国理论"，为世界经济开出"中国药方"。

陈云贤　王顺龙

2022 年 2 月